BLACK&DECKER®

GUIDE COMPLET DU BRICOLEUR

LES TERRASSES

Traduit de l'américain par Jacques Vaillancourt et Louise Sasseville

LES ÉDITIONS DE L'HOMME
Une compagnie de Quebecor Media

Table des matières

10-10

Traduction française :
© 2010, Les Éditions de l'Homme,
division du Groupe Sogides inc.,
filiale du Groupe Livre Quebecor Media inc.
(Montréal, Québec)

L'ouvrage original a été publié
par Creative Publishing international inc.
sous le titre de *The Complete Guide to Deck*

Dépôt légal : 2010
Bibliothèque et Archives nationales du Québec
ISBN 978-2-7619-2937-0

DISTRIBUTEUR EXCLUSIF :
Pour le Canada et les États-Unis :
MESSAGERIES ADP*
2315, rue de la Province
Longueuil, Québec J4G 1G4
Téléphone : 450 640-1237
Télécopieur : 450 674-6237
Internet : www.messageries-adp.com
* filiale du Groupe Sogides inc.,
filiale du Groupe Livre Quebecor Media inc.

Gouvernement du Québec – Programme de crédit d'impôt pour l'édition de livres – Gestion SODEC – www.sodec.gouv.qc.ca

L'Éditeur bénéficie du soutien de la Société de développement des entreprises culturelles du Québec pour son programme d'édition.

Le Conseil des Arts du Canada
The Canada Council for the Arts

Nous remercions le Conseil des Arts du Canada de l'aide accordée à notre programme de publication.

Nous remercions le gouvernement du Canada de son soutien financier pour nos activités de traduction dans le cadre du Programme national de traduction pour l'édition du livre.

Nous reconnaissons l'aide financière du gouvernement du Canada par l'entremise du Fonds du livre du Canada pour nos activités d'édition.

Groupe des rénovations

Éditeur : Bryan Trandem
Directrice de l'édition : Tracy Stanley
Rédacteur principal : Mark Johanson
Rédactrice : Jennifer Gehlhar

Directrice de la création : Michele Lanci-Altomare
Graphistes principaux : Jon Simpson, Brad Springer
Graphistes : James Kegley

Photographe en chef: Steve Galvin
Coordinatrice des photos : Joanne Wawra
Directeur de l'atelier : Bryan McLain
Adjoint au directeur de l'atelie : Cesar Fernandez Rodriguez

Directrices de la production : Linda Halls, Laura Hokkanen

Maquettiste : Danielle Smith
Collaborateur à la rédaction : Chris Marshall
Photographes : Andrea Rugg
Commis d'atelier : Charlie Boldt, Nichole Schiele

Introduction

Une terrasse constitue un excellent moyen d'étendre à l'extérieur la surface habitable de votre maison, tout en offrant un rendement maximal du capital investi. Mais, ce qui est encore mieux, c'est que vous pouvez construire vous-même une terrasse spectaculaire, quelle que soit votre expérience en bricolage, pourvu que vous ayez les connaissances requises. Cette édition entièrement révisée et mise à jour du *Guide complet des terrasses* vous offre tout ce dont vous avez besoin pour concevoir et construire la terrasse de vos rêves correctement et en toute sécurité, du premier coup.

Ce livre débute par une galerie de terrasses magnifiques afin de susciter votre créativité. Le chapitre suivant vous guidera tout au long de chaque phase du processus de conception et de planification. Vous apprendrez à évaluer les différentes options quant à l'emplacement de la terrasse, à interpréter les importants codes du bâtiment, à dessiner des plans, et vous suivrez un cours de base sur la construction de terrasses.

Vous découvrirez ensuite un guide détaillé de l'ensemble du processus de construction, chaque chapitre étant axé sur une composante importante de la terrasse : l'érection du soutien de la structure, la pose du platelage, la construction d'escaliers et l'installation de rampes et de garde-corps. Pour conclure la portion « construction » du guide, nous aborderons la finition (ou la restauration) de la terrasse et la façon de réparer des terrasses qui prennent de l'âge.

À quelques exceptions près, la construction d'une terrasse exige un plan bien défini et des dessins détaillés. Il existe plusieurs sources où trouver ce genre de plans, y compris la dernière section de ce livre. Vous y trouverez dix plans complets de terrasses, chacun comportant les dimensions à l'échelle et les instructions pas à pas. Plusieurs projets étape par étape sont également présentés, ce qui vous permettra de personnaliser votre terrasse ; par exemple, vous découvrirez comment transformer le dessous d'une terrasse en un patio grillagé fonctionnel, installer un spa ou faire de votre terrasse une impressionnante cuisine extérieure ou une aire de réception.

Dans la dernière section du livre, nous vous aiderons à compléter votre collection d'outils en vue de construire une terrasse. Nous aborderons les outils courants et les outils spéciaux qui peuvent vous aider dans la construction de votre terrasse. Cette section fournit également de l'information essentielle sur les matériaux de construction, notamment les madriers, le bois ou le composite qui peuvent être utilisés pour construire une terrasse, les attaches, les pièces de liaison métalliques et le béton.

Grâce à ce livre détaillé, vous serez en mesure de construire une terrasse magnifique et durable, à l'image de ce que vous désirez, en toute sécurité, rapidement et à peu de frais. Nous sommes convaincus que vous comprendrez pourquoi le *Guide complet des terrasses* demeure le manuel de choix des bricoleurs et des professionnels qui construisent des terrasses.

Galerie de terrasses inspirantes

Comme tout grand projet d'amélioration domiciliaire, la terrasse devrait être conçue en fonction du style de vie de votre famille, tout en augmentant la valeur et la beauté de votre maison. D'une façon réaliste, vous devriez construire votre terrasse en ayant un budget en tête. Mais un budget n'a pas à brimer votre liberté de rêver à l'espace extérieur idéal. Lorsque vous commencez à planifier votre projet, laissez votre imagination vous guider. Une terrasse n'a pas à être ennuyeuse, même si vous êtes un bricoleur novice ou que vos finances sont limitées. Un garde-corps métallique courbe, un éclairage attrayant, ou même un platelage posé en un motif géométrique intéressant peuvent transformer ce qui pourrait autrement sembler être un pont de bateau sur pilotis en un aménagement des plus remarqués dans votre jardin et dans votre voisinage.

La galerie de superbes terrasses qui suit vous aidera à explorer les possibilités de ce que pourrait être votre terrasse. Bien sûr, plus la terrasse est grande, plus elle sera coûteuse, mais même une petite terrasse qui ne répond pas à vos besoins constituera un investissement onéreux, au bout du compte, si vous ne vous en servez pas. Alors, quel que soit votre budget, servez-vous de ces images pour trouver des idées. Qui sait… un petit aspect d'une terrasse élégante pourrait être la clé du plan de terrasse parfait pour votre maison. Vous avez maintenant l'occasion de laisser affluer toutes les idées.

Les terrasses ne sont pas réservées aux terrains plats. Une terrasse multiniveau bien conçue peut être installée même sur des pentes abruptes, ce qui en fait une aire de séjour extérieure utile.

Lorsque vous concevez votre nouvelle terrasse, ne craignez pas de sortir des sentiers battus. Ici, des garde-corps personnalisés, une plate-forme courbe et un agencement de couleurs deux tons améliorent de façon spectaculaire ce qui serait autrement une terrasse traditionnelle à un seul niveau.

Faites appel à votre créativité lorsque vous concevez votre nouvelle terrasse. Un petit plan d'eau comme celui-ci, situé au centre de la terrasse, ne passera certainement pas inaperçu !

Une plate-forme surélevée, de grands bacs à fleurs et une tonnelle exclusive contribuent à mettre en valeur une portion de cette terrasse et créent un espace intime pour la conversation ou les repas.

Essentiellement, une terrasse n'est qu'une plate-forme de bois géante. Votre terrasse laissera une impression plus durable si vous choisissez un bois clair et de haute qualité, fixé par des attaches dissimulées.

Cette terrasse se marie harmonieusement avec l'étang adjacent, grâce, en partie, à l'absence de garde-corps et à sa forme incurvée. Même les parasols de la terrasse rappellent les lignes du toit à l'arrière-plan ; ce sont des touches subtiles qui contribuent à unifier cette zone et à la rendre plus naturelle.

Le spectaculaire éclairage d'accentuation installé sur le platelage de cette terrasse attirera sans nul doute la famille et les amis à l'extérieur, le soir venu. Ces luminaires éclairent également les plates-bandes depuis un angle différent de ce qu'offre la lumière du jour.

Les planches du platelage n'ont pas à être posées en rangées parallèles, d'un bout à l'autre de la terrasse. Ici, un motif en chevrons fait de bois contrastants rompt d'une façon attrayante la monotonie, grâce à une touche de géométrie.

Un éclairage d'accentuation bas et subtil, ainsi que des bougies, constituent une meilleure façon d'éclairer une terrasse que des luminaires de vive intensité, comme des projecteurs. Ils créent une ambiance décontractée, tout en diffusant juste ce qu'il faut de lumière.

Les garde-corps personnalisés donnent un aspect original à votre terrasse et la distinguent de celles de votre voisinage. Le mariage des balustres de métal galbés et des poteaux de fausse pierre permet de créer un garde-corps robuste et élégant.

Des fleurs colorées et des meubles de jardin peints de couleurs vives : il ne faut rien de plus coûteux pour rendre même une petite terrasse plus attrayante.

Les rampes et les garde-corps de bois traditionnels sont faciles à construire et conviennent à tous les styles de terrasses rectilignes. Vous pouvez acheter des poteaux et des balustres préfabriqués traités sous pression dans tout centre de rénovation, ou les fabriquer vous-même à partir du même bois qui sert à la construction du reste de la terrasse.

Un simple ajout à votre terrasse, comme une barrière battante, pourrait suffire à donner une touche personnalisée à votre aménagement, tout en rehaussant la sécurité.

Si vous construisez une terrasse au deuxième étage, rappelez-vous que l'espace situé au-dessous n'est pas perdu. En ajoutant quelques murs grillagés et une porte, vous créerez une véranda ombragée, à l'abri des insectes. Ou encore, ajoutez-y un parement et un revêtement pour en faire une remise de jardin.

Si vous disposez de l'espace nécessaire, une vaste terrasse pourrait devenir la zone multi-usages que vous avez toujours désirée pour les bains de soleil, les repas, un spa ou les grandes réceptions. Les seules limites sont votre imagination et votre budget.

Les matériaux composites peuvent vous aider à créer des formes originales dans votre terrasse. Cette terrasse en forme de feuille prouve que nous ne sommes plus limités par « les droites et les angles » dans la conception des constructions extérieures.

Si votre nouvelle terrasse doit être exposée au plein soleil la plupart du temps, songez à y ajouter un pavillon de jardin, un parasol ou un autre abri. Vous prolongerez ainsi les heures d'utilisation de votre terrasse, lorsque la chaleur estivale sera à son maximum.

Un système d'égouttement sous la terrasse peut évacuer l'eau de cette zone et en faire une aire utilisable. Dans cet exemple, l'aménagement d'un plafond dissimule le système d'égouttement, et des ventilateurs transforment la zone située sous la terrasse en un patio abrité.

Les matériaux de construction des terrasses s'améliorent d'année en année. Ici, un sol de composite au grain de faux bois constitue une solution de rechange convaincante au bois véritable, et sera beaucoup plus durable. Des attaches dissimulées permettent d'éliminer les vis et les clous sur les planches.

PRESCRIPTIVE RESIDENTIAL DECK CONSTRUCTION GUIDE
Figure 21: Free-Standing Deck
rim joist
beam
posts
joists
install diagonals per Figure 22
DECK STABILITY
Figure 22: Diagonal Bracing
beam
2x4, typical
(1) 3/8" diameter thru-bolt with washers, typical
BRACING PARALLEL TO BEAM
BRACING PERPENDICULAR TO
American Wood Council
INCHES

Planification et conception d'une terrasse

L'un des avantages de construire une terrasse est que vous pouvez créer une structure impressionnante en relativement peu de temps, même avec des outils et des habiletés modestes. Il s'agit d'un projet emballant à entreprendre, mais ne vous laissez pas emporter par votre énergie et votre enthousiasme. En l'absence de planification et de conception soigneuses, la construction de votre terrasse pourrait se révéler frustrante et inutilement coûteuse, et le produit final pourrait même être dangereux à utiliser. Alors, pour partir du bon pied, prévoyez passer les premières heures de votre projet derrière une table à dessin, afin d'élaborer un plan détaillé.

Au moment d'entamer le processus de planification, rappelez-vous que votre terrasse doit satisfaire vos objectifs : répondre aux besoins fonctionnels de votre famille, contribuer à rehausser l'aspect extérieur et la valeur de votre propriété, convenir à votre budget et respecter le code du bâtiment de votre région, en matière de sécurité. Ce chapitre vous permettra de vous familiariser avec ces quatre objectifs, de façon que vous puissiez réaliser votre projet en toute confiance et correctement, du premier coup. Assurez-vous d'examiner les plans de terrasses qui figurent aux pages 242 à 311 de ce livre, ainsi que d'autres plans publiés. Vous pourriez trouver le plan parfait pour votre propriété sans avoir à en dessiner un à partir de zéro, ou un plan qui n'exigerait que quelques légères modifications.

Dans ce chapitre :

- Évaluation de votre emplacement
- Codes de la construction des terrasses
- Choix des dimensions des pièces de bois
- Comprendre les charges
- Élaboration du plan de votre terrasse
- Relations avec le service du bâtiment

Évaluation de votre emplacement

La vieille rengaine des agents immobiliers sur « l'emplacement, l'emplacement, l'emplacement » prend tout son sens, lorsqu'il s'agit d'une terrasse. Une fois que vous l'aurez construite, votre terrasse sera là pour longtemps ; alors choisissez soigneusement l'endroit où vous allez l'ériger. La terrasse sera exposée au soleil et à l'ombre, aux vents et aux changements de saisons. Ces éléments naturels auront une influence sur la façon et le moment où vous utiliserez votre terrasse. Il y a aussi d'autres problèmes liés à l'emplacement dont il faut tenir compte. Une terrasse au niveau du sol réduira de beaucoup la taille de votre cour, ce qui peut, ou non, poser un problème, selon vos besoins en matière de jardinage, de pelouse, ou d'aire récréative. Une terrasse surélevée pourrait être parfaite pour recevoir des amis, mais elle pourrait également ombrager malencontreusement un massif de fleurs qui se trouve en dessous, ou assombrir une aire de séjour située à proximité.

La taille et la disposition de votre maison influeront également sur le choix de l'emplacement de votre terrasse. Il se peut que vous ayez besoin de construire une terrasse multiniveau ou une longue volée de marches pour atteindre le sol d'un terrain en pente. L'emplacement que vous envisagez nécessitera-t-il d'abattre un ou deux arbres, ou construirez-vous simplement la terrasse autour d'eux ? Une terrasse en hauteur vous donnera un nouveau point de vue sur les environs, mais envahira-t-elle l'intimité de vos voisins ou vous placera-t-elle dangereusement près des lignes électriques ? Ce sont tous des facteurs dont vous devrez tenir compte lorsque vous déciderez de l'emplacement final de votre terrasse. Assurez-vous que les avantages de votre terrasse l'emportent sur les compromis que vous devrez peut-être faire.

Parfois, l'emplacement de la terrasse est naturellement dicté par la disposition de la maison. Cette maison de banlieue avait été dotée d'une porte-fenêtre, au moment de sa construction, afin de donner accès à une future terrasse. Cependant, il se peut que plusieurs possibilités s'offrent à vous, quant à l'emplacement de votre terrasse, alors envisagez toutes les options avant de faire un choix définitif.

Considérations sur l'emplacement de la terrasse

Les caractéristiques naturelles de la cour, comme une pente abrupte, auront des répercussions sur la disposition de la terrasse et sur son accès. Vous devrez peut-être construire une terrasse multiniveau ou un long escalier doté d'un palier afin de composer avec les caprices de la pente.

Si votre cour est petite, planifiez soigneusement la taille de votre terrasse. Vous devrez peut-être sacrifier des massifs de fleurs, une partie de l'aménagement paysager ou de l'espace utilisable dans la cour. Jusqu'à quel point ces éléments vous manqueront-ils ? Votre terrasse s'harmonisera-t-elle avec la cour, ou la dominera-t-elle ?

Si votre cour comporte de grands arbres, vous devrez soit les incorporer à votre terrasse, soit les abattre. Les racines poseront des difficultés lorsque vous creuserez afin de couler les semelles, et le couvert des arbres jouera sur le degré d'ensoleillement de la terrasse.

Gardez la course du soleil en tête, lorsque vous songerez aux moments où vous désirez utiliser votre terrasse. Les terrasses orientées à l'est permettront des petits-déjeuners chauds et ensoleillés, mais elles seront ombragées dès le milieu du jour. Une terrasse orientée à l'ouest offre un point de vue sans égal pour admirer les couchers de soleil, mais il peut y faire trop chaud pour des bains de soleil l'après-midi. Une terrasse orientée au sud ou au sud-ouest offre habituellement le meilleur compromis pour un usage général.

Avant de construire une terrasse au deuxième étage, demandez-vous si vous empiéterez sur l'intimité de vos voisins, si vous serez trop près des fils électriques, ou si vous ombragerez certaines parties de la cour ou les fenêtres situées en dessous.

Codes de la construction des terrasses

La plupart des terrasses sont des structures relativement simples, mais même un projet de terrasse élémentaire doit être conforme au code du bâtiment de la région. En fait, presque tous les aspects de votre nouvelle terrasse (depuis son emplacement sur votre terrain jusqu'au modèle que vous choisissez et aux matériaux que vous employez) doivent suivre des lignes directrices strictes au chapitre de la sécurité. Les codes varient jusqu'à un certain point d'une province à l'autre. L'inspecteur en bâtiment de votre région peut vous fournir une liste des exigences pertinentes quant à la construction de votre terrasse et vous aider à les interpréter, afin que votre terrasse soit conforme au code.

Les pages qui suivent présentent certaines des exigences les plus courantes applicables aux terrasses. Il ne s'agit aucunement d'une liste exhaustive. Utilisez cette section comme un moyen de vous familiariser avec les exigences du code auxquelles vous devrez probablement vous conformer lorsque vous planifierez et construirez votre terrasse.

La profondeur et le diamètre d'enfouissement des semelles sont déterminés par le service du bâtiment, en fonction de la charge qu'aura à supporter la terrasse et du type de sol. Dans les régions aux hivers froids, les semelles doivent s'étendre au-delà du seuil de gel. Le diamètre minimal d'une semelle de béton est de 8 po.

Un solin métallique doit empêcher l'eau de s'infiltrer entre la lambourde et le mur.

Le porte-à-faux des poutres par rapport aux poteaux ne peut dépasser 1 pi. Certains règlements locaux exigent que, dans la mesure du possible, les poutres reposent sur le sommet des poteaux et y soient attachées au moyen de brides faîtières.

Des poutres usinées – en bois lamellé ou en acier par exemple – doivent être utilisées lorsque la portée des solives est très longue et que le bois d'œuvre de dimensions courantes ne convient pas à la charge.

Un garde-corps doit être installé si la terrasse s'élève à plus de 30 po du sol. Celui-ci doit mesurer au moins 36 po de hauteur, et le dégagement de la lisse inférieure par rapport au pontage ne peut être supérieur à 4 po. L'écart maximal entre les balustres est de 4 po.

Les marches doivent mesurer au moins 36 po de largeur. La distance verticale séparant les marches doit se situer entre 4 po et 8 po, et le giron des marches doit être d'au moins 10 po. Une volée ne peut comporter plus de 12 marches ; s'il faut davantage de marches, deux volées reliées par un palier seront nécessaires. La rampe d'un escalier doit s'élever de 34 po à 38 po par rapport au nez de marche, et il ne doit pas y avoir plus de 6 po de dégagement entre la lisse inférieure de la rampe et les marches. L'écart entre les balustres ne peut être supérieur à 4 po.

Infraction au Code. Le *Code international du bâtiment* ne permet plus que des solives chevauchent les côtés d'un poteau auquel elles sont fixées par des boulons traversants, comme ci-dessus. Le Code n'accepte plus les poteaux de charpente faits de pièces de bois de 4 x 4 : la taille minimale est de 6 x 6. Les poteaux des garde-corps peuvent être faits de pièces de 4 x 4.

Assemblage des poutres. Les poutres des terrasses faites de pièces de 2 po doivent être assemblées à l'aide de rangées décalées de clous ordinaires galvanisés de 10d ou de vis à bois n° 10. Si les composantes du bois qui forment la poutre sont entées, décalez les entures et placez-les sur des poutres pour les renforcer.

Fixation des poutres aux poteaux. Les poteaux des terrasses, quelle que soit la longueur ou la taille de la terrasse, devraient être faits de bois de charpente de 6 x 6 au minimum. Encochez les poteaux de façon à asseoir entièrement les poutres dans l'engravure, et fixez-les à l'aide de deux boulons traversants galvanisés de ½ po de diamètre et de rondelles. Ou bien, vous pouvez fixer les poutres au sommet des poteaux à l'aide de quincaillerie galvanisée pour capuchon de poteau.

Lambourdes et solives de rive. Lorsqu'une lambourde est fixée à une solive de rive, il faut retirer le revêtement de la maison avant l'installation. On peut utiliser des tire-fonds de ½ po de diamètre ou des boulons traversants et des rondelles pour effectuer les liaisons.

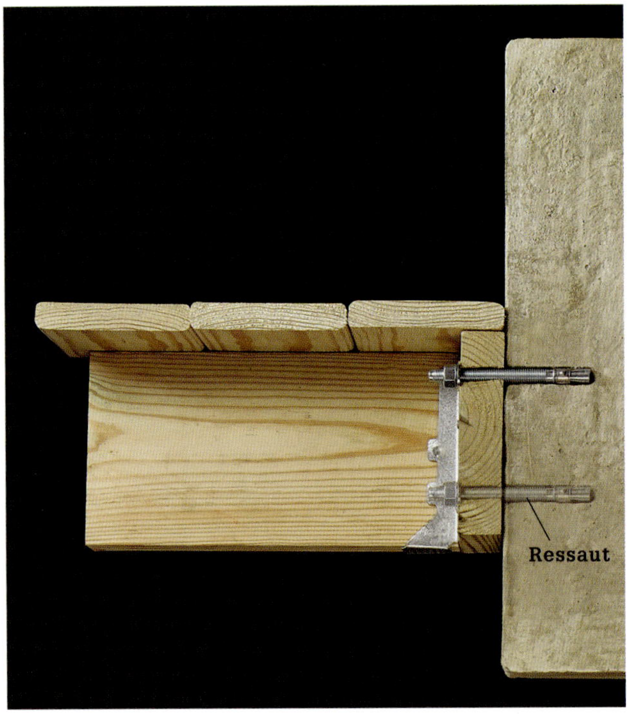

Lambourdes et murs de béton. Les lambourdes fixées à des murs de béton doivent être fixées à l'aide de boulons et de rondelles enfoncés dans des ancres d'expansion approuvées, avec de l'époxy ou de l'adhésif.

Lambourdes et murs de blocs. Lorsque vous fixez des lambourdes à des murs de blocs de béton creux, l'espace vide des blocs rattachés aux lambourdes doit être rempli de béton ou de coulis. Fixez les boulons au mur à l'aide d'ancres approuvées et de l'époxy et des rondelles.

Les poteaux de garde-corps engravés sont interdits. Le Code n'accepte plus les poteaux de garde-corps engravés au point de jonction avec les solives de rive de la terrasse. Les poteaux des garde-corps devraient être fixés aux solives de rive à l'aide de deux boulons traversants de ½ po de diamètre et de rondelles. Dans certains cas, il peut être nécessaire d'ajouter des ancrages.

Éclairage de l'escalier. Les escaliers doivent être éclairés, le soir, par un luminaire situé au-dessus du palier. Le luminaire peut être commandé par un commutateur situé à l'intérieur, par un système de détection des mouvements, ou utilisé de concert avec une minuterie.

Chasses de cheminée et baies. Lorsque vous charpentez une terrasse autour d'une cheminée ou d'une fenêtre en baie, vous devez ajouter un linteau jumelé approprié à l'endroit où la lambourde est entée afin de tenir compte de l'obstruction. Le linteau peut s'étendre à un maximum de 6 pi.

Liaison des solives de rive. Fixez les solives de rive à l'extrémité de chaque solive, à l'aide de cinq vis à bois n° 10, de 3 po au minimum. Fixez les planches de la plate-forme sur le dessus des solives de rive, à l'aide de vis à bois n° 10, de 3 po au minimum, à intervalles de 6 po.

Choix des dimensions des pièces de bois

Une terrasse comporte sept éléments structurels principaux : la lambourde, le pontage, des solives, une ou plusieurs poutres, des poteaux, ainsi que des limons et des marches d'escalier. Pour créer un plan de conception et choisir des pièces de bois de dimensions appropriées, vous devez connaître les limites de portée de chacun des éléments de la terrasse. La lambourde étant fixée sur la maison, elle n'a pas de limite de portée.

La limite de portée d'une pièce de bois, c'est la distance maximale que peut couvrir cette pièce sans être supportée par en dessous. Cette limite varie en fonction des dimensions et de l'essence. Par exemple, des solives de 2 x 6 en pin du Sud avec écartement de 16 po centre à centre ont une portée sécuritaire de 9 pi 9 po (de 16 pi 1 po dans le cas de solives de 2 x 10).

Commencez la planification de la terrasse par le choix des dimensions des planches de pontage et du motif qu'elles créeront (tableau, page ci-contre). Déterminez ensuite les dimensions et la position des solives et des poutres, en vous fondant sur l'information et les tableaux de la page ci-contre. En règle générale, une terrasse conçue avec des éléments structurels de grandes dimensions, par exemple des solives et des poutres de 2 x 12 , requiert moins de pièces de bois puisque celles-ci ont une plus grande portée. Calculez ensuite les dimensions des poteaux de terrasse (tableau, page ci-contre). Enfin, choisissez en fonction de votre plan les pièces de bois de l'escalier et du garde-corps (tableau, page ci-contre).

Servez-vous des plans de conception pour dresser la liste complète du nombre et des types de pièces de bois dont vous aurez besoin. Augmentez votre estimation de 10 % pour tenir compte des défauts de certaines pièces et des erreurs de construction. Les parcs à bois offrant un service complet proposent une belle sélection de bois ; cependant, ils le vendent parfois à prix plus élevé que le font les maisonneries. La qualité du bois varie d'une maisonnerie à l'autre. Inspectez le bois et choisissez chacune des pièces voulues, ou augmentez le pourcentage à ajouter aux nombres requis pour tenir compte des défauts du bois. Les parcs à bois comme les maisonneries livreront votre commande pour des frais modiques, et vous pourrez retourner les pièces non coupées inutilisées si vous gardez votre reçu.

Respectez ou dépassez toutes les normes du code du bâtiment en ce qui concerne la taille des pièces de bois. Par exemple, utilisez des pièces de bois d'au moins 6 X 6 pour tous les poteaux de la terrasse, quelle que soit la taille de la terrasse ou la longueur du poteau.

Tableaux des dimensions et des limites de portée des pièces de bois ▸

Dimensions nominales et dimensions réelles : Dans la planification de votre terrasse, n'oubliez pas que les dimensions réelles des pièces de bois que vous achèterez seront légèrement inférieures aux dimensions nominales indiquées pour la vente. Servez-vous des dimensions réelles pour dessiner le plan de votre terrasse.

Dimensions nominales	Dimensions réelles
1 × 4	¾ po × 3¾ po
1 × 6	¾ po × 5¾ po
2 × 4	1½ po × 3½ po
2 × 6	1½ po × 5½ po
2 × 8	1½ po × 7¼ po
2 × 10	1½ po × 9¼ po
2 × 12	1½ po × 11¼ po
4 × 4	3½ po × 3½ po
6 × 6	5¼ po × 5¼ po

Portée recommandée des planches de pontage entre les solives : Les planches sont offertes dans toute une gamme de dimensions. Pour une terrasse de base, utilisez des planches de 2 x 4 ou de 2 x 6 , avec écart de 16 po.

Planches de pontage	Portée recommandée
1 × 4 ou 1 × 6, motif droit	16 po
1 × 4 ou 1 × 6, motif diagonal	12 po
2 × 4 ou 2 × 6, motif droit	16 po
2 × 4 ou 2 × 6, motif diagonal	12 po
2 × 4, posées sur le côté	24 po

Dimensions minimales des limons d'escalier : Les dimensions des limons dépendent de la portée de l'escalier. Par exemple, si le pied de l'escalier se situe à 7 pi de la terrasse, fabriquez des limons de 2 x 12. L'écart entre les limons ne doit pas dépasser 36 po. On recommande d'installer un limon central lorsque l'escalier compte plus de trois marches.

Portée de l'escalier	Dimensions des limons
Jusqu'à 6 pi	2 × 10
Plus de 6 pi	2 × 12

Dimensions recommandées pour les éléments du garde-corps : Les dimensions des poteaux, des lisses et des appuis dépendent de la distance séparant les poteaux du garde-corps. Par exemple, si l'écart entre les poteaux est de 6 pi, utilisez des poteaux de 4 x 4, et des lisses et des appuis de 2 x 6.

Écart entre les poteaux	Format des poteaux	Format des appuis	Format des lisses
2 pi à 3 pi	2 × 4	2 × 4	2 × 4
3 pi à 4 pi	4 × 4	2 × 4	2 × 4
4 pi à 6 pi	4 × 4	2 × 6	2 × 6

Tableau 1 : Portée maximale des solives selon leurs dimensions ▸

	Pin du Sud			Pin ponderosa			Cèdre rouge de l'Ouest		
Format	12 po C.C.	16 po C.C.	24 po C.C.	12 po C.C.	16 po C.C.	24 po C.C.	12 po C.C.	16 po C.C.	24 po C.C.
2 × 6	10 pi 9 po	9 pi 9 po	8 pi 6 po	9 pi 2 po	8 pi 4 po	7 pi 0 po	9 pi 2 po	8 pi 4 po	7 pi 3 po
2 × 8	14 pi 2 po	12 pi 10 po	11 pi 0 po	12 pi 1 po	10 pi 10 po	8 pi 10 po	12 pi 1 po	11 pi 0 po	9 pi 2 po
2 × 10	18 pi 0 po	16 pi 1 po	13 pi 5 po	15 pi 4 po	13 pi 3 po	10 pi 10 po	15 pi 5 po	13 pi 9 po	11 pi 3 po
2 × 12	21 pi 9 po	19 pi 0 po	15 pi 4 po	17 pi 9 po	15 pi 5 po	12 pi 7 po	18 pi 5 po	16 pi 5 po	13 pi 0 po

Comprendre les charges

Les éléments structurels porteurs d'une terrasse – poteaux, poutres et solives – doivent être assez solides pour supporter facilement la plus lourde charge prévue pour la terrasse. Ces éléments doivent supporter non seulement le poids considérable du platelage et du garde-corps, mais aussi celui des meubles et des personnes, ainsi que celui de la neige.

Les tableaux et diagrammes de la présente section vous aideront à planifier votre terrasse de telle sorte que les dimensions et l'écartement de ses éléments structurels permettent à ceux-ci de supporter la charge normale prévue. Les recommandations fournies sont applicables à la plupart des régions ; mais consultez le service du bâtiment de votre localité, au cas où la réglementation y serait différente. Lorsque la terrasse doit supporter une cuve à remous ou une piscine, consultez l'inspecteur en bâtiment de votre localité pour connaître les limites de charge.

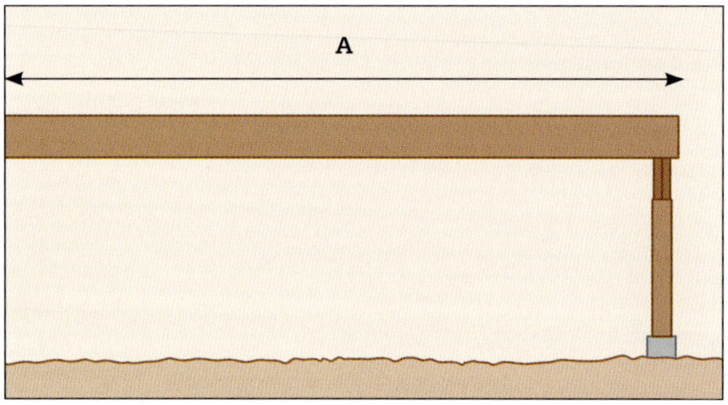

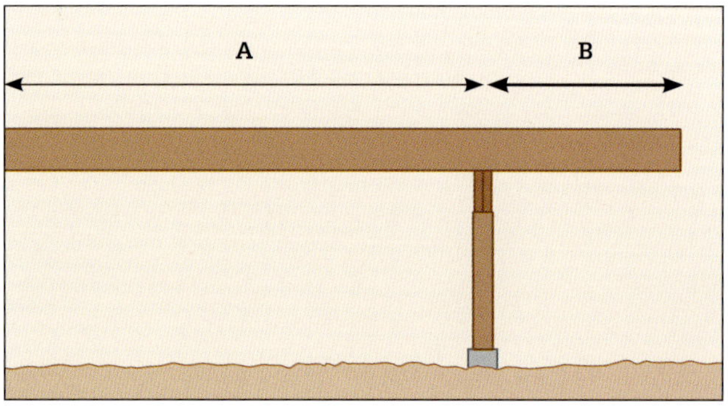

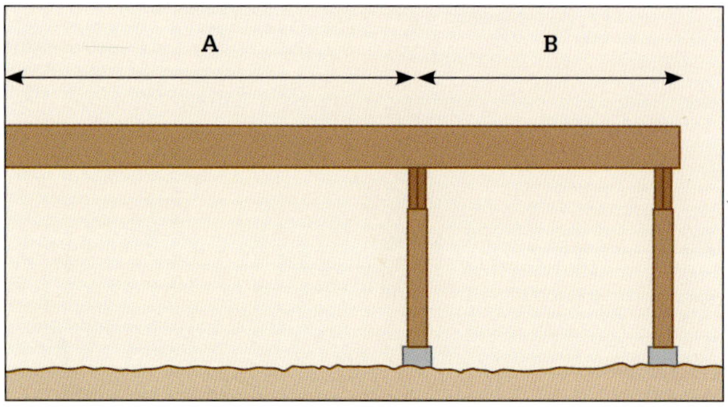

Pour sélectionner les pièces de bois qui constitueront les éléments structurels de votre terrasse, choisissez celui des trois diagrammes de cette page qui correspond le mieux au modèle de votre terrasse, puis suivez les conseils relatifs à l'utilisation des tableaux de la page ci-contre. Puisque la solidité du bois varie en fonction de l'essence, assurez-vous que l'essence indiquée dans les tableaux est celle que vend votre maisonnerie. Dans le choix des dimensions des semelles, tenez compte de la composition du sol : les sols denses requièrent des semelles de plus grand diamètre.

Terrasse à poutre sur poteaux ou à poutre encastrée : Utilisez le Tableau 1 pour déterminer le format des solives, selon l'écartement de centre à centre (c.c.) des solives et leur longueur totale – ou portée – (A). Par exemple, si vous utilisez des solives de pin du Sud pour une portée de 12 pi, vous pouvez vous servir des pièces de bois de 2 x 8 avec écart maximal de 16 po, ou de 2 x 10 avec écart maximal de 24 po. Une fois que vous avez trouvé le format de solive acceptable, reportez-vous au Tableau 2 pour déterminer le format de la poutre, l'écartement des poteaux et le diamètre des semelles.

Terrasse en porte-à-faux : Servez-vous de la distance séparant la lambourde de la poutre (A) pour déterminer le format minimal des solives. Appliquez la formule A + (2 x B) pour déterminer le format de la poutre et le diamètre des semelles. Par exemple, si la distance entre la lambourde et la poutre est de 9 pi et que la partie en porte-à-faux de la terrasse mesure 3 pi, utilisez la mesure de 9 pi pour trouver le format des solives sur le Tableau 1 (solives en pin du Sud de 2 x 6 avec écart de 16 po, ou de 2 x 8 avec écart de 24 po). Ensuite, appliquez la formule ci-dessus (résultat : 15 pi) pour trouver dans le Tableau 2 le format de la poutre, l'écartement des poteaux et le diamètre des semelles. **NOTE :** Si la partie en porte-à-faux de votre terrasse mesure plus de 18 po, ajoutez 1 po au diamètre recommandé pour les semelles.

Terrasse à poutres multiples : Servez-vous de la plus grande des distances A ou B pour trouver le format des solives dans le Tableau 1. Par exemple, si la distance séparant la lambourde de la première poutre est de 8 pi, et celle séparant la première poutre de la seconde de 4 pi, vous pouvez employer des solives en pin du Sud de 2 x 6. Pour trouver dans le Tableau 2 le format de la première poutre, l'écartement des poteaux et le diamètre des semelles, utilisez la distance totale A + B. Servez-vous de la longueur des solives B pour déterminer le format de la seconde poutre, l'écartement des poteaux et le diamètre des semelles. Par exemple, dans le cas d'une portée totale de 12 pi (8 pi jusqu'à la première poutre, puis 4 pi de la première poutre jusqu'à la seconde), la première poutre pourrait être faite de deux pièces de pin du Sud de 2 x 8, et la seconde de deux pièces de 2 x 6.

Tableau 2 : Diamètres des semelles de poteaux (pouces) ▸

Longueur des solives		Écartements des poteaux 4 pi	5 pi	6 pi	7 pi	8 pi	9 pi	10 pi	11 pi	12 pi
6 pi	Poutre en pin du Sud	1–2 × 6	1–2 × 6	1–2 × 6	2–2 × 6	2–2 × 6	2–2 × 6	2–2 × 8	2–2 × 8	2–2 × 10
	Poutre en pin ponderosa	1–2 × 6	1–2 × 6	1–2 × 8	2–2 × 8	2–2 × 8	2–2 × 8	2–2 × 10	2–2 × 10	2–2 × 12
	Semelle de coin	6 5 4	7 6 5	7 6 5	8 7 6	9 7 6	9 7 6	10 8 7	10 8 7	10 9 7
	Semelle intermédiaire	9 8 7	10 8 7	10 9 7	11 9 8	12 10 9	13 10 9	14 11 10	14 12 10	15 12 10
7 pi	Poutre en pin du Sud	1–2 × 6	1–2 × 6	1–2 × 6	2–2 × 6	2–2 × 6	2–2 × 8	2–2 × 8	2–2 × 10	2–2 × 10
	Poutre en pin ponderosa	1–2 × 6	1–2 × 6	1–2 × 8	2–2 × 8	2–2 × 8	2–2 × 10	2–2 × 10	2–2 × 10	2–2 × 12
	Semelle de coin	7 5 5	7 6 5	8 7 6	9 7 6	9 8 7	10 8 7	10 8 7	11 9 8	11 9 8
	Semelle intermédiaire	9 8 7	10 8 7	11 9 8	12 10 9	13 11 9	14 11 10	15 12 10	15 13 11	16 13 11
8 pi	Poutre en pin du Sud	1–2 × 6	1–2 × 6	2–2 × 6	2–2 × 6	2–2 × 8	2–2 × 8	2–2 × 8	2–2 × 10	2–2 × 10
	Poutre en pin ponderosa	1–2 × 6	2–2 × 6	2–2 × 8	2–2 × 8	2–2 × 8	2–2 × 10	2–2 × 10	2–2 × 10	3–2 × 10
	Semelle de coin	7 6 5	8 6 6	9 7 6	9 8 7	10 8 7	10 8 7	11 9 8	11 9 8	12 10 9
	Semelle intermédiaire	10 8 7	11 9 8	12 10 9	13 11 9	14 11 10	15 12 10	16 13 11	16 13 12	17 14 12
9 pi	Poutre en pin du Sud	1–2 × 6	1–2 × 6	2–2 × 6	2–2 × 6	2–2 × 8	2–2 × 8	2–2 × 10	2–2 × 10	2–2 × 12
	Poutre en pin ponderosa	1–2 × 6	2–2 × 6	2–2 × 8	2–2 × 8	2–2 × 10	2–2 × 10	2–2 × 10	3–2 × 10	3–2 × 10
	Semelle de coin	7 6 5	8 7 6	9 7 6	10 8 7	10 9 7	11 9 8	12 10 8	12 10 9	13 10 9
	Semelle intermédiaire	10 9 7	12 10 8	13 10 9	14 11 10	15 12 10	16 13 11	17 14 12	17 14 12	18 15 13
10 pi	Poutre en pin du Sud	1–2 × 6	1–2 × 6	2–2 × 6	2–2 × 6	2–2 × 8	2–2 × 8	2–2 × 10	2–2 × 12	2–2 × 12
	Poutre en pin ponderosa	1–2 × 6	1–2 × 6	2–2 × 8	2–2 × 8	2–2 × 10	2–2 × 10	2–2 × 12	3–2 × 10	3–2 × 12
	Semelle de coin	8 6 6	9 7 6	10 8 7	10 8 7	11 9 8	12 10 8	12 10 9	13 11 9	14 11 10
	Semelle intermédiaire	11 9 8	12 10 9	14 11 10	15 12 10	16 13 11	17 14 12	17 14 12	18 15 13	19 16 14
11 pi	Poutre en pin du Sud	1–2 × 6	2–2 × 6	2–2 × 6	2–2 × 8	2–2 × 8	2–2 × 10	2–2 × 10	2–2 × 12	2–2 × 12
	Poutre en pin ponderosa	2–2 × 6	2–2 × 6	2–2 × 8	2–2 × 8	2–2 × 10	2–2 × 12	2–2 × 12	3–2 × 10	3–2 × 12
	Semelle de coin	8 7 6	9 7 6	10 8 7	11 9 8	12 9 8	12 10 9	13 11 9	14 11 10	14 12 10
	Semelle intermédiaire	12 9 8	13 11 9	14 12 10	15 12 10	16 13 11	17 14 12	17 14 12	18 15 13	19 16 14
12 pi	Poutre en pin du Sud	1–2 × 6	2–2 × 6	2–2 × 6	2–2 × 8	2–2 × 8	2–2 × 10	2–2 × 10	2–2 × 12	3–2 × 10
	Poutre en pin ponderosa	2–2 × 6	2–2 × 6	2–2 × 8	2–2 × 10	2–2 × 10	2–2 × 12	2–2 × 12	3–2 × 12	3–2 × 12
	Semelle de coin	9 7 6	10 8 7	10 9 7	11 9 8	12 10 9	13 10 9	14 11 10	14 12 10	15 12 10
	Semelle intermédiaire	12 10 9	14 11 10	15 12 10	16 13 11	17 14 12	18 15 13	19 16 14	20 16 14	21 17 15
13 pi	Poutre en pin du Sud	1–2 × 6	2–2 × 6	2–2 × 6	2–2 × 8	2–2 × 8	2–2 × 10	2–2 × 10	2–2 × 12	3–2 × 10
	Poutre en pin ponderosa	2–2 × 6	2–2 × 6	2–2 × 8	2–2 × 10	2–2 × 12	2–2 × 12	2–2 × 12	3–2 × 12	3–2 × 12
	Semelle de coin	9 7 6	10 8 7	11 9 8	12 10 8	13 10 9	13 11 9	14 12 10	15 12 10	15 13 11
	Semelle intermédiaire	13 10 9	14 12 10	15 13 11	17 14 12	18 15 13	19 15 13	20 16 14	21 17 15	22 18 15
14 pi	Poutre en pin du Sud	1–2 × 6	2–2 × 6	2–2 × 6	2–2 × 8	2–2 × 10	2–2 × 10	2–2 × 12	3–2 × 10	3–2 × 12
	Poutre en pin ponderosa	2–2 × 6	2–2 × 8	2–2 × 8	2–2 × 10	2–2 × 12	3–2 × 10	3–2 × 12	3–2 × 12	poutres usinées
	Semelle de coin	9 8 7	10 8 7	11 9 8	12 10 9	13 11 9	14 11 10	15 12 10	15 13 11	16 13 11
	Semelle intermédiaire	13 11 9	15 12 10	16 13 11	17 14 12	18 15 13	20 16 14	21 17 15	22 18 15	23 18 16
5 pi	Poutre en pin du Sud	2–2 × 6	2–2 × 6	2–2 × 8	2–2 × 8	2–2 × 10	2–2 × 12	2–2 × 12	3–2 × 10	3–2 × 12
	Poutre en pin ponderosa	2–2 × 6	2–2 × 8	2–2 × 8	2–2 × 10	3–2 × 10	3–2 × 10	3–2 × 12	3–2 × 12	poutres usinées
	Semelle de coin	10 8 7	11 9 8	12 10 8	13 10 9	14 11 10	14 12 10	15 12 11	16 13 11	17 14 12
	Semelle intermédiaire	14 11 10	15 12 11	17 14 12	18 15 13	19 16 14	20 17 14	21 17 15	22 18 16	23 19 17

10 8 7
14 11 10

Composition du sol : Argile Sable Gravier

Élaboration du plan de votre terrasse

Le plan d'une terrasse ne se résume pas à un dessin comportant des mesures. Il doit tenir compte des fonctions auxquelles votre terrasse est destinée ainsi que de sa forme dimensionnelle. Avant de commencer à dessiner votre plan, déterminez tout ce que vous voulez que votre terrasse comporte. C'est là que vous vous concentrerez sur les aspects fonctionnels. La taille, la forme et l'emplacement de la terrasse doivent répondre à divers critères : la terrasse sera-t-elle utilisée pour recevoir ? Y ferez-vous la cuisine ? Avez-vous besoin d'intimité ? Tenez compte des caractéristiques de votre maison et de votre cour, dans la planification de votre terrasse. La météo, l'heure du jour et les changements saisonniers influent sur l'utilisation de la terrasse. Par exemple, si vous prévoyez utiliser votre terrasse surtout l'été pour y prendre les repas du soir, observez la course du soleil, l'ombre et les vents à l'emplacement envisagé à cette heure du jour.

Bien sûr, les plans de construction vous aideront également à estimer la quantité de bois et de pièces de quincaillerie nécessaires, et vous fourniront les mesures pour la coupe du bois. Vous aurez besoin de deux types de dessins pour le plan de votre terrasse et pour obtenir un permis de construction. Une vue en plan montre les parties de la terrasse à vol d'oiseau. Une vue en élévation montre les parties de la terrasse depuis un côté ou de face.

Tableau de conversion ▸

8es de po	16es de po	Décimales
	1	,0625
1	2	,125
	3	,1875
2	4	,25
	5	,3125
3	6	,375
	7	,4375
4	8	,5
	9	,5625
5	10	,625
	11	,6875
6	12	,75
	13	,8125
7	14	,875
	15	,9375
8	16	1,0

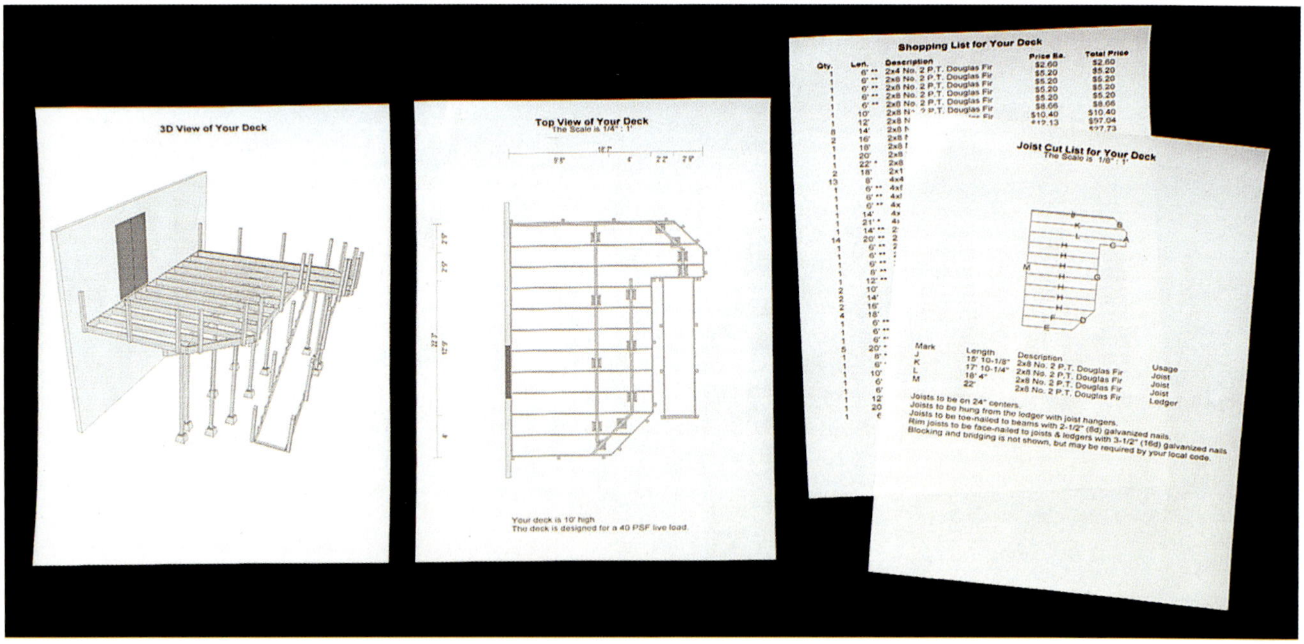

De nombreux centres de rénovation vous aideront à dessiner et à créer les plans d'une terrasse si vous y achetez votre bois et vos autres matériaux. Leurs compétences leur permettent d'établir une liste détaillée du bois et des matériaux nécessaires, en fonction du plan créé.

Conseils pour la création des plans de terrasses

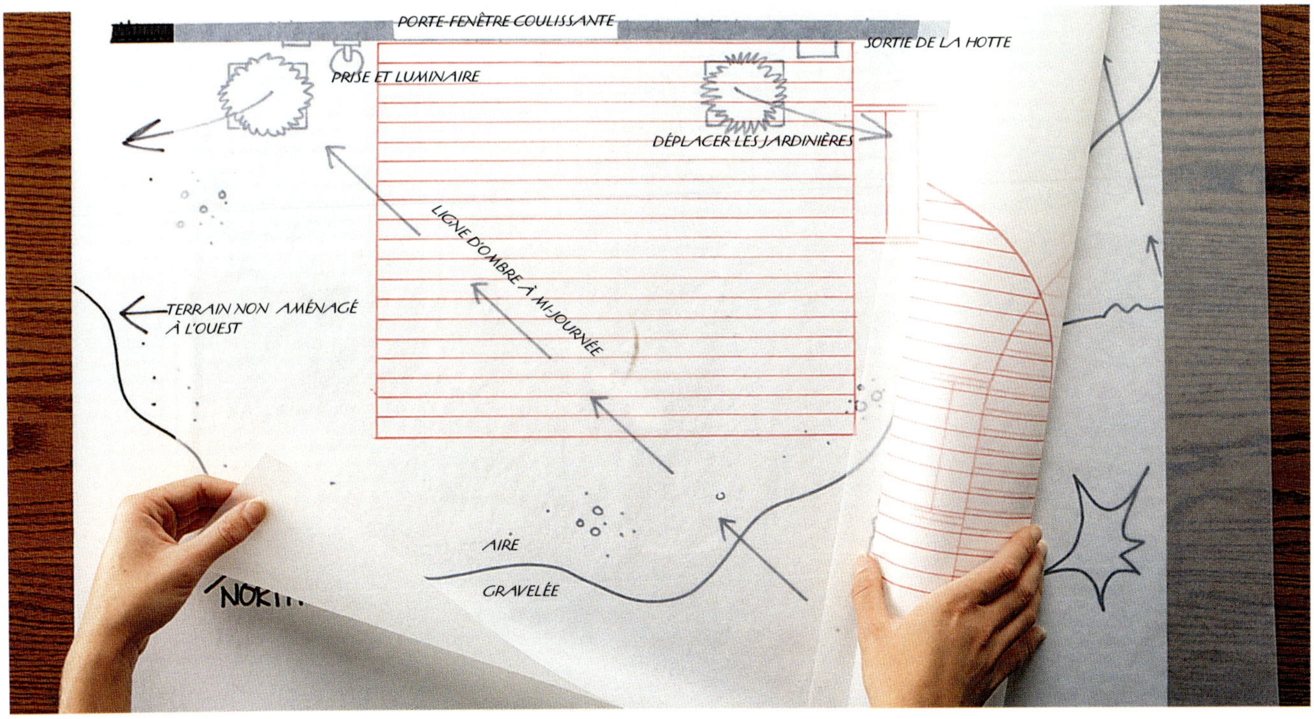

Servez-vous de papier-calque pour dessiner divers types de terrasses. Mettez ensuite vos idées à l'épreuve en superposant les dessins des terrasses et le plan de votre propriété. Dans vos plans, n'oubliez pas de tenir compte de l'ensoleillement ainsi que de la position des constructions et des éléments existants.

Adaptez un plan existant que vous aurez tiré d'un livre ou d'une revue, ou que vous aurez acheté. Tout ce dont vous aurez besoin pour l'adapter, c'est de papier-calque, de crayons et d'outils de mesure.

Servez-vous de matériel à dessin et de papier quadrillé pour créer un plan à partir de rien. Choisissez une grande échelle (par exemple 1 po = 1 pi) afin d'illustrer la terrasse en détail. N'oubliez pas de dessiner des vues de dessus et des vues en élévation de votre projet.

Comment créer des plans de terrasse

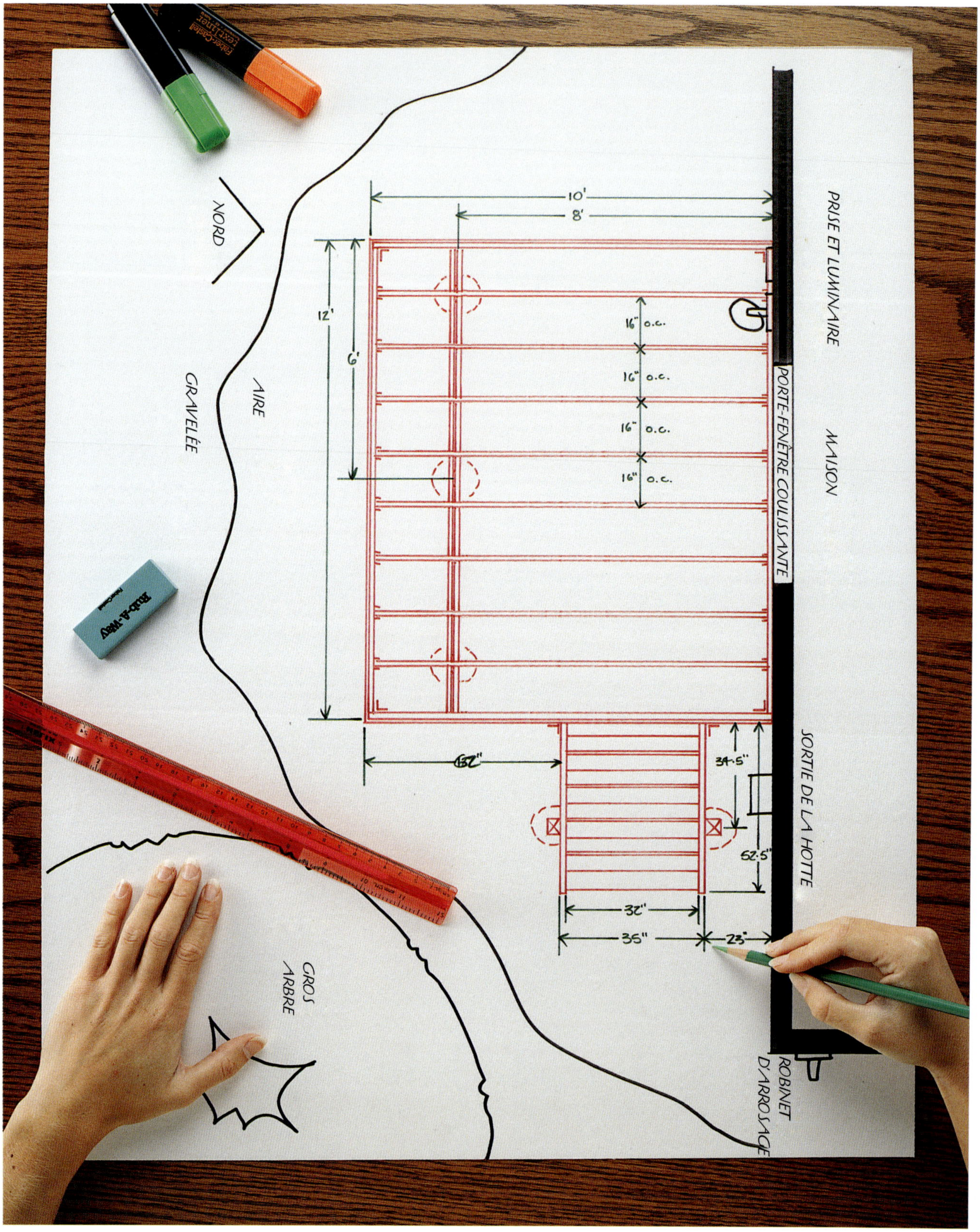

Les vues en plan doivent montrer l'emplacement et les dimensions des lambourdes, des semelles, des poteaux, des poutres et des solives.

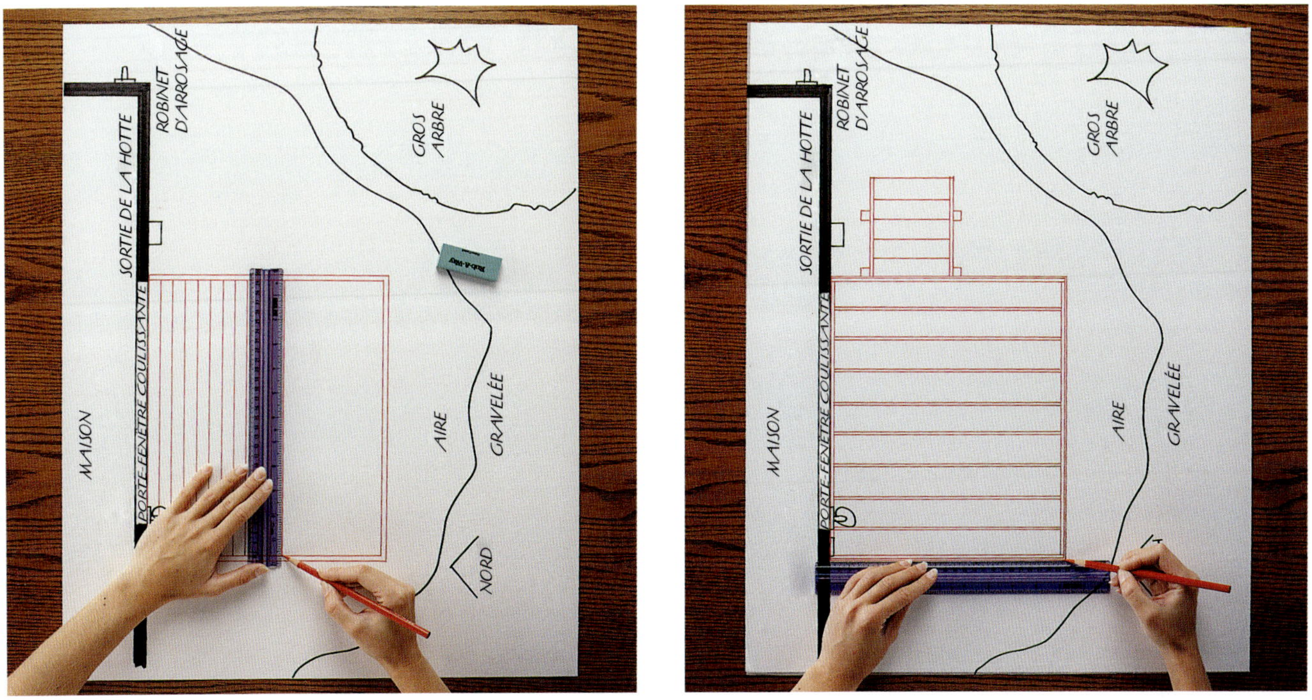

Pour éviter la confusion, n'essayez pas de montrer toutes les parties de la terrasse sur un seul plan, particulièrement dans le cas d'une terrasse complexe ou multiniveau. Commencez par dessiner un plan montrant le contour de la terrasse et le motif des planches. Puis, dessinez un autre plan d'un autre point de vue (ou plusieurs) montrant les lambourdes, les solives, les poutres et les poteaux.

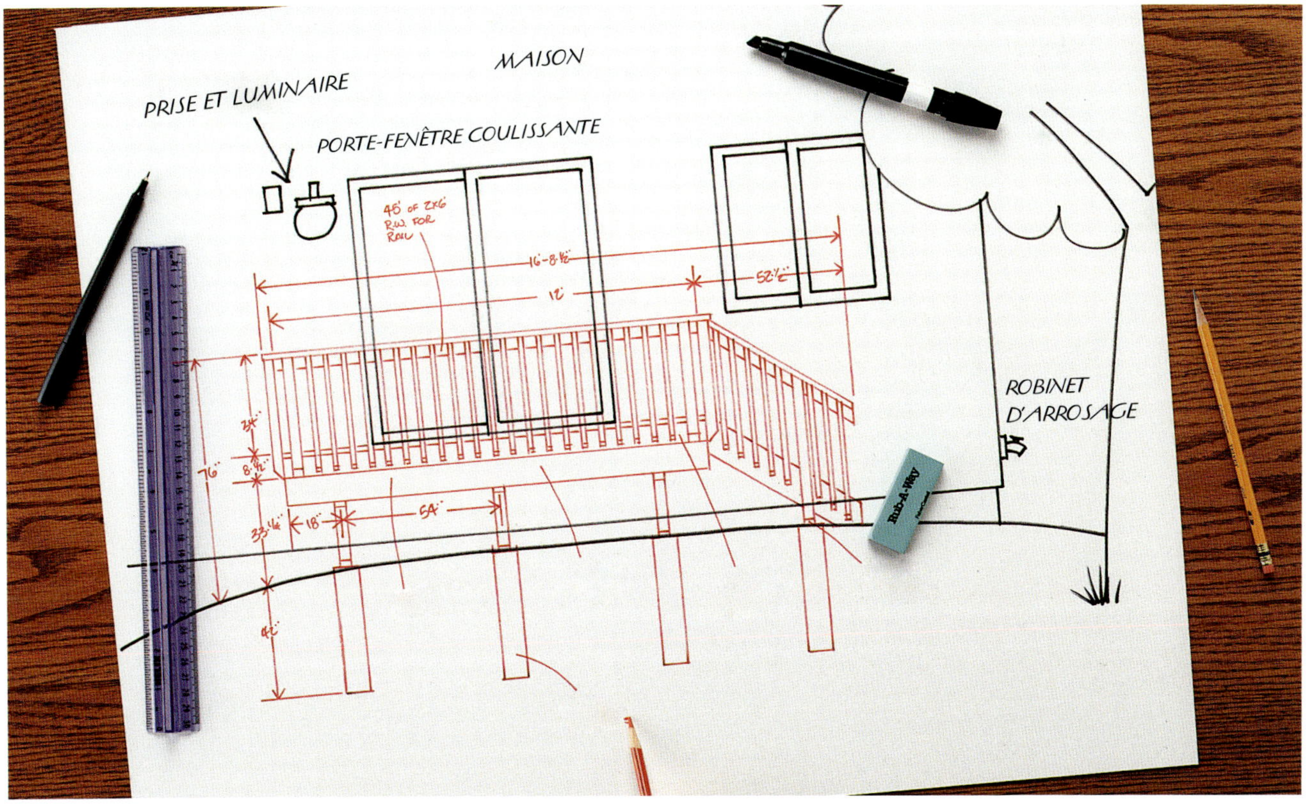

Les vues en élévation doivent comporter les dimensions de la terrasse, la taille et le type de pièces de quincaillerie à utiliser, la taille des poutres (si elles sont visibles dans le dessin) et l'emplacement des semelles ainsi que leurs dimensions. Indiquez également la pente du sol dans la zone de la terrasse. Dessinez plusieurs vues en plan, au besoin, dans le cas de terrasses complexes ou multiniveaux.

Relations avec le service du bâtiment

Dans la plupart des régions, vous devrez faire examiner et approuver vos plans par un représentant du service du bâtiment si votre terrasse est attachée à une structure permanente ou si elle s'élève à plus de 30 po du sol. Ce représentant s'assurera que la terrasse projetée est conforme aux exigences de sécurité réglementaires.

Vous trouverez dans ces pages certaines des exigences les plus courantes applicables aux terrasses. Ces exigences pouvant varier d'une région à l'autre, avant de concevoir votre terrasse, consultez le service d'inspection du bâtiment de votre localité ; des renseignements précieux vous seront fournis, parfois même une liste gratuite des exigences pertinentes.

Une fois vos plans dressés, soumettez-les à l'examen de l'inspecteur en bâtiment. S'ils sont conformes au code, il vous délivrera contre des droits généralement minimes un permis de construire. Le règlement exige parfois qu'un inspecteur examine la terrasse à diverses étapes de sa construction. Si c'est le cas, veillez à respecter le calendrier d'examen.

Il pourrait être tentant d'aller de l'avant avec le plan de votre terrasse et d'éviter l'inspection, mais ce serait une grave erreur. Construire une terrasse sans les permis requis peut entraîner l'imposition d'amendes, et vous pourriez même avoir à démolir la terrasse ou à la reconstruire pour satisfaire au code local. Faites la bonne chose : considérez les permis et les inspections comme faisant partie du processus de construction.

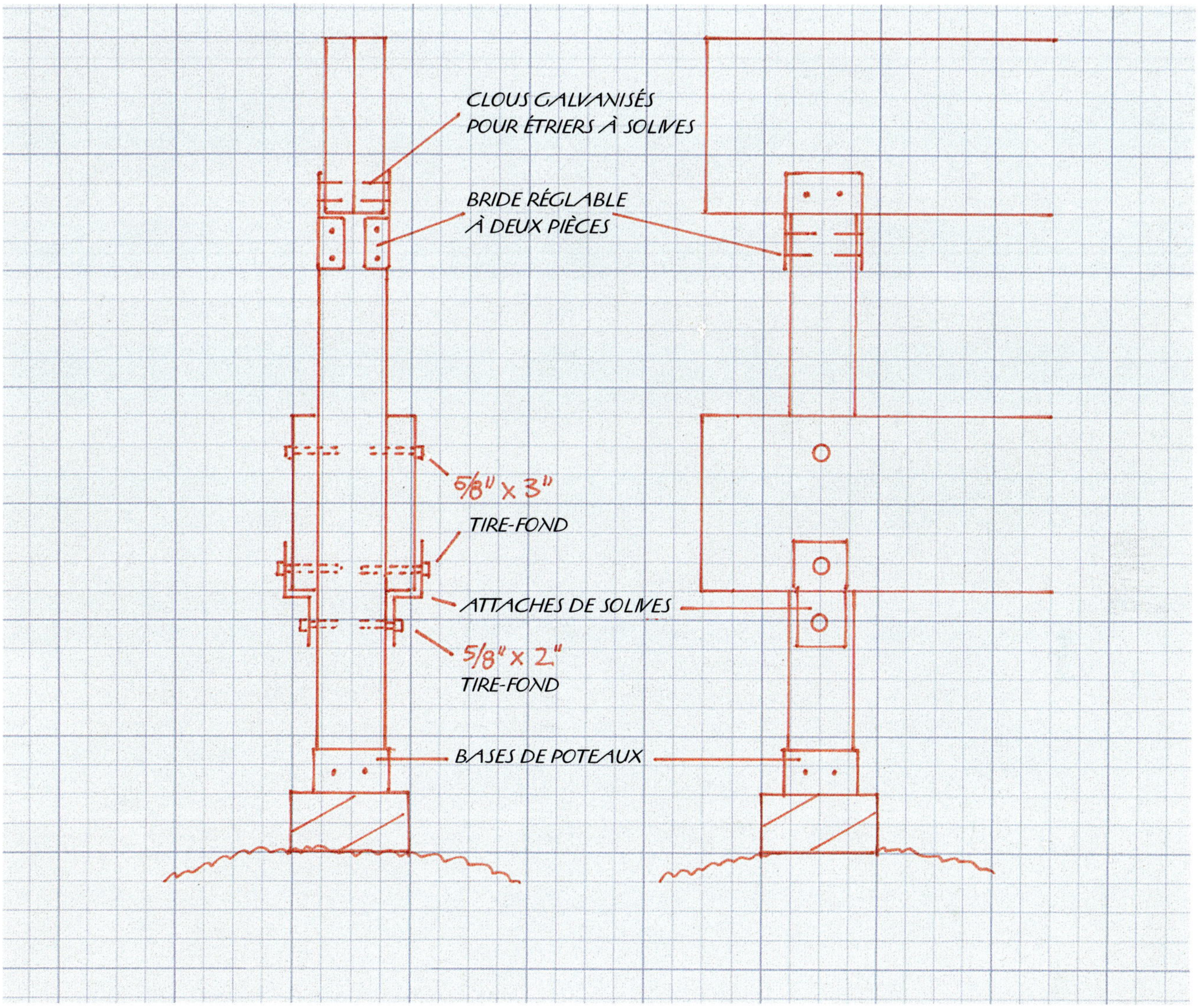

Dressez le plan détaillé des méthodes de liaison que vous utiliserez pour les éléments structurels de la terrasse. Le service du bâtiment voudra examiner en détail les liaisons poteau-semelle, poteau-poutre, poutre-solive et lambourde-maison.

Détails essentiels à l'approbation des plans ▸

Lorsque, pour obtenir un permis de construire, vous soumettrez vos plans à l'examen du représentant du service du bâtiment, celui-ci y cherchera les renseignements suivants, qui devront absolument y figurer :

- Dimensions hors tout de la terrasse.
- Position de la terrasse par rapport aux immeubles et aux limites de terrain. Le dégagement minimum est de 5 pi par rapport à la propriété voisine.
- Position des poteaux et des poutres.
- Dimension des solives et écartement de centre à centre.
- Épaisseur des planches du platelage.
- Hauteur de la terrasse par rapport au sol.
- Dessins détaillés des méthodes de liaison employées pour tous les éléments structurels de la terrasse.
- Type de sol supportant les semelles de béton : sable, gravier ou argile.
- Essences de bois utilisées.
- Types d'attaches métalliques et de pièces de quincaillerie prévus pour la construction de la terrasse.

BLACK&DECKER
BLACK & DECKER
BLACK & DECKER

COMMENT CONSTRUIRE UNE TERRASSE

Construction de terrasses : aperçu des étapes

La construction d'une terrasse est un projet qui se réalise par étapes, quel que soit le modèle choisi. Avant d'entreprendre la construction de votre terrasse, examinez les photos sur ces deux pages. Elles présentent les méthodes de base que vous devriez suivre pour construire votre terrasse. Les chapitres qui suivent aborderont en détail chacune de ces étapes.

Rassemblez vos outils et vos matériaux avant de commencer votre projet, et faites-vous aider dans les étapes les plus difficiles. Consultez les services publics locaux quant à l'emplacement des canalisations souterraines d'eau, d'électricité et de téléphone. Demandez un permis de construire, si c'est nécessaire, et faites approuver vos plans par un inspecteur en bâtiment avant d'entreprendre les travaux.

La durée de la construction variera en fonction des dimensions et de la complexité de votre terrasse, ainsi que de votre habileté. Si vous êtes à l'aise dans le maniement des outils et que vous débutez avec des plans complets et exacts, vous devriez réaliser la construction d'une terrasse à un niveau en quelques week-ends.

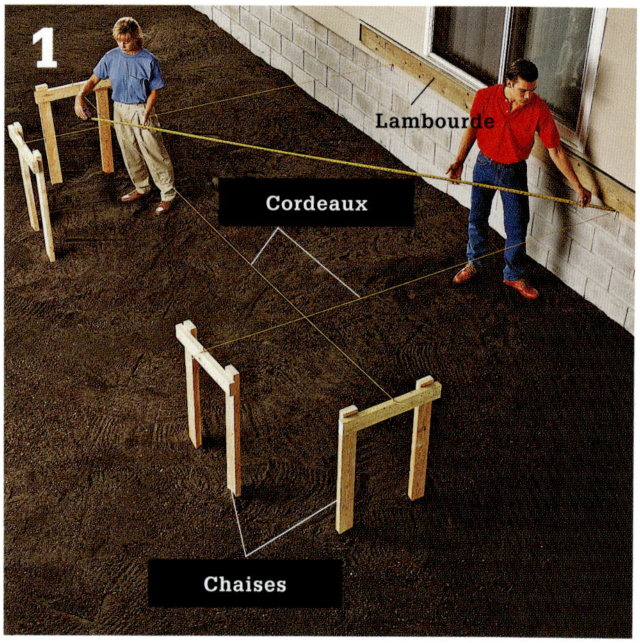

Installez la lambourde qui attachera la terrasse à la maison et servira de repère pour le positionnement des semelles (p. 38-45). Servez-vous de chaises et de cordeaux pour déterminer la position des semelles. Mesurez les diagonales pour vous assurer que le rectangle est d'équerre (p. 49).

Coulez les semelles de béton (p. 52-55) et installez les bases métalliques des poteaux (p. 57-58). Posez les poteaux et étayez-les, puis fixez-les aux bases. Marquez les poteaux à l'endroit où la poutre sera attachée (p. 58-61).

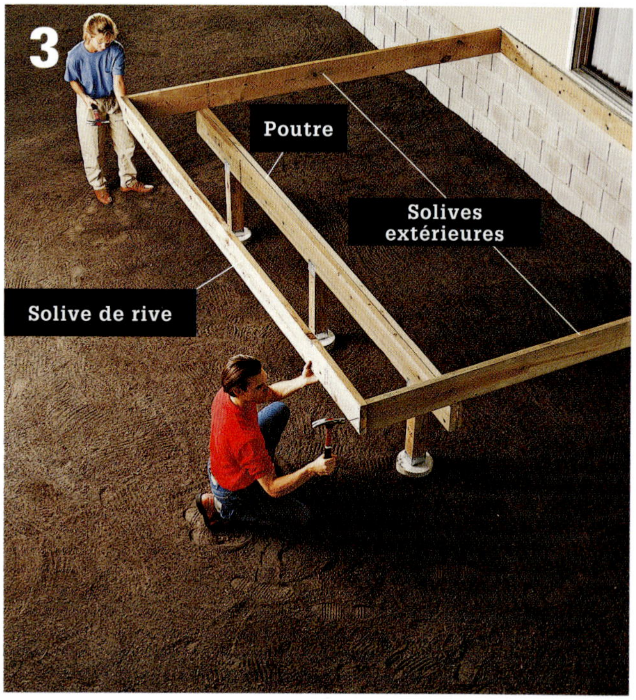

Attachez la poutre aux poteaux (p. 62-65). Installez les solives extérieures et la solive de rive à l'aide de clous galvanisés (p. 67-68).

Installez des étriers à solive métalliques sur la solive de rive et sur la lambourde, et attachez-y les solives intérieures (p. 68-71). La plupart des motifs de platelage requièrent un écartement des solives de 16 po centre à centre.

Posez les planches du platelage et découpez-les à la scie circulaire (p. 104-117). Si vous voulez embellir la terrasse, recouvrez la solive de rive et les solives latérales (faites de bois traité) de planches de parement en séquoia ou en cèdre (p. 108).

Construisez l'escalier. Celui-ci permet d'accéder à la terrasse en plus d'orienter la circulation dans le jardin.

Installez le garde-corps de la terrasse et la rampe de l'escalier (p. 140). Le garde-corps, en plus d'être décoratif, est souvent obligatoire lorsque la terrasse s'élève à plus de 30 po du sol. Si vous le désirez, vous pouvez finir le dessous de la terrasse (p. 232).

Charpente porteuse

Quel que soit le modèle de terrasse que vous désirez construire, la charpente est essentiellement toujours la même. Des poteaux et des semelles ancrés dans le sol, alliés à une lambourde fixée à la maison, soutiennent une ossature de poutres et de solives situées sous le platelage de la terrasse. On ajoute un platelage, des garde-corps et des marches à cette plate-forme pour la rendre accessible et sécuritaire. Il existe des techniques éprouvées pour installer chacun de ces éléments de charpente, et c'est ce que vous apprendrez dans ce chapitre. Une fois que vous aurez maîtrisé ces techniques, vous serez en mesure de les appliquer à n'importe lequel des projets de terrasse figurant dans ce livre, ou de créer vos plans originaux.

La fin de ce chapitre vous montrera également d'importantes variantes aux techniques de base qu'il vous faudra peut-être appliquer à votre projet, en fonction de la taille, de la hauteur ou de l'emplacement de votre nouvelle terrasse ou de la topographie de votre cour.

Dans ce chapitre :

- Installation d'une lambourde
- Positionnement des semelles
- Creusage et coulage des semelles
- Installation des poteaux
- Installation des poutres
- Installation des solives
- Construction d'une terrasse basse
- Construction d'une terrasse multiniveau
- Construction d'une terrasse sur un terrain en pente raide
- Terrasses à coin tronqué
- Création de courbes
- Encadrement d'une découpe

Installation d'une lambourde

La première étape de la construction d'une terrasse attachée à la maison consiste à fixer une lambourde sur le mur. La lambourde sert d'ancrage à la terrasse et de repère pour la construction d'une terrasse de niveau et d'équerre. Du fait qu'elle supporte une extrémité de chacune des solives, la lambourde doit être solidement fixée à la charpente de la maison.

Si votre lambourde est faite de bois traité sous pression, assurez-vous d'utiliser des tire-fonds galvanisés par immersion à chaud et des rondelles pour la fixer à la maison. Les pièces de quincaillerie ordinaires, revêtues de zinc, vont se corroder et finir par se casser au contact des produits chimiques utilisés pour traiter le bois sous pression à l'ACQ.

Installez la lambourde de sorte que la surface du pontage soit à 1 po sous le niveau du plancher de la maison. Cette différence de hauteur préviendra l'infiltration d'eau de pluie ou de neige fondue dans la maison.

Outils et matériaux ▸

- Crayon
- Niveau
- Scie circulaire avec lame au carbure
- Ciseau
- Marteau
- Cisaille
- Pistolet à calfeutrer
- Perceuse et forets (¼ po, hélicoïdal ; 1 po, à trois pointes ; ⅜ po et ⅝ po, de maçonnerie)
- Clé à douille à cliquet
- Poinçon
- Massette en caoutchouc
- Bois traité sous pression
- Solin galvanisé
- Clous ordinaires galvanisés de 8d
- Scellant à la silicone
- Tire-fond de ⅜ po x 4 po et rondelles de 1 po
- Ancres de maçonnerie en plomb pour tire-fond de ⅜ po (murs de briques)
- Pièces de 2 x 4 pour les étais.

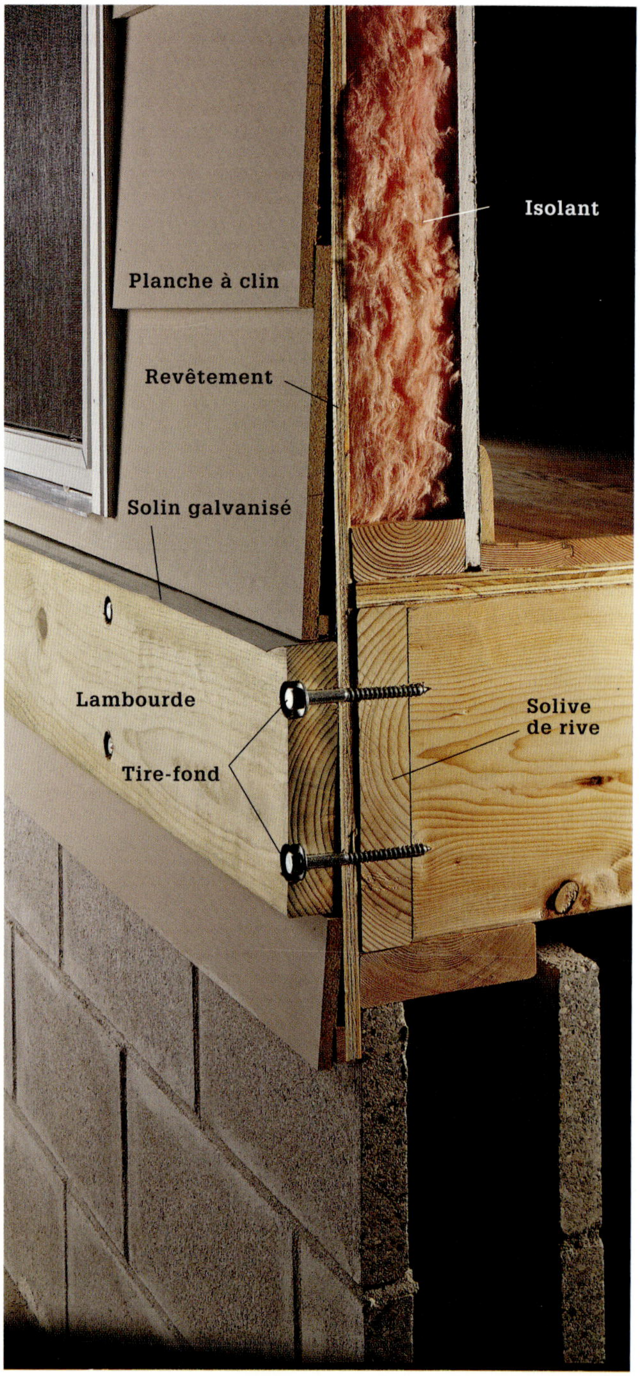

La lambourde (vue en coupe) est faite de bois traité sous pression. Il faut découper le parement du mur pour exposer le revêtement, qui constitue la surface plate sur laquelle sera fixée la lambourde. Le solin galvanisé glissé sous le parement empêche l'eau d'endommager le bois. Des tire-fonds noyés de ⅜ po x 4 po attachent la lambourde à la solive de rive située à l'intérieur de la maison.

Comment fixer une lambourde sur un mur en planches à clin

En vous servant d'un niveau, tracez sur le mur le profil de la terrasse, en tenant compte de l'épaisseur des solives extérieures et des planches de parement, s'il y a lieu.

Avec une scie circulaire, découpez le parement le long du tracé. Réglez la profondeur de coupe selon l'épaisseur du parement, de manière à ne pas entamer le revêtement du mur.

Servez-vous d'un ciseau pour terminer le découpage aux endroits que ne peut atteindre la scie. Tenez le ciseau la face biseautée orientée vers l'intérieur.

Dans une pièce de bois traité sous pression, coupez une lambourde à la bonne longueur. N'oubliez pas que celle-ci sera plus courte que la partie découpée du mur.

(Suite à la page suivante)

5

Avec une cisaille, découpez un solin galvanisé à la même longueur que la découpe du mur. Glissez le solin sous le parement du mur.

6

Centrez la lambourde sur la découpe du mur, sous le solin. Étayez la lambourde pour la retenir, puis fixez-la au mur avec des clous galvanisés de 8d. Appliquez un épais cordon de scellant à la silicone dans l'espace situé entre le parement et le solin.

7

À intervalles de 2 pi, pratiquez deux avant-trous de ¼ po dans la lambourde, jusque dans la solive de rive de la maison.

8

Avec un foret à trois pointes de 1 po, chambrez les avant-trous sur une profondeur de ½ po pour y noyer la tête des tire-fonds.

Avec une clé à douille à cliquet, fixez la lambourde au mur à l'aide de tire-fonds de ⅜ po x 4 po et de rondelles.

Avec du scellant à la silicone, bouchez les trous où sont enfoncés les tire-fonds ainsi que l'espace séparant le mur du dessous et des côtés de la lambourde.

Comment fixer une lambourde sur un mur de maçonnerie

Mesurez et coupez la lambourde, qui sera plus courte que le tracé. À intervalles de 2 pi, pratiquez deux avant-trous de ¼ po dans la lambourde. Avec un foret à trois pointes de 1 po, chambrez les avant-trous sur une profondeur de ½ po pour y noyer la tête des tire-fonds.

En vous servant d'un niveau, tracez sur le mur le profil de la terrasse. Centrez la lambourde sur le tracé puis étayez-la pour la retenir en place. Marquez sur le mur la position des avant-trous à l'aide d'un clou ou d'un poinçon. Retirez la lambourde.

(Suite à la page suivante)

Pratiquez pour les ancres des trous de 3 po de profondeur dans la maçonnerie à l'aide d'un foret à maçonnerie de 5/8 po.

Avec une massette en caoutchouc, enfoncez dans ces avant-trous les ancres de maçonnerie en plomb destinées aux tire-fonds de 3/8 po.

Avec une clé à douille à cliquet, fixez la lambourde sur le mur à l'aide de tire-fonds de 3/8 po x 4 po et de rondelles. Serrez bien les tire-fonds mais sans exagérer.

Bouchez les joints entre le mur et la lambourde avec du scellant à la silicone. Scellez aussi les têtes des boulons.

Comment fixer une lambourde sur un mur de stuc

En vous servant d'un niveau, tracez sur le mur le profil de la terrasse. Mesurez et coupez la lambourde ; pratiquez-y des avant-trous (p. 41, étape 1). Étayez la lambourde contre le mur ; avec un clou ou un poinçon, marquez sur le mur la position des trous.

Retirez la lambourde. Pratiquez des avant-trous dans le stuc à l'aide d'un foret à maçonnerie de ⅜ po.

Avec un foret de ¼ po, prolongez les avant-trous à travers le revêtement jusque dans la solive de rive de la maison. Remettez la lambourde en place et retenez-la avec des étais.

À l'aide d'une clé à douille à cliquet, fixez la lambourde avec des tire-fonds de ⅜ po x 4 po et des rondelles. Bouchez les joints entre le mur et la lambourde avec du scellant à la silicone ; scellez aussi les têtes des boulons.

Comment fixer une lambourde à un revêtement de métal ou de vinyle

Marquez la longueur de la lambourde sur le revêtement, en ajoutant 1 ½ po à chaque extrémité, en prévision de l'installation ultérieure des solives de rive. Tenez également compte de l'épaisseur de la planche de bordure si vous prévoyez en ajouter une, et laissez de l'espace pour les étriers à solives métalliques. Puis, marquez les bords supérieur et inférieur de la lambourde, aux deux extrémités de son emplacement. Cinglez le cordeau pour marquer l'emplacement de la lambourde entre les marques. Vérifiez si les lignes sont de niveau, et faites les ajustements nécessaires. Vous pourrez peut-être utiliser les extrémités du revêtement pour vous aider à déterminer l'emplacement de la lambourde, mais seulement lorsque vous aurez vérifié que les extrémités sont bien de niveau. Ne tenez pas pour acquis que le revêtement a été posé de niveau.

Réglez la profondeur de la lame de la scie circulaire de façon à couper le revêtement. Utilisez une lame pour métaux, si le revêtement est métallique ; une lame au carbure à 40 dents convient bien aux revêtements de vinyle. Coupez à l'extérieur des lignes tracées, le long du sommet et des côtés de l'emplacement de la lambourde, en arrêtant la lame lorsque vous atteignez un coin.

Cinglez de nouveau le cordeau à ½ po au-dessus de la ligne du bas, et pratiquez la dernière coupe le long de cette ligne. Cela laissera une petite bande de revêtement sous la lambourde.

Terminez la coupe dans les coins, à l'aide d'une cisaille à tôle, dans le cas d'un revêtement métallique, ou d'un couteau à lame rétractable, s'il s'agit d'un revêtement en vinyle. Vous pouvez également vous servir d'un marteau et d'un ciseau tranchant.

Insérez du feutre de construction sous le revêtement, et par-dessus le feutre en place qui a été endommagé par les coupes. Il est plus facile de couper et d'installer deux longues bandes. Coupez et insérez la première bande de façon qu'elle soit sous le revêtement, aux extrémités et au bord inférieur de la découpe, et agrafez-la. Coupez et insérez la deuxième bande de façon qu'elle soit sous le revêtement, aux extrémités et au bord supérieur de la découpe ; elle chevauchera ainsi la première bande d'au moins 3 po.

Coupez et insérez le solin galvanisé sous toute la longueur du bord supérieur de la découpe. N'utilisez pas d'attaches ; la pression tiendra le solin en place jusqu'à ce que la lambourde soit installée.

Coupez et installez la lambourde (voir les p. 39-41).

Positionnement des semelles

Déterminez la position exacte des semelles de béton en tendant sur le chantier des cordeaux attachés à la lambourde. Ces cordeaux, perpendiculaires à la lambourde, serviront à déterminer la position des trous destinés aux semelles et celles des bases de poteau métalliques qui seront fixées sur les semelles. Attachez l'autre extrémité des cordeaux à des supports temporaires, appelés « chaises », faits de pièces de bois de 2 x 4. Vous pouvez laisser les chaises en place jusqu'à ce que les trous destinés aux semelles soient creusés. Ainsi, vous pouvez utiliser les cordeaux pour situer avec précision les boulons en J dans le béton.

Outils et matériaux ▸

Ruban à mesurer
Crayon-feutre
Scie circulaire
Visseuse
Équerre de charpente
Marteau de maçon
Marteau à panne fendue
Niveau de ligne
Plomb
Pièces de bois de 2 x 4
Clous de 10d
Vis à panneau mural de 2 ½ po
Cordeau
Ruban-cache

Les cordeaux tendus entre la lambourde et les chaises servent à déterminer la position des semelles sur lesquelles seront fixés les poteaux. Servez-vous d'un plomb et de pieux pour marquer sur le sol le centre des semelles.

Comment déterminer la position des semelles

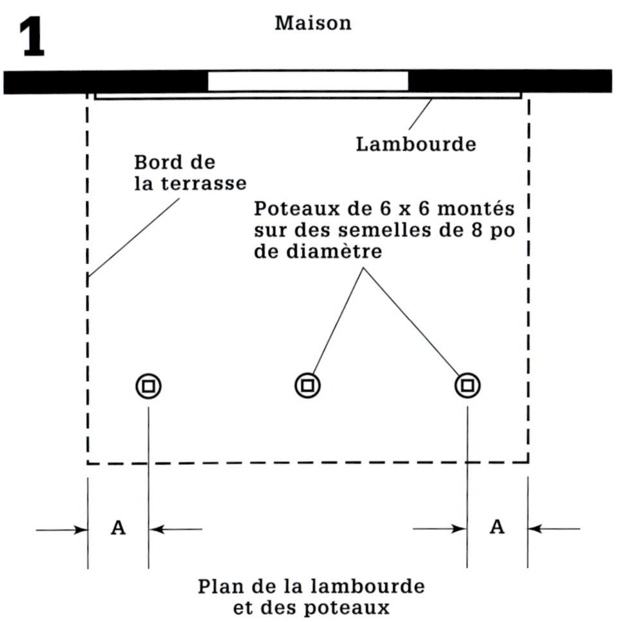

Utilisez le plan de conception pour déterminer la distance A. Prenez la mesure à partir du bord de la terrasse, jusqu'au centre de chacun des poteaux extérieurs. Servez-vous de la vue en élévation de la terrasse pour trouver la hauteur de chacun des poteaux de terrasse.

Pour les pieds des chaises, coupez des pièces de bois de 2 x 4 à une longueur d'environ 8 po supérieure à la hauteur des poteaux. Avec une scie circulaire, découpez en pointe l'une des extrémités de chacun de ces pieds. Coupez ensuite les traverses de 2 x 4 à une longueur d'environ 2 pi.

Assemblez les chaises avec des vis à panneau mural de 2 ½ po. Placez les traverses à environ 2 po du sommet des pieds.

Transposez la mesure A (étape 1) sur la lambourde et faites-y des points de repère à chaque extrémité. Les cordeaux seront tendus à partir de ces points. Dans votre mesure, n'oubliez pas de tenir compte de l'épaisseur des solives extérieures et des planches de parement qui seront appuyées contre les extrémités de la lambourde.

(Suite à la page suivante)

Enfoncez une chaise à 6 po de profondeur dans le sol, à environ 2 pi au-delà de la position du poteau. La traverse de la chaise doit être parallèle à la lambourde.

Enfoncez un clou de 10d dans la rive inférieure de la lambourde, au point de repère, et attachez-y un cordeau.

Tendez le cordeau perpendiculairement à la lambourde ; servez-vous d'une équerre de charpente pour vous guider. Attachez-le temporairement en l'enroulant autour de la traverse.

Assurez-vous que le cordeau est perpendiculaire à la lambourde en appliquant la méthode du triangle 3-4-5 : avec un crayon-feutre, faites un point de repère sur la lambourde, à 3 pi du clou du cordeau.

Avec du ruban-cache, marquez sur le cordeau un point situé à 4 pi du bord de la lambourde.

Mesurez la distance séparant les deux marques. Elle sera exactement de 5 pi si le cordeau est perpendiculaire à la lambourde. Au besoin, déplacez le cordeau sur la traverse de la chaise jusqu'à obtenir la bonne distance.

Enfoncez un clou de 10d dans la rive supérieure de la traverse de la chaise, de manière à laisser le clou exposé sur environ 2 po ; attachez-y le cordeau.

(Suite à la page suivante)

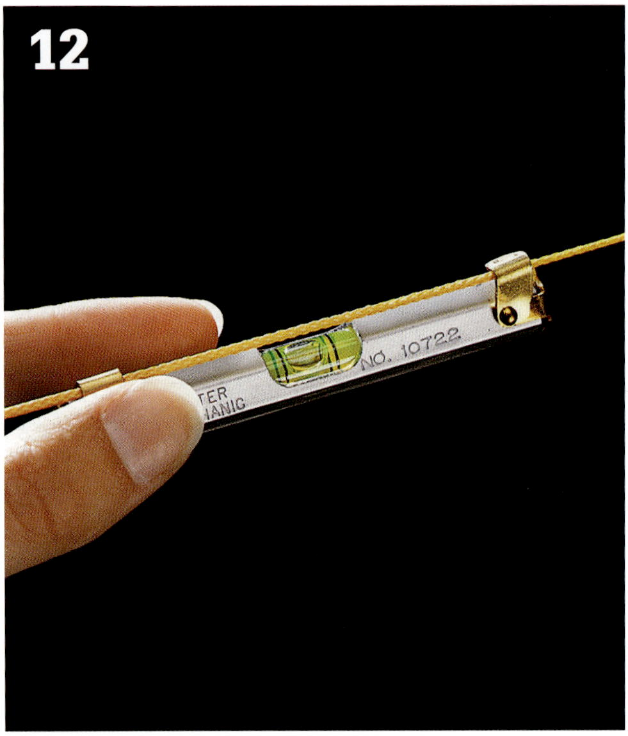

Suspendez un niveau de ligne au cordeau. Soulevez ou baissez le cordeau jusqu'à ce qu'il soit de niveau. Déterminez la position de la semelle de l'autre poteau extérieur en répétant les étapes 5 à 12.

Sur chacun des cordeaux attachés à la lambourde, mesurez et marquez avec du ruban-cache un repère correspondant au centre du poteau.

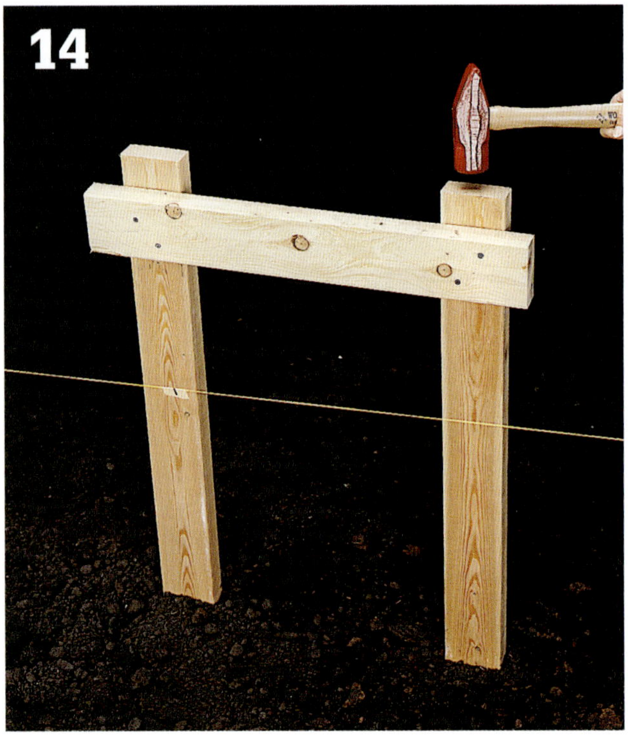

Enfoncez deux autres chaises dans le sol, à environ 2 pi au-delà des cordeaux, en les alignant sur les repères de ruban-cache (étape 13).

Alignez un troisième cordeau sur les repères des deux premiers cordeaux ; attachez-en les extrémités à des clous de 10d enfoncés dans les nouvelles chaises. Ce troisième cordeau doit passer tout près des deux autres, mais sans y toucher.

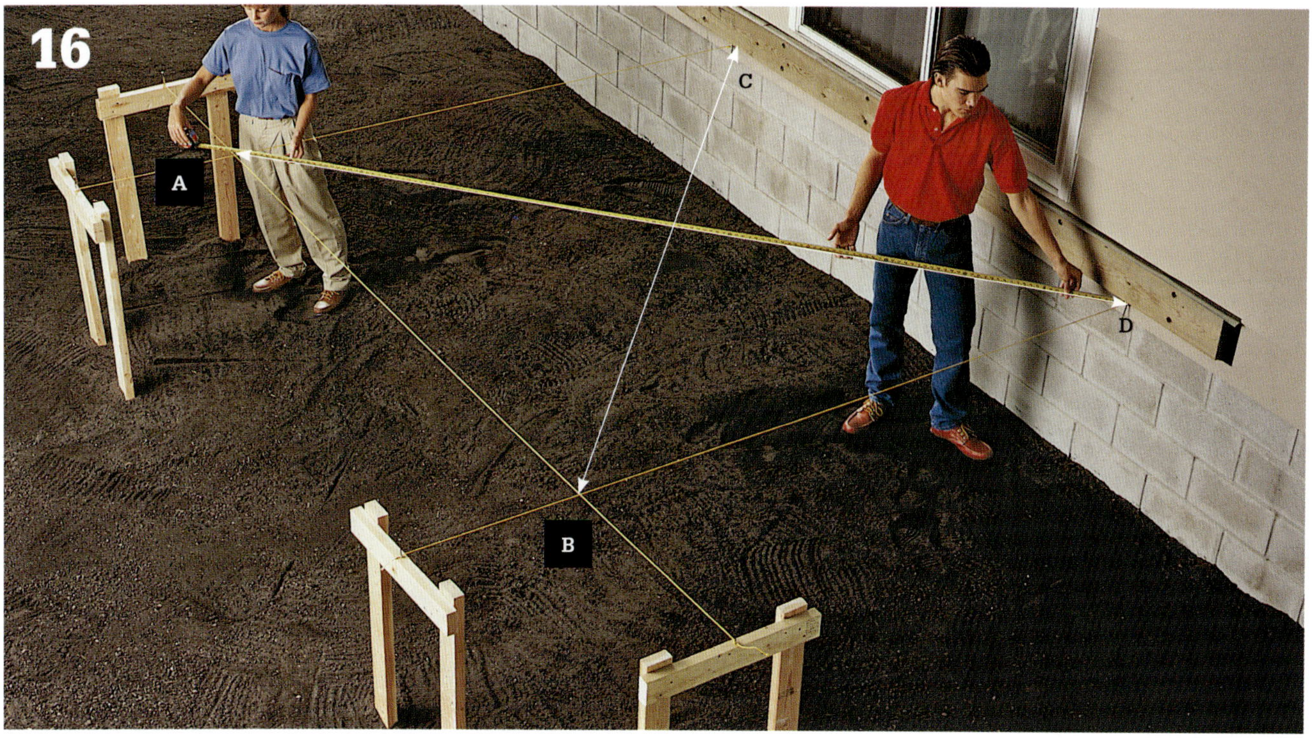

Assurez-vous que les cordeaux sont d'équerre en mesurant les distances A-B et C-D. Mesurez les diagonales A-D et B-C, du bord de la lambourde jusqu'aux coins opposés. Si les cordeaux sont d'équerre, les mesures A-B et C-D seront égales, comme le seront les diagonales A-D et B-C. Si ce n'est pas le cas, déplacez les cordeaux sur les chaises jusqu'à ce que cela le soit.

Sur le troisième cordeau, marquez la position du centre de tout poteau devant être installé entre les poteaux extérieurs.

Avec un plomb, marquez sur le sol l'emplacement du centre des poteaux, directement sous les repères faits sur les cordeaux. À chacun de ces endroits, enfoncez un pieu. Enlevez les cordeaux avant de creuser le sol.

Creusage et coulage des semelles

Les semelles de béton maintiennent en place les poteaux de la terrasse et supportent le poids de celle-ci. Consultez la réglementation locale pour connaître les dimensions et la profondeur prescrites pour les semelles dans votre région. Dans les régions froides, elles doivent s'enfoncer au-delà du seuil de gel.

Pour protéger les poteaux contre les dommages causés par l'eau, il faut couler les semelles de telle sorte qu'elles s'élèvent à 2 po du sol. Des coffrages tubulaires permettent de prolonger les semelles au-dessus du niveau du sol.

Il est facile et économique de préparer votre propre béton en mélangeant du ciment portland, du sable, du gravier et de l'eau.

Au lieu d'enfoncer des boulons en J dans le béton humide, vous pouvez utiliser des ancres à maçonnerie, ou installer des boulons d'ancrage avec de l'époxy destinée aux semelles de terrasses et autres installations de maçonnerie. La méthode à l'époxy vous donne plus de temps pour déplacer les cordeaux afin de déterminer l'emplacement des boulons, et cela évite le problème que les boulons en J ne s'inclinent ou ne s'enfoncent dans un béton trop liquide. La plupart des centres de rénovation vendent des tiges filetées, des rondelles, des écrous et des seringues à époxy, mais vous pouvez aussi acheter ces articles séparément dans une quincaillerie. Avant de creuser, consultez les services publics locaux pour connaître l'emplacement des canalisations souterraines d'électricité, de téléphone ou d'eau.

Outils et matériaux ▸

Tarière motorisée ou manuelle
Ruban à mesurer
Scie d'élagage
Pelle
Scie alternative ou égoïne
Niveau torpille
Houe
Truelle
Brosse à dents
Plomb
Couteau universel
Coffrages tubulaires
Ciment portland
Sable
Gravier
Boulons en J
Brouette
Pièce de bois de 2 x 4

Une tarière motorisée, que vous pouvez louer, creuse rapidement les trous destinés aux semelles des poteaux. Il faut être deux pour utiliser certains modèles. (voir p. 203).

Comment creuser et couler les semelles

Creusez les trous destinés aux semelles avec une tarière manuelle ou motorisée (si la profondeur du trou est de 35 po ou plus). Le centre des trous doit correspondre aux pieux de repère.

Mesurez la profondeur des trous. Le code du bâtiment prescrit la profondeur à laquelle doivent s'enfoncer les semelles. Au besoin, coupez les racines d'arbres avec une scie d'élagage.

Pour favoriser le drainage sous les semelles, étendez au fond de chaque trou une couche de gravier de 2 po à 3 po d'épaisseur.

Ajoutez 2 po à la profondeur des trous (pour que les semelles dépassent du sol) et coupez les coffrages tubulaires à cette hauteur à l'aide d'une scie alternative ou d'une égoïne. Veillez à ce que la coupe soit droite.

Insérez les tubes dans les trous de manière qu'ils dépassent du sol d'environ 2 po. Utilisez un niveau pour vous assurer que les sommets des tubes sont de niveau. Pour tenir les tubes en place, calez-les avec de la terre.

(Suite à la page suivante)

Avec une houe, mélangez les ingrédients secs du béton dans une brouette.

Faites un creux au centre des ingrédients et versez-y lentement un peu d'eau. Mélangez le béton avec la houe.

Ajoutez peu à peu de l'eau, en continuant de mélanger le béton, jusqu'à ce qu'il soit assez ferme pour conserver sa forme lorsque vous le trancherez à la truelle.

Versez lentement le béton dans le tube. Faites-le tomber de la brouette en le poussant avec une pelle. Utilisez un long bâton pour fouler le béton et en chasser les poches d'air.

Mettez le béton de niveau en passant sur la surface une pièce de bois de 2 x 4 que vous ferez osciller. Remplissez de béton les creux restants. Attachez de nouveau les cordeaux aux chaises et vérifiez une fois de plus les mesures.

Insérez en biais dans le béton frais un boulon en J, au centre de la semelle.

Poussez lentement sur le boulon en l'agitant doucement pour chasser les poches d'air.

Réglez la position du boulon en J de manière qu'il dépasse du béton de ¾ po à 1 po. Enlevez le béton frais des filets à l'aide d'une brosse à dents.

Avec un plomb, assurez-vous que le boulon se trouve exactement au centre de la semelle.

Avec un niveau torpille, assurez-vous que le boulon en J est d'aplomb. Au besoin, réglez la position du boulon et tassez de nouveau le béton. Laissez le béton durcir, puis, avec un couteau universel, découpez la partie apparente du tube.

Installation des poteaux

Les poteaux supportent les poutres de la terrasse et font porter le poids de celle-ci par les semelles de béton. Ils constituent la fondation hors sol de la terrasse. L'inspecteur en bâtiment vérifiera si la taille des poteaux que vous prévoyez utiliser convient à votre terrasse.

Choisissez soigneusement les pièces de bois de façon que les poteaux puissent supporter une charge importante pendant la durée de vie de votre terrasse. Le bois traité sous pression constitue la meilleure protection contre la pourriture et les insectes. Sélectionnez des poteaux qui sont droits et exempts de fentes profondes, de gros nœuds ou d'autres défauts naturels qui pourraient en compromettre la solidité. Essayez de ne pas couper les extrémités traitées en usine lorsque vous taillez les poteaux à la longueur désirée ; elles contiennent davantage de produits chimiques protecteurs et sont généralement plus durables que des extrémités coupées. Placez les extrémités traitées vers le bas, contre les attaches du poteau, où l'eau risque de s'accumuler.

Utilisez des ancres en métal galvanisé pour fixer les poteaux aux semelles de béton. Si les poteaux sont placés directement sur le béton, les extrémités ne sécheront pas bien. Il vous sera également plus difficile de réaliser la connexion mécanique nécessaire avec les semelles. Les bases de poteaux métalliques comportent des orifices de drainage et un socle qui relèvent l'extrémité des poteaux au-dessus de la semelle, ce qui améliore l'égouttement. Assurez-vous que les poteaux sont d'aplomb afin d'en tirer la robustesse maximale.

Outils et matériaux ▸

Crayon
Équerre de charpente
Clé à douille à cliquet
Ruban à mesurer
Scie à onglet électrique ou scie circulaire
Marteau
Visseuse
Niveau
Équerre combinée
Bases de poteau métalliques
Écrous pour boulons en J
Pièces de bois pour les poteaux
Clous ordinaires galvanisés de 6d
Vis à panneau mural de 2 po
Pièces de bois de 2 x 4 longues et droites
Pièces de bois de 1 x 4
Pieux pointus de 2 x 2

Comment poser les bases de poteaux

Déposez une longue pièce de bois de 2 x 4 à plat sur deux ou trois semelles, parallèlement à la lambourde, en poussant l'un des bords de la pièce contre les boulons en J.

En suivant le bord de cette pièce, tracez sur les semelles une ligne de repère pour l'installation des bases métalliques. Retirez la pièce de bois.

Placez une base métallique sur chaque semelle et centrez-la sur le boulon en J.

(Suite à la page suivante)

Avec une équerre de charpente, veillez à ce que la base métallique soit d'équerre par rapport à la ligne de repère tracée.

Vissez un écrou sur chaque boulon en J ; serrez-le bien avec une clé à douille à cliquet.

Comment installer les poteaux

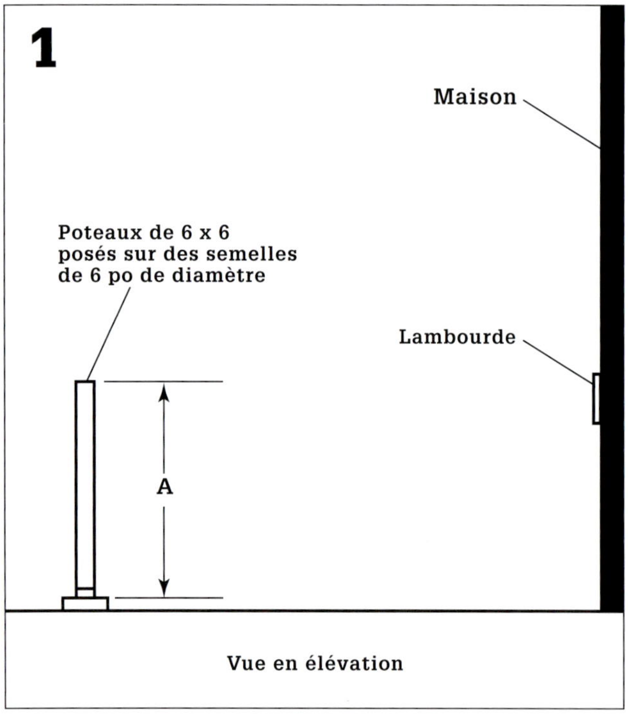

Consultez la vue en élévation de votre terrasse pour connaître la hauteur des poteaux (A). Ajoutez 6 po à cette hauteur.

Coupez les poteaux avec une scie circulaire ou une scie à onglet électrique. Veillez à ce que les extrémités de poteaux traitées à l'usine soient d'équerre. Avec la même scie, découpez au besoin ces extrémités pour les rendre droites.

Introduisez le poteau dans la base ; fixez-le avec un seul clou ordinaire galvanisé de 6d.

Pour étayer le poteau, placez dessus une pièce de bois de 1 x 4 à plat, à mi-hauteur, selon un angle de 45°.

Fixez temporairement l'étai au poteau à l'aide d'une vis à panneau mural de 2 po.

Dans le sol, à l'extrémité de l'étai, enfoncez un pieu pointu de 2 x 2.

(Suite à la page suivante)

Avec un niveau, assurez-vous que le poteau est d'aplomb ; au besoin, réglez-en la position.

Attachez l'étai au poteau avec deux vis à panneau mural de 2 po.

Mettez le poteau d'aplomb et étayez-le sur le côté perpendiculaire à celui du premier étai.

Fixez le poteau sur la base métallique avec des clous ordinaires galvanisés de 6d.

Placez l'une des extrémités d'une pièce de bois droite de 2 x 4 sur la lambourde et l'autre contre le poteau ; mettez la pièce de niveau. Ensuite, abaissez l'extrémité placée contre le poteau de ¼ po tous les 3 pi sur la distance séparant la lambourde du poteau (pente favorisant l'écoulement de l'eau). Faites un trait sur le poteau, le long du bord inférieur de la pièce de bois, pour indiquer le dessus des solives.

À partir du trait fait à l'étape 11, mesurez sur les poteaux une distance égale à la largeur des solives et tracez une ligne à cet endroit.

Utilisez une équerre pour prolonger la ligne tout autour du poteau. Cette ligne indique le sommet du poteau. À partir de cette ligne, répétez les étapes 12 et 13 pour déterminer l'extrémité inférieure du poteau.

Installation des poutres

Les poutres de la terrasse, fixées aux poteaux, aident à supporter le poids des solives et du platelage. Les méthodes d'installation dépendent du type de terrasse et de la réglementation locale. Vérifiez donc auprès d'un inspecteur ce qui est acceptable dans votre région.

Dans une terrasse à poutres superposées, la poutre est fixée directement au sommet des poteaux. On utilise des attaches métalliques, appelées « étriers », pour aligner et renforcer la liaison poutre-poteau. L'avantage de ce type de liaison est que les poteaux supportent le poids de la terrasse.

Dans une terrasse à poutres encastrées, il faut encocher le sommet des poteaux de 6 x 6, afin d'y insérer les poutres. Le poids de la terrasse est soutenu par les poteaux, comme dans le cas d'une terrasse à poutres superposées.

Dans le passé, un troisième type de construction à poutres, appelé « construction en sandwich » était généralement acceptable dans la structure d'une terrasse. (Vous pouvez en voir un exemple à la p. 19). Il s'agissait de deux poutres fixées de part et d'autre du poteau, et fixées par de longs boulons traversants. Étant donné que cette méthode offre moins de solidité que les constructions à poutres superposées et à poutres encastrées, la plupart des codes du bâtiment ne l'autorisent plus.

Outils et matériaux ▸

Ruban à mesurer
Crayon
Scie circulaire
Pinceau
Équerre combinée
Visseuse
Perceuse
Foret hélicoïdal de ⅜ po
Foret à trois pointes de 1 po
Clé à douille à cliquet
Pistolet à calfeutrer
Scie alternative ou égoïne
Bois traité sous pression
Enduit protecteur transparent
Vis à plancher galvanisées de 2 ½ po
Clous galvanisés de 10d
Boulons de carrosserie de ⅜ po x 8 po avec rondelles et écrous
Tire-fonds de ⅜ po x 2 po
Scellant à la silicone

Les poutres reposant dans une rainure au sommet des poteaux et fixées à l'aide de boulons traversants et d'écrous assurent la solidité des liaisons qui supporteront le poids de la terrasse.

Comment fabriquer une poutre

Choisissez deux planches droites de mêmes dimensions (généralement de 2 x 8 ou plus) et placez-les l'une contre l'autre pour voir si elles s'alignent bien, sur tous les côtés. Appliquez de l'adhésif de construction pour l'extérieur sur une planche, et déposez l'autre planche par-dessus. Enfoncez deux clous de 10d près de l'extrémité de l'assemblage afin de fixer les planches ensemble.

Maintenez les planches ensemble avec des serre-joints espacés de 2 à 3 pi, en rajustant l'alignement, au besoin. Enfoncez des clous de 10d en les décalant, à tous les 12 po à 16 po. Retournez la poutre et répétez le même schéma de clouage.

Comment marquer l'emplacement des poteaux sur une poutre

Mesurez le long de la poutre la distance entre les poteaux, en vous assurant que les extrémités des planches d'une poutre sont bien alignées. Marquez l'emplacement des deux extrémités du poteau sur la poutre.

Utilisez une équerre combinée ou une équerre à dessin pour transférer les marques des poteaux sur le sommet, puis sur l'autre côté de la poutre, en vous assurant que les pièces de quincaillerie des deux côtés sont alignées.

Comment installer une poutre dans un étrier

Coupez le poteau à sa hauteur définitive après l'avoir fixé en place. Passez deux fois une scie circulaire, ou une fois, une scie alternative. Pour la plupart des bricoleurs, la scie circulaire permettra d'effectuer une coupe plus uniforme.

Fixez les pièces de retenue de l'étrier au sommet du poteau, à l'aide de vis pour étrier à solive, de clous ordinaires galvanisés de 10d ou de clous pour étrier à solive. Vous devez enfoncer une attache dans tous les trous prépercés de l'étrier.

Placez la poutre dans l'étrier, en vous assurant que les côtés de l'étrier sont alignés avec les marques faites sur la poutre.

Fixez la poutre dans l'étrier en enfonçant des clous ordinaires galvanisés ou des vis pour étrier à solive dans les trous prépercés, dans la moitié supérieure de l'étrier.

Comment installer une poutre encastrée

Retirez les poteaux de 6 x 6 de leur ancrage et taillez-les à leur longueur définitive. Mesurez et marquez sur le sommet de chaque poteau le profil d'une encoche correspondant à l'épaisseur et à la largeur de la poutre. Tracez les lignes sur tous les côtés à l'aide d'une équerre de charpente.

À l'aide d'une scie circulaire, découpez grossièrement les encoches ; finissez la coupe avec une scie alternative ou une égoïne. Fixez de nouveau les poteaux à leur ancrage, de façon que l'encoche ne soit pas placée du côté de la terrasse.

En vous faisant aider, insérez la poutre dans les encoches (côté bombé vers le haut). Alignez la poutre et maintenez-la au poteau avec une serre. Pratiquez deux trous chambrés de ½ po de profondeur à l'aide d'un foret à trois pointes, puis percez des avant-trous de $\frac{3}{8}$ po dans la poutre et le poteau, à l'aide d'un foret hélicoïdal de $\frac{3}{8}$ po.

Insérez dans chaque avant-trou un boulon de carrosserie. Ajoutez une rondelle et un écrou sur le côté chambré du trou, et serrez à l'aide d'une clé à douille à cliquet. Scellez les deux extrémités avec du calfeutrant à la silicone. Appliquez une membrane autoadhésive au sommet de la poutre et des poteaux, au besoin (voir la p. 200).

Installation des solives

Les solives, qui soutiennent le platelage, sont fixées à la lambourde et à la solive de rive à l'aide d'étriers en métal galvanisé, et clouées au sommet de la poutre.

À des fins de solidité et de durabilité, utilisez du bois traité sous pression pour toutes les solives. Vous pouvez parer de planches de séquoia ou de cèdre les côtés exposés des solives extérieures et de la solive de rive pour les rendre plus attrayantes.

Outils et matériaux ▸

Ruban à mesurer
Crayon
Marteau
Scie circulaire
Pinceau
Équerre à chevrons
Équerre combinée
Perceuse
Foret hélicoïdal de $\frac{1}{16}$ et $\frac{1}{4}$ po
Foret à trois pointes de 1 po
Clous à solive de 10d
Clous galvanisés
Bois traité sous pression
Enduit protecteur transparent
Étrier à solives en métal galvanisé
Cornières d'assemblage de 10d et 16d
Tire-fonds de $\frac{3}{8}$ po x 4 po et rondelles de 1 po

Les étriers métalliques fixés aux solives de rive ou aux lambourdes sont pratiquement à l'épreuve de toute fausse manœuvre, pour la pose des solives intermédiaires de la terrasse. Recherchez les pièces de quincaillerie en métal galvanisé par triple immersion.

Comment installer les solives

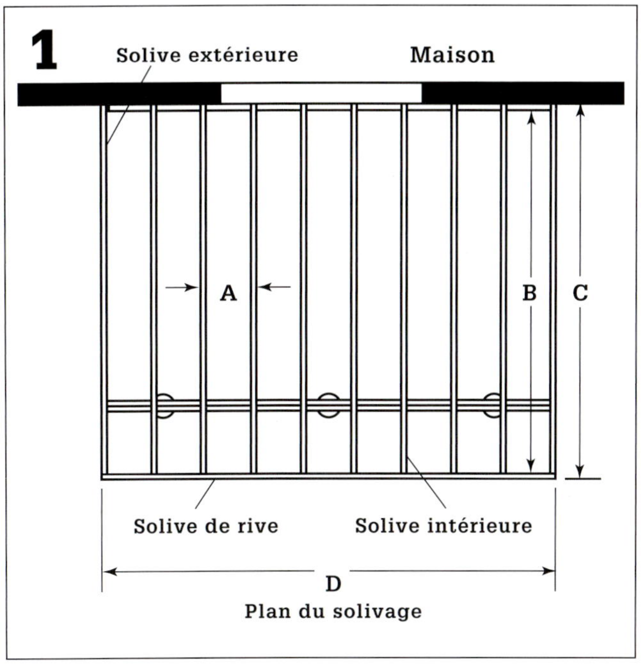

Utilisez le plan de votre terrasse pour déterminer l'écartement (A) des solives et la longueur des solives intérieures (B), des solives extérieures (C) et de la solive de rive (D). Mesurez et marquez la longueur des solives extérieures, en vous aidant d'une équerre combinée. Taillez les solives avec une scie circulaire. Recouvrez les extrémités coupées d'un enduit protecteur transparent.

Fixez les attaches près de chaque extrémité de la lambourde, selon vos plans. Autrefois, le code du bâtiment permettait de clouer les solives perpendiculairement à la lambourde, mais cette pratique n'est plus acceptée. N'enfoncez que ce qu'il faut de clous pour tenir l'étrier en place pendant que vous mettez les solives d'équerre.

Fixez les solives extérieures sur le dessus de la poutre, avec des clous ordinaires de 10d galvanisés enfoncés en biais.

Coupez les extrémités des pièces de bois afin d'obtenir des bords bien droits.

(Suite à la page suivante)

Mesurez et coupez la solive de rive. Revêtez-en les extrémités coupées d'un enduit protecteur transparent. Percez des avant-trous de 1⁄16 po aux deux extrémités de la solive de rive, puis fixez-la aux extrémités des solives extérieures à l'aide de clous galvanisés de 16d. Pour les renforcer davantage, vous pouvez ajouter des cornières d'assemblage dans les joints d'angle intérieurs.

Finissez de clouer les étriers dans les solives de rive, en vous assurant d'enfoncer des clous dans tous les trous prépercés des étriers.

Sur la lambourde, en prenant les mesures à partir du bord de la solive extérieure, marquez les endroits où les solives seront fixées à la lambourde.

Tracez sur la lambourde le profil de chacune des solives, en vous aidant d'une équerre à chevrons.

Sur la poutre, en prenant les mesures à partir de la solive extérieure, marquez les endroits où les solives croiseront la poutre. Tracez le profil des solives sur les deux planches de la poutre.

Sur la solive de rive, en prenant les mesures à partir de la solive extérieure, marquez les endroits où les solives seront attachées à la solive de rive. Tracez le profil des solives sur la face intérieure de la solive de rive, en vous aidant d'une équerre combinée.

Fixez les étriers à la lambourde et à la solive de rive. Placez chaque étrier de façon que l'une de ses brides soit alignée sur le tracé. Enfoncez dans la bride des clous galvanisés de 10d.

(Suite à la page suivante)

Découpez la pièce de bois devant servir de pièce d'écartement. Placez-la dans chaque étrier, dont vous refermerez les côtés.

Fixez la seconde bride des étriers à l'aide de clous à solive de 10d. Retirez la pièce d'écartement.

Mesurez et marquez les solives, en vous aidant d'une équerre combinée. Coupez-les à la scie circulaire.

Recouvrez les extrémités coupées des solives d'un enduit protecteur transparent. Placez les solives dans les étriers, côté bombé en haut.

Fixez les étriers entre la lambourde et la solive à l'aide de clous à solive. Enfoncez les clous des deux côtés des solives.

Alignez les solives avec les tracés faits sur le sommet de la poutre. Fixez les solives à la poutre en enfonçant de biais, de chaque côté, des clous galvanisés de 10d.

Autre méthode ▸

Fixez les solives aux poutres à l'aide d'attaches en fer à cheval afin d'en augmenter la solidité et la durabilité.

Fixez les étriers aux solives à l'aide de clous à solive de 10d. Enfoncez les clous des deux côtés des solives.

Construction d'une terrasse basse

Il est généralement plus facile de construire une terrasse qui repose près du sol qu'une terrasse surélevée ; toutefois, ce type de terrasse requiert certaines modifications de conception. Si la terrasse est extrêmement basse (de 8 po à 12 po du sol), mieux vaut poser les poutres directement sur les semelles de béton, puisque des poteaux ne sont pas nécessaires. Les solives seront accrochées aux faces des poutres au lieu de reposer sur elles ; on emploie rarement un modèle en porte-à-faux. Puisque la lambourde est fixée très bas sur la maison, il faudra sans doute l'attacher à la fondation plutôt qu'à la solive de rive (à droite).

Une terrasse qui s'élève à plus de 12 po du sol doit comporter au moins une marche bâtie en forme de caisson ou suspendue à la terrasse.

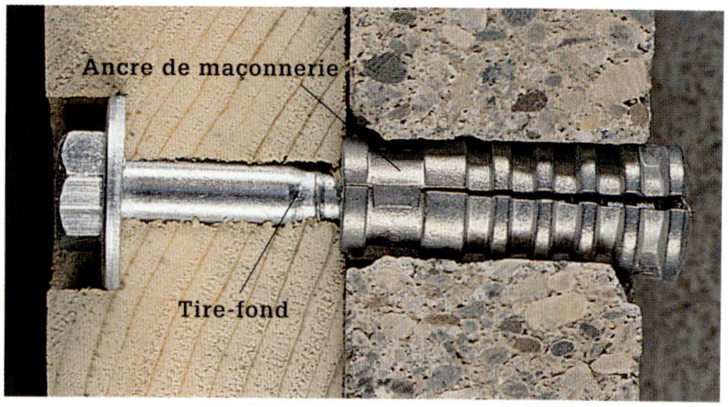

L'ancre de maçonnerie sert à fixer la lambourde sur une fondation de maçonnerie. Avec un foret de maçonnerie de ⅝ po, pratiquez des trous de guidage de 3 po de profondeur. Enfoncez-y des ancres destinées à des tire-fonds de ⅜ po. Mettez la lambourde en position, puis fixez-la avec des tire-fonds vissés dans les ancres.

Les poutres d'une terrasse basse reposent souvent directement sur les semelles de béton, sans poteaux. Du fait que ce type de terrasse requiert des solives de 2 x 8 ou de 2 x 6, une poutre intermédiaire pourrait être nécessaire pour que soient adéquatement supportées ces étroites solives. À chacune des extrémités de la dernière poutre, la planche extérieure de la poutre doit mesurer 1 ½ po de plus que la planche intérieure ; c'est dans ces retraits que s'inséreront les extrémités des solives extérieures.

Installation de poutres et de solives à une faible hauteur

Posez la lambourde. Déterminez la position des semelles. Creusez les trous. Si les poutres doivent reposer directement sur les semelles, servez-vous de coffrages tubulaires. Faites-les s'élever du sol à la bonne hauteur. Assurez-vous qu'ils sont d'aplomb pendant que vous y coulez le béton. Lissez la surface du béton ; insérez-y les pièces d'appui direct pendant qu'il est encore humide. Guidez-vous sur les cordeaux pour aligner les pièces d'appui.

Fabriquez les poutres (p. 63) et placez-les dans les pièces d'appui direct. Pratiquez des avant-trous et utilisez des tire-fonds de 3 ½ po pour fixer les poutres sur les pièces d'appui. Marquez la position des solives sur la poutre et installez-y les étriers à solives.

Coupez et installez toutes les solives. Fixez-les avec des clous pour étrier à solive. Terminez la terrasse en appliquant les techniques de construction standard. Au besoin, installez une marche suspendue ou bâtie en forme de caisson.

Construction d'une terrasse multiniveau

La terrasse à multiniveau présente des avantages évidents, mais de nombreux bricoleurs en redoutent la construction, la jugeant trop compliquée. En réalité, il s'agit tout simplement de deux plates-formes, ou davantage, construites à des niveaux différents. Vous pouvez construire une terrasse multiniveau en recourant aux mêmes techniques requises pour les terrasses de base, à une exception près : les terrasses multiniveaux sont généralement conçues de manière que les plates-formes partagent la même poutre du côté où elles se rencontrent. C'est pourquoi il est essentiel que les poutres et les poteaux soient assez solides pour supporter le poids des deux plates-formes.

Cette poutre partagée mise à part, les plates-formes d'une terrasse multiniveau sont indépendantes et peuvent résulter de techniques de construction différentes. Par exemple, le niveau supérieur pourrait être du type à poutre et à poteau, avec platelage perpendiculaire aux solives, et le niveau inférieur courbe, avec solives en porte-à-faux et platelage oblique. Si vous manquez de temps ou d'argent, construisez la terrasse une plate-forme à la fois.

N'oubliez pas de prévoir des garde-corps et des escaliers, là où ils sont requis. Il faut un garde-corps sur toute plate-forme s'élevant à 30 po ou plus du sol ou se trouvant au-dessus d'une autre terrasse.

Créer le support de charpente d'une terrasse multiniveau exige un peu d'ingéniosité et de planification. Par exemple, on peut construire un robuste mur de soutien sur une terrasse basse, qui supportera le poids d'une terrasse à un niveau supérieur, comme ci-dessus. Veuillez noter que les nouveaux codes du bâtiment ne permettent plus de fixer des poutres en les retenant aux côtés des poteaux, même en utilisant des étriers métalliques.

Méthodes de soutien des terrasses multiniveaux

Selon la méthode de la poutre commune, la même poutre supporte les deux plates-formes à leur point de rencontre. La plate-forme supérieure repose directement sur la poutre, tandis que la plate-forme inférieure est suspendue à la face avant de cette même poutre. Cette méthode – économique du fait qu'elle ne requiert qu'une poutre – convient aux terrasses à niveaux rapprochés construites sur un terrain relativement plat. Consultez les p. 76-77.

Selon la méthode du mur de soutien, la plate-forme supérieure est supportée par un mur de poteaux reposant sur la plate-forme inférieure, directement au-dessus de la poutre et des poteaux soutenant cette dernière. Contrairement aux deux méthodes décrites précédemment, celle-ci requiert que l'on construise d'abord la plate-forme inférieure. Choisissez cette méthode si vous souhaitez recourir à des matériaux décoratifs, tel un parement de cèdre, pour couvrir l'espace séparant les plates-formes. Cette méthode aussi convient aux propriétaires souhaitant reporter à une date ultérieure la construction de la seconde plate-forme. Consultez les p. 78-79.

Comment appliquer la méthode de la poutre commune

Après avoir installé la lambourde, les semelles et les poteaux, marquez sur ces derniers l'endroit où reposera la poutre. Utilisez une pièce de bois droite de 2 x 4 et un niveau pour faire sur les poteaux un trait qui sera de niveau avec le bord supérieur de la lambourde. Sous ce trait, faites-en un autre à une distance correspondant à la hauteur des solives augmentée de celle de la poutre. Avec une scie alternative, coupez le poteau le long de ce second trait.

Posez une bride faîtière sur chacun des poteaux. Fabriquez une poutre avec deux planches de 2 x 10 ou de 2 x 12 (p. 63). Placez la poutre dans les brides, avec le côté bombé en haut, le cas échéant. S'il y a un écart entre la bride du poteau central et la poutre, insérez une cale sous la bride. Fixez les brides sur les poteaux et sur la poutre avec des vis à plancher galvanisées.

Sur la lambourde et sur le dessus de la poutre, marquez la position des solives de la plate-forme supérieure. En vous aidant d'une équerre de charpente, transposez sur la face de la poutre la position des solives de la plate-forme inférieure. Fixez des étriers à solive sur les marques faites sur la lambourde.

Mesurez, coupez et installez les solives de la plate-forme supérieure avec un retrait de 1 ½ po (épaisseur de la solive de rive). Fixez les solives sur la poutre à l'aide de clous galvanisés de 16d enfoncés en biais.

Sur la face de la poutre, fixez les étriers à solive pour la plate-forme inférieure. Comme pièce d'écartement, utilisez un bloc de bois. Coupez et installez les solives de la plate-forme inférieure.

Coupez les solives de rive des deux plates-formes et fixez-les sur les extrémités des solives par clouage perpendiculaire (clous de 16d). Terminez la construction de la terrasse en appliquant les techniques standard.

Comment appliquer la méthode du mur de soutien

Installez la lambourde, les semelles et les poteaux, puis construisez la charpente de la plate-forme inférieure en recourant aux techniques standard.

Utilisez une pièce de bois droite de 2 x 4 et un niveau pour déterminer un point de repère de niveau avec le bord inférieur. Déterminez ensuite la hauteur totale du mur de soutien en mesurant la distance séparant ce repère du dessus de la plate-forme inférieure. Coupez les poteaux du mur à une longueur de 3 po inférieure à cette hauteur, afin de tenir compte de l'épaisseur des sablières haute et basse.

Coupez les sablières haute et basse de 2 x 4 à une longueur correspondant à la largeur de la plate-forme supérieure. Marquez ensuite sur les deux sablières la position des poteaux du mur, avec un écart de 16 po de centre à centre. Coupez les poteaux à la bonne longueur. Assemblez le mur de soutien en enfonçant des clous galvanisés de 16d perpendiculairement dans les sablières et dans les extrémités des poteaux.

Installez obliquement sur le mur une longue entretoise; clouez-en une seule des extrémités près de l'un des coins du mur. Assurez-vous que le mur est d'équerre en en mesurant les diagonales, qui doivent être égales; mettez-le d'équerre s'il ne l'est pas. Clouez l'entretoise dans l'autre coin et sur chacune des solives. Coupez les extrémités de l'entretoise le long des bords extérieurs du mur.

Hissez le mur de soutien ; alignez-le sur le bord de la poutre et sur les côtés de la plate-forme. Fixez la sablière basse sur la poutre à l'aide de clous galvanisés de 16d enfoncés en biais des deux côtés de chaque poteau.

Mettez le mur d'aplomb ; étayez-le à ses deux extrémités en clouant une pièce de bois de 1 x 4 sur le poteau terminal et sur la solive extérieure.

Indiquez sur la lambourde la position des solives de la plate-forme supérieure, et fixez-y les étriers à solive. Coupez les solives à une longueur de 1 ½ po inférieure à la distance séparant la lambourde du bord avant du mur. Fixez les solives sur la sablière haute à l'aide de clous de 16d enfoncés en biais. Enlevez les étais.

Mesurez et coupez une solive de rive ; fixez-la sur les extrémités des solives à l'aide de clous de 16d enfoncés en biais. Fixez-la aussi sur la sablière haute du mur de soutien avec des clous enfoncés en biais. Terminez la construction de la terrasse en appliquant les techniques standard.

Construction d'une terrasse sur un terrain en pente raide

Il peut être ardu de construire une terrasse sur un terrain en pente raide en recourant aux techniques standard. Sur une telle pente, il est difficile de déterminer la position des poteaux et des semelles, et de construire une terrasse dont l'une des extrémités soit loin au-dessus de votre tête.

Les constructeurs professionnels font face à la situation en recourant à une structure de support temporaire et en modifiant légèrement l'ordre des étapes de construction. Au lieu de commencer par l'installation des semelles et des poteaux, ils construisent le cadre de la terrasse et le hissent sur une structure temporaire faite de poutres et de poteaux. Ils peuvent alors facilement déterminer la position des semelles et des poteaux permanents.

Dans la plupart des cas de construction sur un terrain en pente, vous aurez besoin d'aide. Pour hisser sur une structure temporaire le cadre de la terrasse et le mettre dans la bonne position, par exemple, vous aurez besoin de l'aide de trois ou quatre personnes.

NOTE : Pour la construction de la terrasse sur une pente raide illustrée dans les pages qui suivent, on a surtout utilisé des poteaux de 4 x 4. De récentes modifications apportées à certains codes du bâtiment indiquent une préférence pour les poteaux de 6 x 6. Vérifiez les règlements applicables auprès du service des inspections de votre localité.

Lorsque vous construisez une terrasse sur une pente abrupte, vous devez tenir compte d'un autre facteur important : la composition du sol. La pente doit être stable et propice à l'installation de semelles en profondeur. Si le sol est meuble, rocailleux ou sujet à l'érosion, faites-le inspecter par un architecte paysagiste ou par un ingénieur civil pour vous assurer qu'il pourra soutenir une terrasse en toute sécurité. Il se peut que vous ayez à stabiliser le sol d'une façon ou d'une autre avant d'entreprendre la construction.

Si la construction de la terrasse exige de travailler en hauteur, utilisez des pièces de renfort temporaires pour prévenir les chutes des échelles. Envisagez d'installer un échafaudage, qui pourrait constituer une meilleure solution que des échelles, si plusieurs personnes vous aident à réaliser ce projet. De nombreux centres de location offrent des échafaudages à des tarifs hebdomadaires ou mensuels raisonnables.

Même si les instructions des pages suivantes portent sur la construction d'une terrasse soutenue par des poteaux de coin, vous pouvez facilement les adapter à celle d'une terrasse en porte-à-faux.

Sur ùun terrain en pente raide, il est beaucoup plus facile de déterminer l'emplacement et la hauteur des poteaux si on met d'abord dans la bonne position le cadre de la terrasse, appuyé sur des supports temporaires.

Construction d'une terrasse sur un terrain en pente

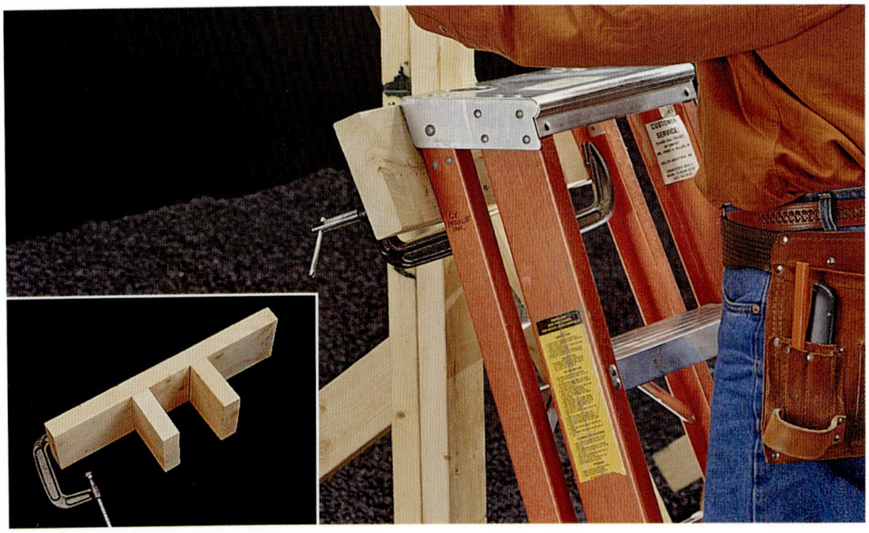

Un escabeau ne doit être utilisé ouvert que si le sol est plat. Sur un sol inégal, vous pouvez utiliser un escabeau fermé en l'appuyant sur un support en pièces de bois de 2 x 6 (médaillon) attaché à un poteau par un serre-joint et, au besoin, en en mettant les pieds de niveau. Ne montez jamais sur le sommet d'un escabeau.

Une échelle à coulisse doit être mise de niveau et étayée. Installez de solides blocs de bois sous les pieds de l'échelle si le sol est inégal ou mou, et enfoncez un pieu à l'arrière de chacun des pieds pour empêcher l'échelle de glisser. Ne dépassez jamais la limite de charge indiquée sur l'échelle.

Un échafaudage peut être obtenu dans un centre de location ou un magasin de peinture. Pour le travail en hauteur, l'échafaudage constitue une surface stable et sécuritaire. Mettez des blocs sous les pieds de l'échafaudage, que vous mettrez de niveau en en vissant ou dévissant les pieds filetés.

Comment construire une terrasse sur un terrain en pente raide

Une fois la lambourde installée, marquez sur le sol, avec de la peinture aérosol ou des pieux, la position approximative des semelles selon vos plans. Placez sur le sol les deux pièces de bois de 2 x 12 qui supporteront les poteaux temporaires ; mettez-les de niveau et fixez-les avec des pieux. Ces bases doivent se trouver à au moins 2 pi de l'emplacement des semelles.

Fabriquez deux poteaux temporaires : pour chacun, clouez ensemble deux longues pièces de bois de 2 x 4. Placez chaque poteau sur sa base ; attachez-y un étai de 2 x 4 et fixez-le sur la base avec des clous enfoncés en biais.

Attachez à chacun des poteaux un second étai formant un angle droit avec le premier. Mettez les poteaux d'aplomb, puis fixez-les en enfonçant dans le sol des pieux sur lesquels vous visserez les étais.

Tracez une ligne de coupe sur chaque poteau : placez une pièce de bois de 2 x 4 longue et droite contre le bord inférieur de la lambourde et sur la face du poteau, puis faites sur le poteau un trait le long du bord inférieur de la pièce de bois. Avec une scie alternative, coupez chacun des poteaux à cette hauteur.

Fabriquez une poutre temporaire (deux pièces de bois de 2 x 4 clouées ensemble) mesurant au moins 2 pi de plus que la largeur de la terrasse. Centrez la poutre sur le sommet des poteaux et fixez-la avec des clous enfoncés en biais.

Construisez le cadre de la terrasse selon vos plans. Fixez-y sur la face intérieure des étriers à solive à intervalles de 16 po de centre à centre. Avec l'aide de plusieurs personnes, hissez le cadre sur le support temporaire et poussez-le avec soin contre la lambourde. **NOTE :** Dans le cas d'une terrasse très grande ou très haute, vous devrez peut-être construire le cadre sur le support temporaire.

(Suite à la page suivante)

Par clouage en bout, fixez les solives extérieures sur la lambourde ; renforcez les joints à l'aide de cornières installées à l'intérieur du cadre.

Assurez-vous que le cadre est d'équerre en en mesurant les diagonales. Si celles-ci ne sont pas égales, modifiez la position du cadre sur la poutre jusqu'à ce qu'elles le soient. Assurez-vous que le cadre est de niveau ; au besoin, insérez des cales entre la poutre temporaire et les solives extérieures. Fixez le cadre sur la poutre à l'aide de clous enfoncés en biais.

Suspendez un plomb au cadre pour déterminer la position des semelles sur le sol. **NOTE :** Consultez vos plans afin d'enfoncer les pieux exactement au centre des futurs poteaux.

Creusez le sol et coulez les semelles. Avant que le béton durcisse, insérez un boulon en J dans chaque semelle ; utilisez un plomb pour que les boulons se trouvent exactement au centre des futurs poteaux. Laissez le béton durcir tout à fait avant de poursuivre le travail.

Assurez-vous une fois de plus que le cadre de la terrasse est d'équerre et de niveau ; ajustez-le au besoin. Fixez des bases de poteaux sur les semelles. Mesurez ensuite la distance séparant la base métallique du bord inférieur de la poutre, afin de déterminer la longueur de chacun des poteaux. **NOTE :** S'il s'agit d'une terrasse en porte-à-faux, n'oubliez pas de tenir compte de la hauteur de la poutre lorsque vous coupez les poteaux.

Coupez les poteaux et fixez-les sur la poutre et les semelles à l'aide de brides faîtières et de bases métalliques. Étayez les poteaux à l'aide de pièces de bois de 2 x 4 fixées sur le pied du poteau et sur la face intérieure du cadre. Enlevez le support temporaire et achevez le projet en appliquant les techniques de construction de base.

Terrasses à coin tronqué

Les terrasses dont les angles ne sont pas droits et celles dont l'un des coins est tronqué sont beaucoup plus attrayantes que les terrasses carrées ou rectangulaires. Comme la plupart des maisons et des jardins ont des côtés rectilignes se rencontrant à angle droit, la terrasse à coin tronqué surprend agréablement l'œil.

Contrairement à ce que l'on pourrait croire, une terrasse dont les angles ne sont pas droits est relativement facile à concevoir et à construire. Comme les spécialistes le savent, la plupart de ces terrasses polygonales ne sont que des carrés ou rectangles dont un ou plusieurs des coins ont été tronqués. Par exemple, une terrasse indépendante octogonale n'est qu'un carré dont les quatre coins ont été tronqués. Dans cette perspective, les terrasses multiniveaux dont la forme est compliquée deviennent plus faciles à visualiser et à concevoir.

Par souci d'esthétique et de facilité de construction, recourez à des angles de 45° lorsque vous concevez une terrasse dont les angles ne sont pas droits. Ainsi, l'assemblage ne requerra que des angles de coupe courants (90°, 45° ou 22,5°), et vous pourrez utiliser des étriers à solive obliques (45°) faciles à trouver dans les maisonneries.

NOTE : Pour la construction des terrasses à coin tronqué illustrées dans les pages qui suivent, on a surtout utilisé des poteaux de 4 x 4. De récentes modifications apportées à certains codes du bâtiment indiquent une préférence pour les poteaux 6 x 6. Vérifiez les règlements applicables auprès du service des inspections de votre localité.

Dans le cas d'une terrasse en porte-à-faux, on marque les angles à couper dans les solives en faisant claquer un cordeau à tracer tendu entre deux points situés de part et d'autre du coin à tronquer. Cela est plus facile que de mesurer et de couper individuellement les solives. Pour retenir les solives durant le marquage, clouez une pièce de bois sur leurs extrémités. Marquez sur cette pièce la position des solives.

Modèles de conception des terrasses à coin tronqué

Modèle en porte-à-faux : Voilà la terrasse la plus facile et la plus économique à construire, puisque c'est celle qui requiert le moins de poteaux. Mais la longueur du côté formé par le coin tronqué est limitée par la réglementation, qui restreint le débord des solives. Du fait que les solives reposent sur la poutre, le modèle en porte-à-faux ne convient pas aux terrasses très basses. Dans une terrasse en porte-à-faux, les solives du coin tronqué sont biseautées à 45° et fixées sur la solive de rive par clouage en bout.

Modèle à poteaux dans les coins : C'est le modèle idéal pour les grandes terrasses dont le côté formé par le coin tronqué est long. Il convient aussi aux terrasses basses, puisque les solives sont fixées sur la face intérieure de la poutre. Nombre de constructeurs utilisent un seul poteau biseauté pour supporter les coins du côté irrégulier, mais notre méthode requiert l'installation de deux poteaux et de deux semelles à chacun des coins de ce côté. Ce modèle est ainsi plus facile à construire et plus polyvalent. Les solives du côté irrégulier sont coupées à angle droit et fixées sur la solive de rive à l'aide d'étriers obliques.

Modèle à multiniveaux : Ce modèle comporte une plate-forme supérieure à poteaux dans les coins (ci-dessus) ainsi qu'une plate-forme inférieure. Cette dernière est supportée par une seconde poutre oblique de type sandwich fixée sur les mêmes poteaux que la plate-forme supérieure. Les solives de la plate-forme inférieure reposent sur la poutre ; leurs extrémités sont coupées en biseau le long du bord arrière de la poutre. Assurez-vous auprès du service des bâtiments de votre localité que cette méthode de construction est encore autorisée.

Conseils relatifs à la conception et à la construction d'une terrasse à coin tronqué

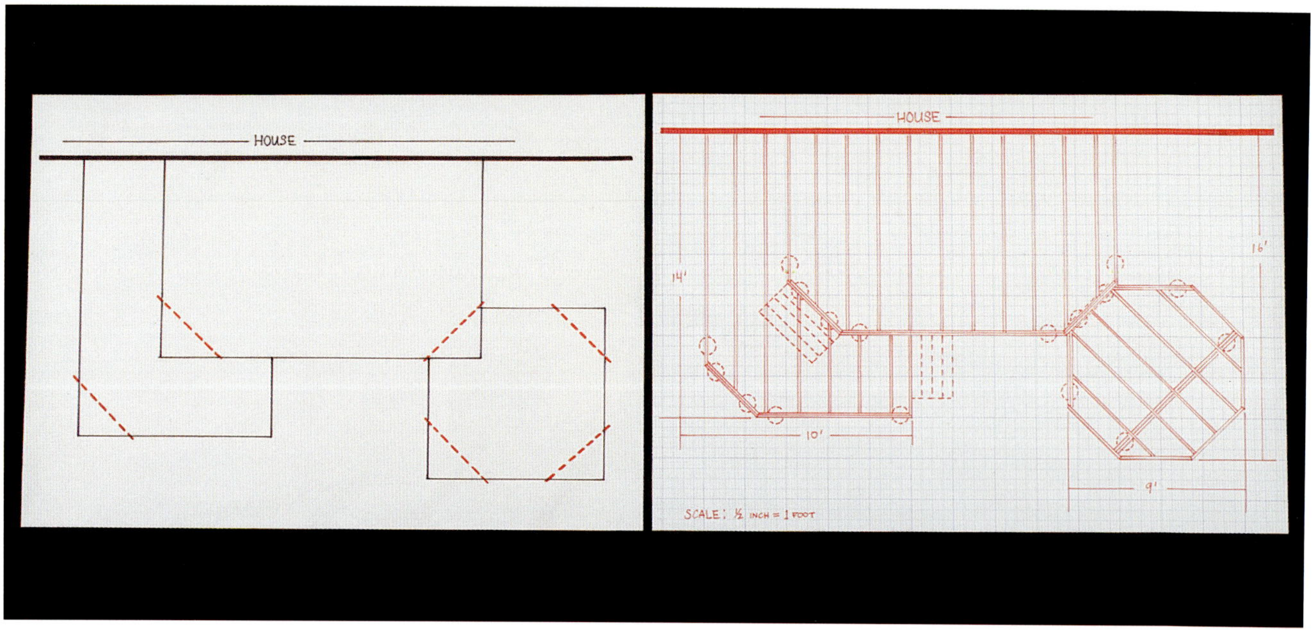

Dessinez un carré ou un rectangle pour représenter la plate-forme ; formez ensuite les angles voulus en tronquant un ou plusieurs des coins de la plate-forme. Vous pouvez ainsi dessiner une terrasse de n'importe quelle forme polygonale, multiniveau ou non. Pour que les angles mesurent 45°, veillez à ce que les deux côtés du coin tronqué soient de même longueur.

Utilisez des étriers à solive obliques à 45° pour fixer les solives sur une poutre qui n'est pas parallèle à la lambourde. Vous pouvez couper à 90° les extrémités des solives ainsi montées. Vous trouverez dans les maisonneries des étriers obliques à gauche ou à droite. Cependant, si les solives ne forment pas un angle de 45° avec la poutre, vous devrez commander des étriers obliques spéciaux, ou utiliser des étriers asymétriques (p. 196).

Construction d'une terrasse à coin tronqué, modèle en porte-à-faux

Planifiez et amorcez la construction en appliquant les techniques standard. Après l'installation des solives, tracez les lignes de coupe du coin tronqué en faisant claquer sur les solives un cordeau à tracer. Veillez à ce que le cordeau forme un angle de 45° avec le bord de la terrasse.

Sur les solives extérieures, transformez à l'aide d'une équerre à chevrons la ligne tracée à 45° en une ligne formant un angle de 22,5° dans le sens opposé. Lorsque cette solive sera jointe à la solive de rive également coupée à un angle de 22,5°, l'angle voulu sera formé par le coin.

À l'aide d'une équerre combinée, prolongez les traits des angles sur les côtés des solives. Avec une scie circulaire, coupez en biseau les solives auxquelles vous aurez attaché une pièce de bois pour guider la scie. Les solives intérieures seront biseautées à 45°, et les solives extérieures à 22,5°.

Coupez et installez les solives de rive. Dans les coins formés par le côté irrégulier, biseautez à 22,5° les extrémités des solives de rive. Fixez-les par clouage en bout ; renforcez l'intérieur des angles à l'aide de cornières réglables retenues par des clous pour étrier à solive. Terminez la terrasse en appliquant les techniques de construction standard.

Construction d'une terrasse à coin tronqué, modèle à poteaux dans les coins

Servez-vous d'un gabarit en planches pour créer le profil rectangulaire de la terrasse. Assurez-vous que les angles du rectangle sont droits à l'aide de la méthode du triangle 3-4-5 : sur les fondations de la maison, faites sous la lambourde une marque à 3 pi du coin de celle-ci. Faites une autre marque sur le gabarit, à 4 pi des fondations. Mesurez la diagonale reliant ces deux marques. Si elle ne mesure pas 5 pi, modifiez la position du gabarit jusqu'à ce que ce soit le cas.

Marquez les deux extrémités du coin tronqué à l'aide d'une planche placée en diagonale sur le gabarit. Pour que les angles mesurent bien 45°, assurez-vous que les côtés perpendiculaires du triangle sont de même longueur. Clouez la planche sur le gabarit.

Avec des pieux ou de la peinture en aérosol, marquez la position des semelles. À chacun des angles de 45°, marquez la position de deux poteaux, à 1 pi de part et d'autre du coin. Retirez temporairement le gabarit pour creuser les trous et couler les semelles.

Tandis que le béton est encore humide, remettez le gabarit à sa place ; assurez-vous qu'il est perpendiculaire à la lambourde. Avec un clou, tracez une ligne de repère dans le béton, le long du gabarit, puis enfoncez un boulon en J dans chacune des semelles. Laissez le béton durcir complètement.

Fixez des bases métalliques sur les boulons en J; centrez-les sur les lignes de repère. Les bords avant et arrière des bases doivent être parallèles aux lignes de repère.

Mesurez et coupez les planches qui composeront les poutres. Aux extrémités qui formeront les angles de 45°, utilisez une équerre à chevrons pour marquer les angles de 22,5°, puis une équerre combinée pour prolonger ces marques sur les faces des planches. Pour couper le bois, réglez la scie circulaire pour une coupe biseautée à 22,5°. Joignez les pièces de bois avec des clous de 16d.

Installez les poteaux dans leurs bases. Avec un cordeau et un niveau de ligne, marquez sur les poteaux les lignes de coupe à la hauteur du bord inférieur de la lambourde. Coupez les poteaux avec une scie alternative, fixez-y des brides faîtières, puis installez les poutres. Fixez les coins des poutres à l'aide de cornières réglables attachées à l'intérieur de chaque coin par des clous pour étrier à solive.

(Suite à la page suivante)

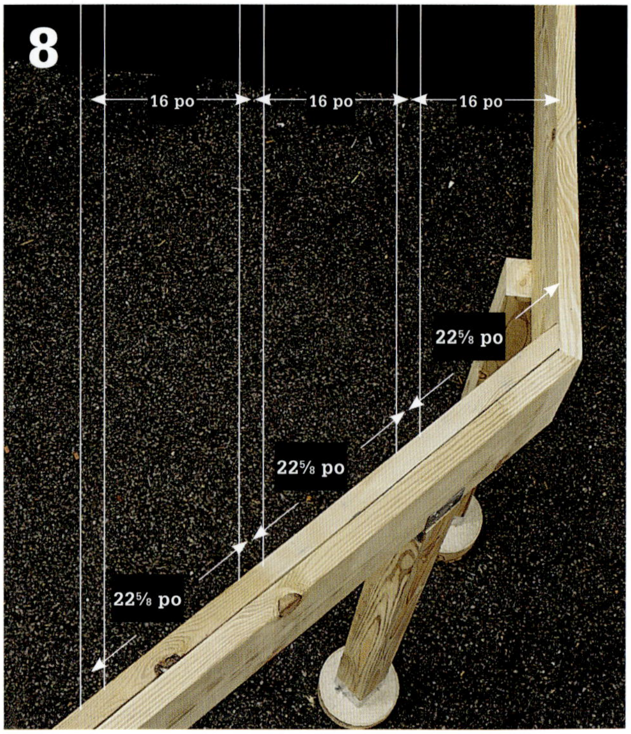

Mesurez et marquez la position des solives sur les poutres et la lambourde. Si l'écart de centre à centre des solives est de 16 po sur la lambourde, il sera de 22 ⅝ po sur la poutre oblique ; s'il est de 24 po sur la lambourde, il sera de 33 5⁄16 po sur la poutre oblique.

Clouez les étriers à solive sur les marques faites sur les poutres et la lambourde. Sur la poutre oblique, utilisez des étriers obliques à 45°.

Coupez et posez les solives ; fixez-les avec des clous pour étrier à solive. Les extrémités des solives insérées dans les étriers obliques peuvent être coupées à angle droit ; nul besoin de les biseauter. Achevez la terrasse en appliquant les techniques de construction standard.

Variante : Terrasse à coin tronqué, modèle à poteaux dans les coins, avec seconde plate-forme

Après avoir installé les poutres et les solives de la plate-forme supérieure, marquez sur chaque poteau l'endroit où sera fixée la plate-forme inférieure. N'oubliez pas que les solives de cette dernière reposeront sur la poutre. Pour mesurer plus facilement la longueur de la poutre, attachez des pièces de bois de 2 x 4 sur les faces avant et arrière des poteaux, à la hauteur des marques faites sur ceux-ci. Dans les coins, les extrémités des pièces devraient se toucher.

Déterminez la longueur de chacune des planches de la poutre en prenant une mesure à partir de l'endroit où les pièces de bois se touchent. N'oubliez pas que cette mesure est celle du côté court des planches biseautées.

Coupez à la bonne longueur les planches de la poutre. Coupez les extrémités appropriées à un angle de 22,5°. Fixez les planches sur les poteaux à l'aide de tire-fonds de 3 po et d'attaches de solives. Renforcez les coins avec des cornières réglables fixées avec des clous pour étrier à solive (photo de l'étape 4). Installez les autres poteaux de la plate-forme inférieure.

Mesurez et coupez les solives de la plate-forme inférieure ; clouez-les en biais (clous de 16d) sur la poutre. Là où les solives reposent sur la poutre oblique, faites-les dépasser de celle-ci et tracez-y des lignes de coupe le long du bord arrière de la poutre. Biseautez les extrémités des solives selon cet angle. Coupez et posez les solives de rive. Achevez la terrasse en appliquant les techniques de construction standard.

Création de courbes

Les formes courbes adoucissent naturellement un paysage. Une terrasse courbe favorisera donc la détente, en plus d'assurer une bonne transition visuelle entre la géométrie droite de la maison et les lignes plus douces du paysage environnant.

Les terrasses courbes sont presque toujours construites selon le modèle en porte-à-faux (p. 24), dans lequel le côté courbe déborde d'une poutre installée en retrait par rapport au bord de la terrasse. Ce retrait ne devrait jamais être supérieur au tiers de la longueur totale des solives, bien que des porte-à-faux plus longs soient possibles si vous recourez à des solives plus épaisses, si vous diminuez l'écart les séparant et si vous employez une essence plus solide, comme le pin des marais, aussi appelé pin jaune.

NOTE : Pour la construction de la terrasse courbe illustrée dans les pages qui suivent, on a surtout utilisé des poteaux de 4 x 4. De récentes modifications apportées à certains codes du bâtiment indiquent une préférence pour les poteaux de 6 x 6. Vérifiez les règlements applicables auprès du service des inspections de votre localité.

Si votre terrasse, vu sa hauteur, requiert un garde-corps, nous vous recommandons de choisir une courbe circulaire au lieu d'une courbe irrégulière, car il est beaucoup plus facile d'installer un garde-corps courbe (p. 157-159) si la terrasse présente une courbe circulaire.

On crée une terrasse courbe en coupant les solives selon un profil courbe. On les fixe ensuite sur une solive de rive, à laquelle on a donné une forme courbe de deux manières possibles (p. ci-contre). Des supports cloués sur les solives les retiennent pendant l'installation de la solive de rive.

Avantages et inconvénients des terrasses courbes ▸

Ajouter des courbes à une terrasse ne se fait pas sous l'inspiration du moment. Soupesez bien les avantages et les inconvénients avant d'entreprendre la construction d'une terrasse courbe. Voici quelques éléments de réflexion :

Avantages

- Les courbes confèrent un attrait visuel et une touche d'originalité à votre terrasse.
- Les courbes adoucissent l'effet global.
- Utilisées judicieusement, les courbes ajoutent une touche naturelle et biologique à l'aspect visuel.
- Une courbe constitue une façon agréable de contourner un obstacle.
- Un coin incurvé permet de garder de l'espace sous la terrasse.

Inconvénients

- Les terrasses qui comportent des courbes nécessitent presque toujours davantage de poteaux et de poutres, et ne permettent pas une utilisation aussi efficace des matériaux de construction.
- Une terrasse courbe prend au moins deux fois plus de temps à construire qu'une terrasse carrée ou rectangulaire.
- La construction de garde-corps courbes est assez complexe.
- L'effet est amoindri si les courbes sont utilisées en grande quantité.
- Les courbes réduisent et limitent la surface utile de la terrasse.

Types de courbes

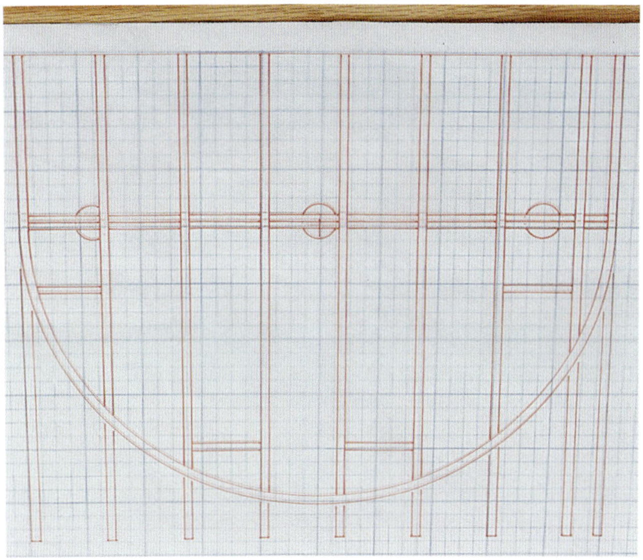

La courbe circulaire est celle qui convient le mieux aux terrasses nécessitant un garde-corps. Cependant, la courbe circulaire requiert un porte-à-faux plutôt long, ce qui pourrait vous obliger à restreindre les dimensions de votre terrasse. La terrasse à courbe circulaire fait appel à une géométrie toute simple et requiert un long compas, appelé compas d'ellipse, que vous pouvez fabriquer vous-même.

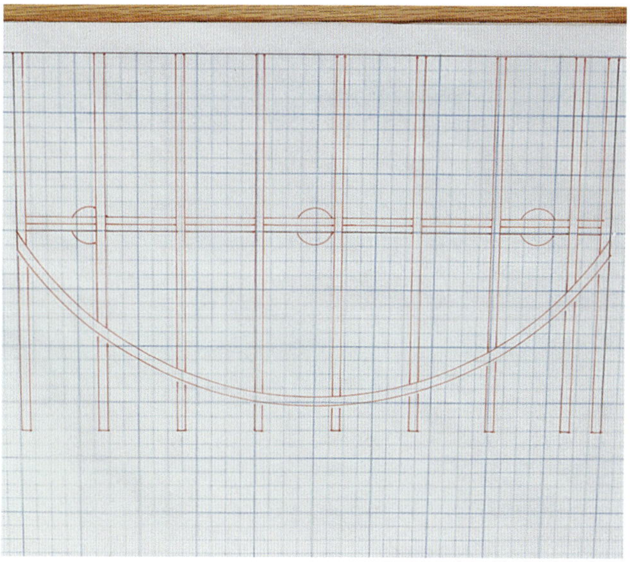

La courbe irrégulière devrait être réservée aux terrasses basses ne requérant pas de garde-corps, plutôt difficiles à construire en courbe irrégulière. La courbe irrégulière convient particulièrement aux grandes terrasses, puisqu'elle fait appel à un porte-à-faux relativement court par rapport à celui de la courbe circulaire.

Options de construction

La solive de rive rainurée comporte sur sa face intérieure de nombreux traits de scie minces qui la rendent assez souple pour qu'elle décrive une courbe. Une solive de rive rainurée de 2 po d'épaisseur est suffisamment solide, mais si vous rainurez une pièce de bordure en cèdre ou en séquoia de 1 po d'épaisseur, vous devrez la doubler d'une solive de rive lamellée (photo de droite).

La solive de rive lamellée est composée de plusieurs bandes de contreplaqué extérieur (¼ po ou ⅜ po d'épaisseur) que l'on applique sur la courbe et qui sont fixées les unes sur les autres à l'aide de colle et de vis. Une solive de rive lamellée peut être utilisée seule ou servir de doublure à une bordure plus décorative, par exemple à une planche de cèdre ou de séquoia rainurée.

Construction d'une terrasse courbe

Installez les poteaux et la poutre d'une terrasse en porte-à-faux. Coupez les solives à une longueur légèrement supérieure à leur longueur finale et fixez-les sur la lambourde et sur la poutre. Posez des entretoises entre les deux solives extérieures pour qu'elles restent de niveau.

Marquez la position des solives sur un support de 1 x 4 que vous clouerez sur les solives, à l'endroit où commencera la courbe de la terrasse. Mesurez la distance séparant les bords intérieurs des solives extérieures à chacune des extrémités de la poutre. Divisez cette mesure en deux pour trouver le rayon de la courbe circulaire. Marquez sur le support la position du milieu de la courbe.

Fabriquez un compas d'ellipse en clouant sur la marque de milieu de la courbe une longue pièce de bois de 1 x 2. (Si cette marque tombe entre deux solives, installez une entretoise entre les deux pour pouvoir y clouer la pièce de bois.) Sur le compas improvisé, faites une marque correspondant au rayon de la courbe. Pratiquez à cet endroit un trou dans lequel vous insérerez un crayon. Faites pivoter la pièce de bois pour tracer la courbe sur les solives.

Variante : Dans le cas d'une courbe irrégulière, clouez des attaches en bois temporaires sur la face extérieure de chacune des solives extérieures, au point où doit commencer la courbe. Entre ces attaches, placez une longue pièce de matériau souple (bande de panneau, par exemple), à laquelle vous donnerez la courbe voulue. Enfoncez des clous dans cette pièce pour l'immobiliser, puis tracez-en le pourtour sur les solives pour créer les lignes de coupe.

Avec une équerre à chevrons ou un rapporteur d'angle, déterminez les angles pour le biseautage des solives. Alignez le sommet de l'équerre sur la marque faite sur la solive. Pour trouver le nombre de degrés de l'angle, suivez le bord de la solive à partir du point de pivotement et lisez la valeur indiquée à l'endroit où se croisent le bord de la solive et l'échelle des degrés de l'équerre.

Avec une équerre combinée, prolongez les lignes de coupe sur les faces avant et arrière des solives. Aux endroits où commence la courbe sur les solives extérieures, tracez des lignes de coupe droites, là où la courbe touche au bord intérieur des solives.

Avec une scie circulaire, coupez en biseau chacune des solives. Attachez à la solive une règle qui guidera la scie. Sur les solives extérieures, à l'endroit où commence la courbe, faites des coupes à 90°.

Lorsque l'angle du biseau ne peut être obtenu au moyen de votre scie circulaire, coupez la solive à l'aide d'une scie alternative.

Fabrication d'une solive de rive rainurée pour terrasse courbe

Tracez sur la face intérieure de la solive de rive une série de traits parallèles à 1 po d'écart les uns des autres. Réglez la profondeur de coupe de la lame d'une scie circulaire ou radiale aux trois quarts de l'épaisseur de la solive (1 ⅛ po pour une pièce de 2 po). Exécutez les coupes. Faites tremper la solive de rive dans l'eau pendant environ 2 heures pour l'assouplir.

Installez une entretoise entre les deux premières solives, de chaque côté de la courbe, de sorte que la moitié de l'extrémité de l'entretoise soit couverte par le bout droit de la solive extérieure (médaillon). Pendant que la solive de rive est encore humide, aboutez-la à la solive extérieure et fixez-la sur l'entretoise avec des vis à plancher de 3 po. Cintrez la solive de rive de manière qu'elle s'ajuste sur les extrémités des deux solives extérieures. Fixez-la sur chacune des solives avec des vis à plancher de 3 po.

Si la solive est en deux parties, arrangez-vous pour que le joint coïncide avec le centre d'une solive. Pour éviter les éclats de bois, coupez la solive de rive dans l'une de ses rainures.

Terminez l'installation en aboutant la solive de rive à la solive extérieure et en la fixant sur l'entretoise. Utilisez un serre-joint pour immobiliser la solive de rive pendant que vous y enfoncez les vis jusque dans l'entretoise. **NOTE :** Si la courbe formée par la solive de rive s'aplatit près des côtés de la terrasse, posez une autre entretoise (biseautée selon la courbe) pour retenir la solive de rive dans la bonne position.

Fabrication d'une solive courbe en lamelles de contreplaqué

Posez une entretoise entre les deux premières solives de chaque côté de la terrasse. Découpez à la même largeur que les solives quatre bandes de contreplaqué extérieur de ¼ po d'épaisseur. Aboutez à la solive extérieure la première bande que vous fixerez sur l'entretoise avec des vis à plancher de 1 ½ po. Cintrez la bande sur les extrémités des solives sur lesquelles vous la fixerez avec des vis à plancher. Au besoin, posez d'autres entretoises pour garder la courbe. Si des joints sont nécessaires, arrangez-vous pour qu'ils coïncident avec le centre d'une solive.

Avec de la colle à bois extérieure et des vis à plancher de 1 po, fixez les autres bandes de contreplaqué, une à la fois, sur la bande précédente. Veillez à ce que les joints d'une bande soient décalés par rapport à ceux de la bande précédente. Pour la dernière bande, utilisez un contreplaqué de cèdre fini de ⅜ po. Aux endroits où s'aboutent les solives extérieures et les extrémités de cette dernière bande, biseautez ces extrémités à 10° pour que l'ajustement soit serré.

Pose du platelage sur une terrasse courbe

Posez le platelage de la partie carrée de la terrasse, puis mettez en place, sans les fixer, les planches de platelage de la partie courbe. Au besoin, modifiez légèrement l'écartement des planches pour éviter d'en couper de trop étroites aux extrémités de la courbe. Lorsque la position des planches vous satisfait, tracez les lignes de coupe sur la face inférieure de celles-ci en suivant le bord de la solive de rive.

Enlevez les planches et coupez-les sur les lignes à l'aide d'une scie sauteuse. Posez les planches avec des vis à plancher. Au besoin, lissez les bords coupés des planches avec une ponceuse à courroie.

Encadrement d'une découpe

Si certains obstacles se trouvent sur les tracés que vous aurez choisis pour votre terrasse – un arbre, une roche ou autre chose –, il arrive que vous ayez avantage à les intégrer à votre projet plutôt qu'à les éliminer. Même si cette intégration d'un élément du paysage rend la construction plus difficile, cela en vaut la peine. Une terrasse de laquelle s'élance un bel arbre est bien plus attrayante qu'une terrasse nue construite sur un terrain nivelé au bouteur.

Les mêmes techniques servant à l'encadrement d'un obstacle naturel existant peuvent être appliquées pour créer de toute pièce un élément encastré décoratif ou fonctionnel, comme une jardinière, un carré de sable ou un barbecue de briques. À une plus grande échelle, vous recourrez à ces techniques pour entourer un spa ou une piscine hors sol.

Une ouverture encadrée peut aussi donner accès à un appareil utilitaire, comme un robinet, une prise de courant ou un compresseur de climatiseur central. L'installation d'un panneau amovible sur l'ouverture (p. 228) préservera l'apparence uniforme et finie de votre terrasse.

Les grandes découpes qui divisent une solive peuvent compromettre la solidité de votre terrasse. C'est pourquoi il faut modifier la charpente de la terrasse pour qu'elle reste solide. Les solives jumelées situées des deux côtés de l'ouverture supportent le poids de deux solives de rive, lesquelles supportent les sections de la solive non continue. Consultez toujours l'inspecteur en bâtiment de votre localité lorsque vous voulez construire une terrasse comportant une grande ouverture.

Une découpe dans la terrasse permet d'épargner un arbre adulte. La conservation d'arbres et d'autres éléments naturels rehaussera l'apparence et la valeur de votre propriété. Vérifiez auprès d'une pépinière la taille de l'ouverture nécessaire autour d'un arbre lorsque vous pratiquerez une découpe.

Comment encadrer une découpe

Modifiez votre plan de terrasse, au besoin, pour consolider les solives que la découpe interrompt. Si celle-ci interrompt une ou deux solives, posez des solives jumelées des deux côtés de l'ouverture. Si l'ouverture est plus grande, vous devrez peut-être installer des poutres et des poteaux supplémentaires pour consolider la charpente. Consultez l'inspecteur en bâtiment de votre localité pour connaître les exigences particulières à votre situation.

Pour la charpente brute de l'ouverture, posez des étriers à solive doubles afin d'installer de chaque côté de la découpe des solives jumelées, reliées par des solives de rive intérieures, jumelées elles aussi. Posez les solives courtes entre la lambourde, les solives de rive intérieures et la solive de rive extérieure.

Là où il le faut, installez dans les coins des fonds de clouage obliques qui supporteront le platelage. Une fois découpées, les planches de platelage posées autour d'une ouverture peuvent déborder jusqu'à 4 po des éléments de charpente.

Une boîte encastrée peut servir de jardinière à fleurs ou à fines herbes. Fabriquez la boîte avec du contreplaqué extérieur de ¾ po et fixez-la aux éléments de charpente avec des vis à plancher. Une boîte profonde peut être supportée par des pièces de bois traitées posées sur le sol. Doublez l'intérieur de la boîte de papier goudronné et pratiquez-y dans le fond des trous de drainage de ½ po. Pour empêcher la terre de s'échapper par ces trous, recouvrez d'une géomembrane l'intérieur de la boîte.

Le platelage

Le type de platelage que vous choisissez et la façon dont vous l'installez auront d'importantes répercussions sur votre terrasse. D'abord, le platelage servira d'aire de circulation ; il doit donc être durable, antidérapant et uniforme. Les platelages de bois ont la cote depuis des décennies, mais vous ignorez peut-être qu'il existe plusieurs autres types de revêtements, faits de matériaux recyclés ou synthétiques (p. 190-191). À part le fait qu'ils exigent moins d'entretien, les matériaux synthétiques sont pratiquement exempts de défauts, et peuvent souvent être posés sans attaches visibles. Que vous choisissiez du bois ou un matériau composite pour votre terrasse, ce chapitre vous montrera la façon de l'installer correctement.

Le platelage peut aussi ajouter à l'esthétique de la terrasse, selon la façon dont vous le posez. L'une des manières de rompre l'effet rectiligne d'une grande terrasse consiste à poser les planches en un motif diagonal, plutôt que parallèle ou perpendiculaire à la charpente.

Ce chapitre vous montrera les différentes options quant à la pose du platelage, ainsi que les techniques et les systèmes de fixation possibles.

Dans ce chapitre :

Motifs de platelage

Le platelage, l'un des principaux éléments de la terrasse, peut être composé de planches de diverses dimensions, créant tel ou tel motif. C'est ce motif qui détermine l'écartement et la disposition des solives. Par exemple, un platelage à motif droit ordinaire requiert un écartement des solives de 16 po de centre à centre.

Pour un platelage à motif diagonal, l'écartement entre les solives doit être de 12 po de centre à centre. Le motif parquet et quelques autres requièrent l'installation de solives jumelées ou de renforts supplémentaires. Pour que le platelage soit solide et reste plat, utilisez des pièces de bois de 2 x 4, ou de 2 x 6. Du bois plus mince risque davantage de se tordre ou de s'incurver.

Un motif diagonal rend la terrasse plus intéressante ; il nécessite des solives plus rapprochées que le motif droit ordinaire.

Le motif parquet requiert des solives doubles et des renforts, qui forment la surface sur laquelle sont cloués les joints aboutés des planches de platelage.

L'ouverture encadrée devant entourer un arbre requiert des renforts supplémentaires entre les solives. Les solives courtes sont fixées sur les renforts à l'aide d'étriers à solive.

Le motif à bordure donne à la terrasse une apparence soignée et élégante. Posez des solives de garniture pour soutenir les planches de la bordure.

Pose du platelage

Si possible, achetez des planches qui font toute la longueur de la terrasse. Si les planches doivent être aboutées, veillez à décaler les joints. Pour que le bois ne se fende pas lorsqu'on y enfonce des clous ou des vis, pratiquez-y des avant-trous.

Installez le platelage en laissant un écart de ⅛ po entre les planches, afin que l'eau s'égoutte. Vu que la plupart des planches finissent par devenir concaves avec le temps, orientez-en la face « écorce » vers le bas ; ainsi, leur face concave ne pourra retenir l'eau.

Vous trouverez ici les instructions générales d'installation des différents matériaux pour terrasse. Suivez toujours les méthodes d'installation recommandées par le fabricant du produit que vous avez choisi.

Outils et matériaux ▸

- Ruban à mesurer
- Scie circulaire
- Visseuse
- Marteau
- Perceuse
- Foret hélicoïdal de ⅛ po
- Levier
- Cordeau à tracer
- Scie sauteuse ou égoïne
- Planches de platelage
- Vis à plancher de 2 ½ po résistant à la corrosion
- Clous ordinaires galvanisés de 8d et 10d
- Planches de parement en séquoia ou cèdre

Comment poser le platelage

Placez le premier rang de planches contre la maison. Ces premières planches devraient être parfaitement droites et découpées à la bonne longueur. Fixez chaque planche sur chaque solive à l'aide de deux vis à plancher de 2 ½ po résistant à la corrosion.

Placez les autres planches de manière qu'elles débordent des solives extérieures. Laissez entre elles un écart d'environ ⅛ po. Fixez-les sur chaque solive à l'aide de deux vis à plancher de 2 ½ po.

Autre méthode : Fixez chaque planche sur les solives à l'aide de clous ordinaires galvanisés de 10d, enfoncés en biais vers le milieu de la planche pour qu'ils soient plus solides.

Si une planche est légèrement gauchie, redressez-la avec un levier pendant que vous la clouez.

Pour éviter que les planches se fendent, pratiquez des avant-trous de ⅛ po aux deux extrémités de chacune avant de la fixer sur les solives extérieures.

Tous les trois ou quatre rangs de planches, mesurez la distance séparant le bord de la dernière planche posée et celui de la solive de rive. Si vous constatez que le bord extérieur de la dernière planche ne sera pas aligné sur celui de la solive de rive, ajustez en conséquence l'écart entre les planches.

Pour ajuster l'écart entre les planches, modifiez-le très légèrement sur trois ou quatre planches de manière que la différence ne soit pas visible.

(Suite à la page suivante)

Avec un cordeau à tracer, marquez la ligne de coupe suivant le bord de la terrasse. Coupez les planches avec une scie circulaire dont vous aurez réglé la lame à une profondeur de coupe de $\frac{1}{8}$ po supérieure à l'épaisseur des planches, afin de ne pas entamer la solive extérieure. Dans les zones que ne peut atteindre la scie circulaire, terminez la découpe à la scie sauteuse ou à l'égoïne.

Pour rehausser l'apparence de la terrasse, garnissez-en le pourtour de planches de parement en séquoia ou en cèdre. Faites les joints à 45° et fixez les planches sur la terrasse avec des vis à plancher ou des clous galvanisés de 8d.

Autre méthode de parement : Fixez les planches de parement sous le platelage.

Platelage de matériau composite

Posez les planches en matériau composite comme s'il s'agissait de planches de bois (p. 106-107). Posez-les le côté bombé (en usine) en haut pour que l'eau s'écoule, et laissez entre elles un écart de ⅛ po à ¼ po pour faciliter le drainage.

Pratiquez des avant-trous dont le diamètre correspondra aux trois quarts de celui des pièces d'attache, mais ne les chambrez pas. Les pièces d'attache se noient naturellement dans le matériau composite. Servez-vous de clous à tige spiralée, de vis galvanisées à chaud à revêtement de céramique, ou de clous ou vis à plancher en acier inoxydable.

Autre méthode : Fixez le platelage avec des vis taraudeuses pour matériau composite, lesquelles ne requièrent pas d'avant-trou. Si le platelage forme un « champignon » au-dessus de la tête de la vis, repoussez-le avec un marteau.

Posez les planches restantes. Dans le cas de planches de 16 pi ou moins, laissez aux extrémités de la terrasse et à tous les joints bout à bout un écart de 1/16 po par tranche de 7 °C de différence entre la température du moment de l'installation et la température maximale qui peut être atteinte durant l'année.

Comment poser un platelage à rainure et languette

Placez la bande de départ à l'extrémité de la terrasse, en veillant à ce qu'elle soit droite et correctement alignée. Fixez-la avec des vis à plancher galvanisées de 2 ½ po enfoncées dans la base de la bande.

Insérez la languette d'une planche dans la rainure de la bande de départ. Il y aura un écart d'environ ¼ po entre la planche et la bande. Fixez la planche aux solives à l'aide de vis à plancher galvanisées de 2 ½ po ; commencez à les enfoncer au milieu de la terrasse.

Continuez d'installer des planches. Si vous aboutez deux planches, centrez le joint au-dessus d'une solive et laissez entre les planches un écart de ⅛ po.

Posez la dernière planche et fixez-la avec des vis à plancher galvanisées de 2 ½ po enfoncées dans la planche jusque dans la solive. Au besoin, découpez la dernière planche à la bonne largeur et appuyez-la sur une pièce de bois de 1 x 1 fixée sur la solive. Posez les planches de parement qui masqueront les extrémités du platelage «(photo 4, page ci-contre)».

Comment poser un platelage à attaches en T

Insérez des vis à plancher galvanisées de 2 po dans les attaches en T. Fixez lâchement sur la lambourde une attache en T à chaque endroit ou se trouve une solive.

Placez une planche contre les attaches en T. Fixez lâchement les attaches contre la bride inférieure de la face avant de la planche, juste assez pour que la planche tienne en place. Serrez bien les attaches en T situées à l'arrière de la planche, contre la maison.

Poussez une autre planche contre les attaches en T avant de la première planche. Installez des attaches en T à l'avant de la deuxième planche, puis serrez complètement celles de la première planche. Continuez d'installer des planches, une à une, jusqu'à l'extrémité de la terrasse.

Cachez les extrémités des planches avec un parement. Coupez à 45° les joints des planches de parement; pratiquez dans les planches des avant-trous dont le diamètre correspondra aux trois quarts de celui des vis. Fixez le parement avec des vis à plancher galvanisées de 3 po.

Terrasses en fibre de verre

Placez une bande de pièces de retenue sur la première solive ; centrez-la et fixez-la avec des vis à plancher galvanisées de 2 po. Fixez une bande de pièces de retenue sur chacune des autres solives, de manière que les pièces soient parfaitement alignées sur celle de la première bande afin de créer des lignes droites.

Placez la face ouverte d'une planche perpendiculairement aux solives, sur les rangées de pièces de retenue. Exercez une pression le long de la planche jusqu'à ce qu'elle s'enclenche dans les pièces de retenue. Installez de la même manière les autres planches de la rangée, puis les autres rangées de planches.

Coupez les extrémités des planches de façon qu'elles affleurent les solives extérieures, à l'aide d'une scie circulaire munie d'une lame à pointe au carbure neuve, ou d'un disque à tronçonner pour maçonnerie.

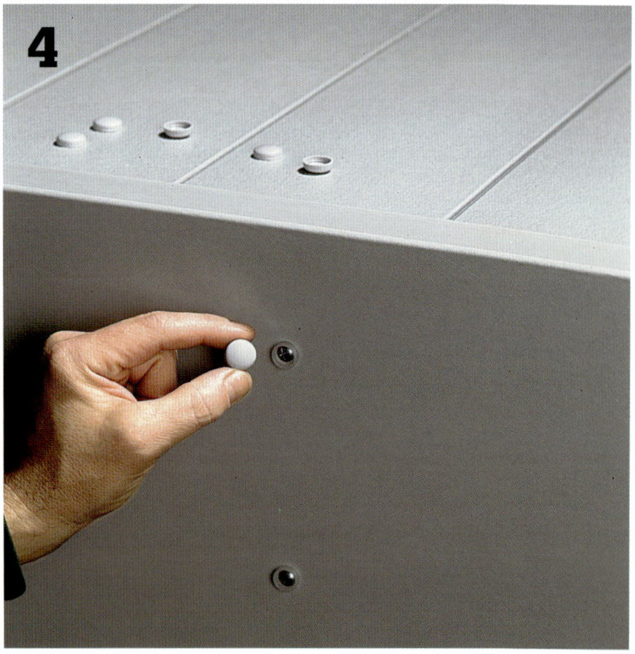

Utilisez des vis à plancher galvanisées de 2 po pour fixer le parement préfabriqué qui cachera les extrémités creuses des planches et ornera la terrasse. Couvrez d'un capuchon la tête des vis.

Platelage sur une terrasse courbe

Posez le platelage de la partie carrée de la terrasse, puis mettez en place, sans les fixer, les planches de platelage de la partie courbe. Au besoin, modifiez légèrement l'écartement des planches pour éviter d'en couper de trop étroites aux extrémités de la courbe. Lorsque la position des planches vous satisfait, tracez les lignes de coupe sur la face inférieure de celles-ci en suivant le bord de la solive de rive.

Enlevez les planches et coupez-les sur les lignes à l'aide d'une scie sauteuse. Posez les planches avec des vis à plancher. Au besoin, lissez les bords coupés des planches avec une ponceuse à courroie.

Utilisez un gabarit ▸

Posez les planches de façon que leurs extrémités surplombent l'ouverture brute. Fabriquez un gabarit de carton pour tracer une ligne de coupe sur les planches du platelage. (Si vous encadrez un arbre, renseignez-vous auprès d'une pépinière sur l'espace nécessaire à la croissance de votre arbre.) Coupez les planches sur la ligne tracée, à l'aide d'une scie sauteuse.

Pose de platelage à l'aide d'attaches à crampons

Enfoncez un crampon dans le bord du platelage de bois, à l'emplacement des solives. Utilisez le bloc de clouage fourni pour éviter d'endommager les crampons.

Enfoncez une vis pour bois traité en biais dans l'orifice du crampon jusque dans la planche de la terrasse et la solive. Une vis peut fixer deux planches à l'emplacement de chaque solive.

Mettez la planche suivante en place. Tapez-la à petits coups contre les attaches afin de fixer les crampons, à l'aide d'un bloc de bois de rebut et d'un maillet ou d'une masse.

Taillez une rainure à lamelles nº 20 dans le bord des planches de la terrasse, à l'emplacement de chaque solive, à l'aide d'une fraiseuse à lamelles. La hauteur de la rainure doit être telle que le bord inférieur de l'attache touche le bord de la solive.

Insérez l'attache à lamelles dans la rainure. Enfoncez en biais une vis pour bois traité dans l'orifice de l'attache, jusque dans la planche et la solive. Une vis permet de fixer deux planches du platelage, à l'emplacement de la solive.

Déposez un trait d'adhésif de construction le long du bord de la solive pour l'empêcher de grincer plus tard. Taillez les fentes dans la planche suivante du platelage et ajustez-la sur les attaches de la planche précédente.

Conseil ▸

L'option d'attaches dissimulées présentée ici constitue une excellente solution de rechange aux méthodes traditionnelles de clouage et de vissage perpendiculaires. Le principal avantage de cette méthode est probablement esthétique : grâce à ces nouveaux produits de fixation, il n'est plus nécessaire de voir des rangées et des rangées d'attaches. Mais les attaches dissimulées comportent d'autres avantages : le bois vissé sur sa face extérieure est plus sujet à la pourriture, car l'eau s'accumule dans l'orifice des vis. Si vous clouez les planches, les têtes de clous peuvent remonter à mesure que la terrasse séchera et se contractera ou travaillera. Les attaches dissimulées permettent d'éviter ces deux problèmes.

Si vous utilisez des attaches à crampons ou à lamelles, il se peut que plus tard, vous ayez à enlever de grandes sections du platelage pour remplacer une planche endommagée ou défectueuse, car les attaches verrouillent les planches ensemble et l'accès à ces attaches est donc dissimulé.

Installation d'une terrasse à l'aide de supports sous le platelage

Posez les supports le long du bord supérieur de chaque solive, en alternant l'emplacement des supports d'un côté à l'autre des solives, en séries continues. Fixez les supports à l'aide de vis enfoncées dans les côtés des solives.

Fixez les planches de la terrasse en enfonçant des vis dans les orifices des supports, jusque dans les solives. Selon les contraintes d'espace, ces vis peuvent être enfoncées par le haut, au besoin.

Continuez à poser toutes les planches de la terrasse depuis le dessous. La dernière planche devra peut-être être posée depuis le dessus, pour des raisons d'accès. Enfoncez les vis pour bois traité dans les planches, jusque dans les solives situées au-dessous. Pour dissimuler les vis, percez des avant-trous chambrés, que vous recouvrirez d'un capuchon fait de bois de rebut, une fois les vis posées.

Installation d'une terrasse à l'aide d'attaches sous le platelage

Mettez une planche en place sur les solives, et glissez une attache contre elle, de façon que la languette d'écartement touche le bord de la planche. Enfoncez une vis dans l'orifice central de l'attache, jusque dans la solive.

Enfoncez une vis pour bois traité dans l'attache de plastique, jusque dans la planche, pour fixer celle-ci.

Positionnez la planche suivante contre la languette d'écartement de l'attache, et enfoncez une vis pour bois traité dans l'attache pour la fixer. Une attache permet de fixer deux planches, à l'emplacement de chaque solive.

Les escaliers

Pratiquement toutes les terrasses, y compris les terrasses basses, nécessitent au moins une marche, sinon plus, pour permettre d'atteindre la plate-forme. Dans le cas de terrasses multiniveaux complexes, ou de terrasses construites sur des pentes abruptes, vous devrez peut-être construire plusieurs volées d'escaliers, et peut-être même un palier. Compte tenu des risques potentiels que présente l'utilisation d'un escalier, le Code du bâtiment international fournit des directives très précises concernant la taille et l'écartement des girons et des contremarches, la largeur minimale d'une marche et la taille des limons. C'est à cette étape que le représentant du service des bâtiments de votre localité peut vous aider à éviter les infractions au code, de sorte que vous puissiez construire un escalier qui passera l'inspection avec succès.

Étant donné que la dénivellation diffère d'une terrasse à l'autre, vous devrez effectuer plusieurs calculs avant d'établir définitivement le plan de votre escalier. Ce chapitre vous montrera à construire une longue volée de marches et un palier, et même à construire une simple marche fermée ou suspendue, si votre terrasse est près du sol.

Dans ce chapitre :

Construction d'un escalier

La construction d'un escalier de terrasse requiert quatre calculs.
Le *nombre de marches* dépendra de l'élévation de la terrasse, c'est-à-dire de sa hauteur par rapport au sol. La *hauteur de marche,* c'est-à-dire la distance verticale séparant deux marches consécutives, doit être d'environ 8 po selon le code du bâtiment. Le *giron* de lùa marche, c'est la profondeur de celle-ci. Un moyen facile de fabriquer un giron consiste à utiliser pour chaque marche deux pièces de bois de 2 x 6. On calcule la *portée* d'un escalier en multipliant le giron par le nombre de marches. Ce calcul vous permettra de situer le pied de l'escalier et la position des poteaux de soutien.

Outils et matériaux ▸

Ruban à mesurer
Crayon
Équerre de charpente
Niveau
Plomb
Tarière manuelle
Brouette
Houe
Scie circulaire
Marteau
Perceuse
Foret hélicoïdal de ⅛ po
Foret à trois pointes de 1 po
Clé à douille à cliquet
Pistolet à calfeutrer
Sable
Ciment portland
Gravier
Boulons en J
Bases métalliques pour poteaux
Pièces de bois de 2 x 12
Tasseaux métalliques
Tire-fonds de ¼ po x 1 ¼ po
Cornières d'assemblage avec la solive
Clous galvanisés de 10d pour solive
Tire-fonds de ⅜ po x 4 po avec rondelles de 1 po
Pièces de bois de 2 x 6
Clous galvanisés de 16d
Scellant à la silicone
Pièce de bois longue et droite de 2 x 4
Pieux
Ruban-cache

Matériaux pour les marches d'une terrasse ▸

La plupart des codes du bâtiment exigent que les poteaux d'escalier et les limons soient faits de bois traité sous pression. Posez des girons et des contremarches faits d'un matériau qui se marie à la surface de la terrasse. Si c'est possible, créez des girons dont le motif rappelle celui de la terrasse. Vous pouvez également revêtir les portions visibles du bois traité sous pression de l'escalier du même bois que la terrasse, ou les teindre dans des tons qui s'en rapprochent. Si votre escalier comporte plus de deux ou trois marches, il se peut que le code du bâtiment de votre région exige que vous installiez une rampe.

L'escalier à plates-formes comporte des marches très profondes, dont chacune est construite sur une charpente de poteaux et de solives.

Escaliers

L'escalier à marches ouvertes est muni de tasseaux métalliques qui retiennent les marches entre les limons. Les marches de l'escalier illustré sont faites de pièces de bois de 2 x 6 identiques aux planches du platelage.

L'escalier à marches fermées, à limons découpés et à contremarches pleines, a une belle apparence finie. Pratiquez des avant-trous dans les marches, afin qu'elles ne se fendent pas lorsque vous y enfoncerez des vis.

Les longs escaliers requièrent parfois des paliers. Un palier est une plate-forme à laquelle sont attachées deux volées de marches. Consultez les p. 128-137.

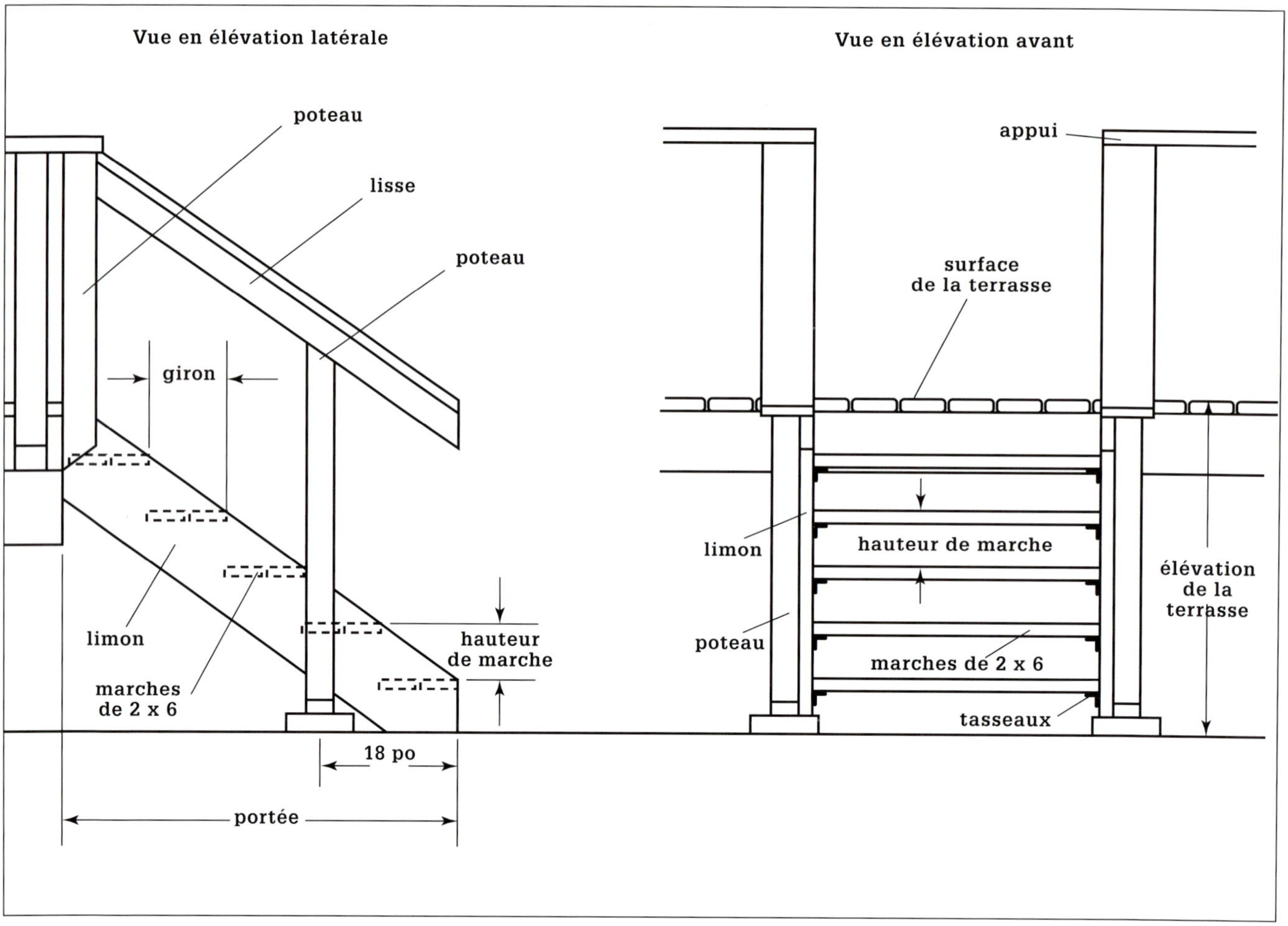

Un escalier de terrasse est généralement composé de deux limons de 2 x 12 et d'une série de marches de 2 x 6 attachées par des tasseaux métalliques. Des poteaux, en retrait de 18 po par rapport au pied de l'escalier, servent à ancrer les limons et la rampe. Pour construire un escalier, il faut calculer le nombre de marches, la hauteur et le giron de la marche ainsi que la portée de l'escalier.

Calculs pour la planification de l'escalier ▸

				EXEMPLES DE MESURES (terrasse de 39 po de hauteur)
1.	Nombre de marches : Mesurez l'élévation de la terrasse par rapport au sol ; divisez ce nombre par 7 et arrondissez le résultat.	Élévation :		39 po
		÷ 7 =		÷ 5,57 po
		Nombre de marches : =		= 6
2.	Hauteur de la marche : Divisez l'élévation de la terrasse par le nombre de marches.	Élévation : =		39 po
		Nombre de marches : ÷		÷ 6
		Hauteur de la marche : =		= 6½ po
3.	Giron de la marche : Le giron typique fait de deux planches de 2 x 6 mesure 11 ¼ po. Si votre modèle est différent, mesurez la profondeur de la marche (en tenant compte de tout écart entre les planches).	Giron :		11 ¼ po
4.	Portée de l'escalier : Multipliez le giron par le nombre de marches (toujours un giron de moins que le nombre de marches).	Giron :		11 ¼ po
		Nombre de marches :		× 5
		Portée : =		= 56 ¼ po

Une simple marche : construction d'une marche fermée

Construisez le cadre rectangulaire de la marche à l'aide de bois d'œuvre de dimensions courantes (généralement de 2 x 6). Joignez les pièces avec des vis à plancher. La marche doit mesurer au moins 36 po de largeur et 10 po de profondeur. Coupez des entretoises et installez-les dans le cadre, à intervalles de 16 po.

Creusez une tranchée à fond plat de sorte que la marche repose à environ 4 po de profondeur. Remplissez la tranchée de gravier que vous compacterez au fouloir. Mettez la marche en place. Mesurez, coupez et fixez les planches formant le giron de la marche.

Une simple marche : construction d'une marche suspendue

Vissez deux fourrures de 2 x 4 sur l'un des côtés des solives de terrasse sur lesquelles seront fixées les solives de la marche. Ces fourrures empêcheront les solives de marche de rencontrer les étriers des solives de terrasse fixés sur la poutre. Avec une scie alternative, taillez des encoches de 1 ½ po de largeur dans la solive de rive, près des fourrures. **NOTE :** Pour que la solidité de la charpente ne soit pas diminuée, la profondeur des entailles dans les solives ne doit pas dépasser 1 ½ po.

Mesurez et coupez les solives de la marche ; celles-ci doivent s'étendre sur environ 3 pi à l'intérieur du cadre de la terrasse, et sur 10 po ou davantage à l'extérieur (pour la marche). Veillez à ce que les solives de la marche soient toutes de niveau entre elles, puis fixez-les aux solives de la terrasse avec des vis à plancher. Coupez et fixez les planches de platelage qui formeront le giron de la marche.

Comment construire un escalier de terrasse

Servez-vous des vues en élévation pour trouver les mesures des limons et des poteaux. Avec un crayon et une équerre de charpente, tracez le pourtour des limons aux endroits où ils seront attachés au côté de la terrasse.

Situez les semelles en retrait de 18 po par rapport au pied de l'escalier. Placez sur la terrasse, perpendiculairement au côté de celle-ci et de niveau, une pièce de bois droite de 2 x 4. Avec un plomb, marquez sur le sol le centre des semelles.

Creusez des trous et coulez les semelles des poteaux. Fixez des étriers sur les semelles et installez les poteaux. Vérifiez auprès de votre service du bâtiment si des poteaux de 6 x 6 sont maintenant exigés.

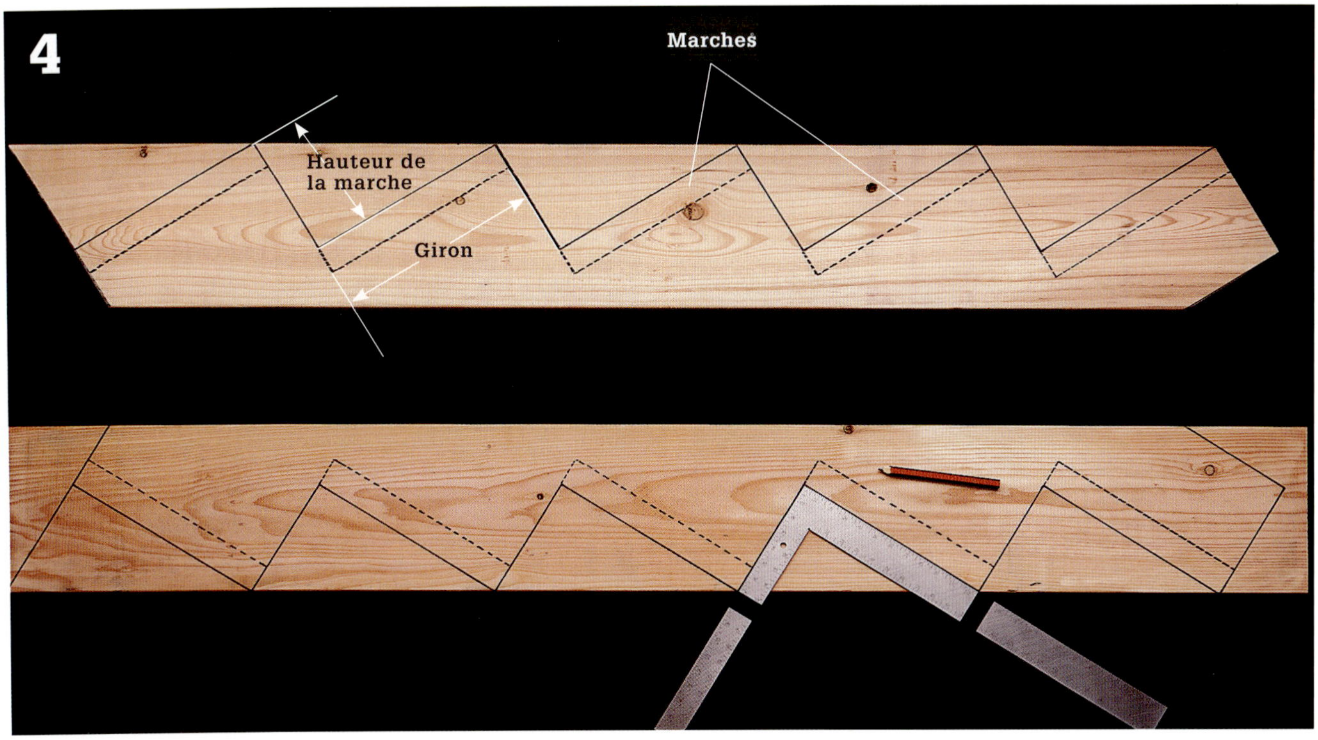

Préparez les limons. Avec du ruban-cache, indiquez sur l'un des bras d'une équerre de charpente la hauteur de la marche, et sur l'autre la mesure du giron. En commençant à l'une des extrémités du limon, placez l'équerre en alignant les rubans sur les bords du limon ; tracez la hauteur et le giron de chaque marche. Tracez ensuite le profil de la marche sous la ligne représentant le giron. Avec une scie circulaire, découpez les extrémités des limons de la manière illustrée.

Avec des tire-fonds de ¼ po x 1 ¼ po, attachez les tasseaux métalliques en les alignant sous le tracé de chaque marche. Pratiquez d'abord des avant-trous de ⅛ po pour que le bois ne se fende pas.

Avec des clous à solive de 10d, attachez les cornières d'assemblage aux extrémités supérieures des limons. Les cornières seront alignées sur les extrémités coupées des limons.

(Suite à la page suivante)

Placez les limons contre le côté de la terrasse, sur les marques tracées. Alignez le sommet des limons sur la surface de la terrasse. Fixez les limons en clouant les cornières d'assemblage sur la terrasse, avec des clous à solive de 10d.

Pratiquez dans chaque limon et dans chaque poteau adjacent deux avant-trous de ¼ po. Avec un foret à trois pointes de 1 po, chambrez les avant-trous à une profondeur de ½ po. À l'aide d'une clé à douille à cliquet, attachez les limons aux poteaux avec des tire-fonds de ⅜ po x 4 po munis de rondelles. Recouvrez la tête des tire-fonds avec un scellant à la silicone.

Mesurez la largeur des marches. Pour chaque marche, découpez à la scie circulaire deux planches de 2 x 6.

Pour chaque marche, placez la planche avant sur le tasseau, en alignant la face avant de la planche sur le profil tracé sur le limon.

Pratiquez des avant-trous de ⅛ po, puis fixez les planches avant sur les tasseaux à l'aide de tire-fonds de ¼ po x 1 ¼ po.

Placez les planches arrière sur les tasseaux. Laissez entre les planches un petit écart ; comme pièce d'écartement, servez-vous d'un clou de 16d. Pratiquez des avant-trous de ⅛ po et attachez les planches arrière aux tasseaux à l'aide de tire-fonds de ¼ po x 1 ¼ po.

Variante : limons déjà découpés

On trouve dans les maisonneries des limons déjà découpés dans des pièces de bois traitées sous pression. Pour prévenir la pourriture, il faut appliquer un enduit protecteur sur les surfaces coupées.

Construction d'un escalier à palier

La conception et la construction d'un escalier à palier risque d'être l'une des étapes les plus ardues de votre projet de terrasse. La précision est essentielle, car le code du bâtiment établit des normes rigoureuses relativement à la construction des escaliers. Pour que les marches des deux volées aient la même hauteur et le même giron, il faut que le palier soit placé au bon endroit et à la bonne hauteur.

Même pour un constructeur professionnel, la conception d'un escalier requiert tâtonnements et révisions. Commencez par créer un modèle préliminaire selon vos goûts; à mesure que vous planifierez votre projet et en dessinerez les plans, vous devrez revoir votre modèle pour l'adapter aux exigences réglementaires et aux particularités des lieux. Prenez avec soin les mesures des lieux et réglez tous les détails sur papier avant d'entreprendre la construction. Grâce à une planification méticuleuse, les marches de l'escalier seront de niveau et de mêmes dimensions.

Rappelez-vous que le code du bâtiment local peut exiger la pose d'une rampe si l'escalier comporte au moins trois contremarches.

Le palier n'est en fait qu'une marche très profonde servant à diviser une volée de marches trop longue. Pour le constructeur, le palier constitue un endroit où changer la direction de l'escalier. Pour les utilisateurs, il constitue un endroit où reprendre son souffle.

Éléments de base d'un escalier

L'escalier permet à son utilisateur de se déplacer facilement et sans danger entre deux surfaces de niveaux différents. Durant sa conception, le constructeur doit tenir compte de l'élévation, hauteur de la terrasse par rapport au sol, et de la portée, distance horizontale séparant les extrémités de l'escalier.

Durant la planification, on divise l'élévation en un certain nombre de marches de même hauteur (hauteur de marche), et la portée en un certain nombre de girons égaux. Dans le cas d'un escalier à palier, il faut tenir compte de deux portées : la distance séparant le bord de la terrasse du bord du palier, et celle qui sépare l'autre bord du palier et le point de contact de l'escalier avec le sol. En règle générale, la portée combinée des deux volées, palier exclu, devrait être de 40 % à 60 % supérieure à l'élévation de la terrasse.

Par souci de confort et de sécurité, il faut construire les éléments d'un escalier selon les règles précises énumérées à la page 129.

Anatomie d'un escalier à palier

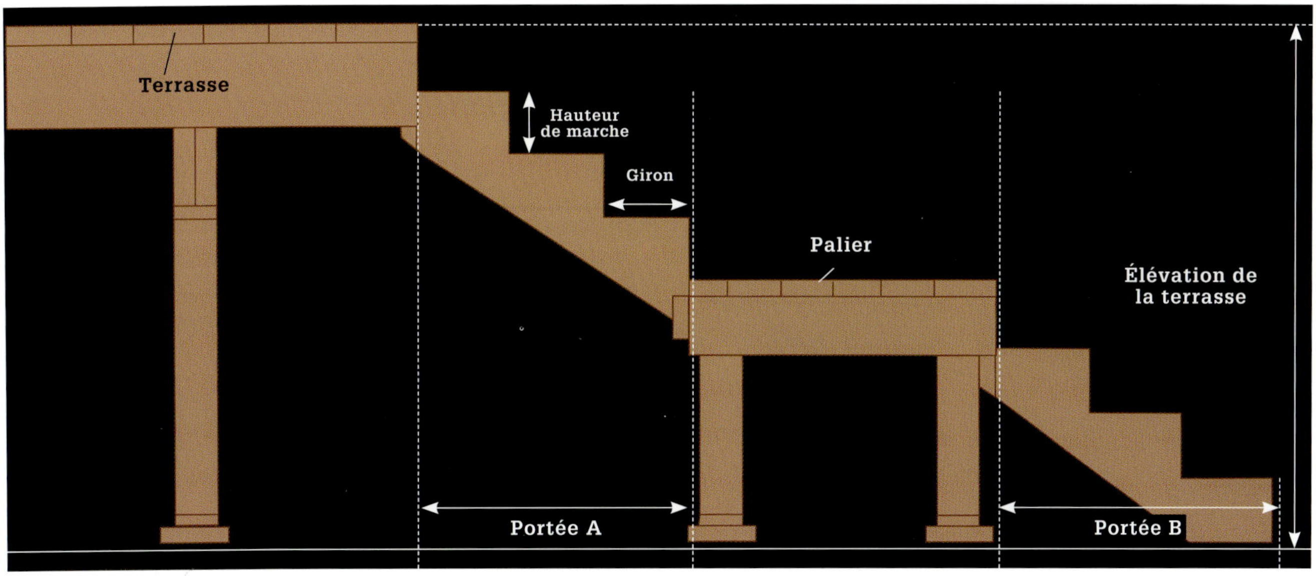

Le défi à relever durant la planification de l'escalier consiste à adapter le plan préliminaire et les dimensions des marches afin que l'escalier convienne aux lieux et qu'il soit facile d'utilisation.

La hauteur de marche minimale est de 4 po, et maximale de 8 po.

Le giron de la marche, c'est-à-dire sa profondeur, doit mesurer au moins 10 po. Le nombre de girons d'un escalier est toujours inférieur de 1 au nombre de contremarches.

La somme de la hauteur de marche et du giron doit se situer entre 18 po et 20 po Les marches répondant à ce critère sont les plus faciles à utiliser.

La différence de mesure entre deux hauteurs de marche ou deux girons ne peut être supérieure à $\frac{3}{8}$ po.

La largeur d'une marche doit être d'au moins 36 po, afin que deux personnes puissent aisément se croiser dans l'escalier.

Les limons ne peuvent être espacés de plus de 36 po. Pour un support supplémentaire, on recommande d'installer un limon central dans tout escalier comportant plus de trois marches.

Le palier n'est autre chose qu'une très grande marche. Sa hauteur par rapport aux autres marches doit être mesurée avec autant de précision que l'est celle des autres marches. Le palier doit mesurer au moins 36 po de côté ou être aussi large que l'escalier. Un escalier en U doit avoir un palier dont la largeur est d'au moins 1 pi supérieure à la somme des largeurs des volées qu'il relie. Souvent, le palier doit être renforcé au moyen d'entretoises installées entre les poteaux le supportant.

Les semelles de béton doivent supporter tous les limons reposant sur le sol.

Mise à jour du code : les coussinets d'escalier ▸

Certains codes du bâtiment interdisent dorénavant l'utilisation d'un coussinet d'escalier en béton pour soutenir la volée inférieure de limons. Étant donné que cette dalle de béton est « flottante », et qu'elle monte et descend au gré du gel et du dégel, les marches travaillent en conséquence. Utilisez des semelles de béton, afin de soutenir votre escalier (voir la p. 136).

Construction détaillée d'un escalier

Les limons de la volée supérieure reposent sur un tasseau de bois de 2 x 4 fixé sur le côté du palier. Les limons comportent une encoche qui s'ajuste sur le tasseau. Sur les limons extérieurs, des cornières métalliques servent de tasseaux aux marches.

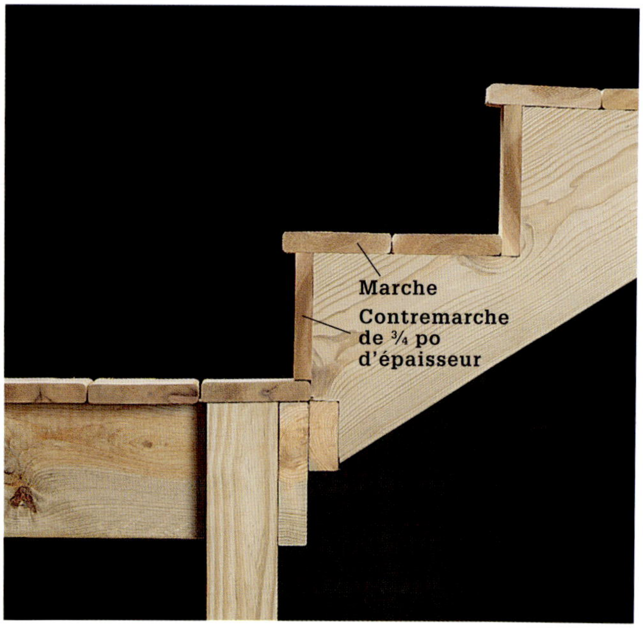

Les marches peuvent être fermées par des contremarches. Pour une meilleure apparence, on peut faire déborder le giron de la contremarche, mais de 1 po maximum.

Les semelles de béton supportent les limons de la volée inférieure. Des boulons en J sont insérés dans le béton encore frais. Une fois les semelles durcies, des tasseaux de bois sont boulonnés sur les semelles ; ce sont les surfaces sur lesquelles seront ancrés les limons. Lorsque la volée a été mise dans la bonne position, les limons sont cloués ou vissés sur les tasseaux de bois.

Un limon central vient renforcer un escalier comptant plus de trois marches ou mesurant plus de 36 po de largeur. Il est supporté par un fond de clouage de 2 x 6 fixé sur la solive de rive par des attaches métalliques. Le bord inférieur du fond de clouage est biseauté selon le même angle que les limons. On fixe le limon central en enfonçant des vis à plancher dans la face arrière du fond de clouage.

Comment créer un plan préliminaire

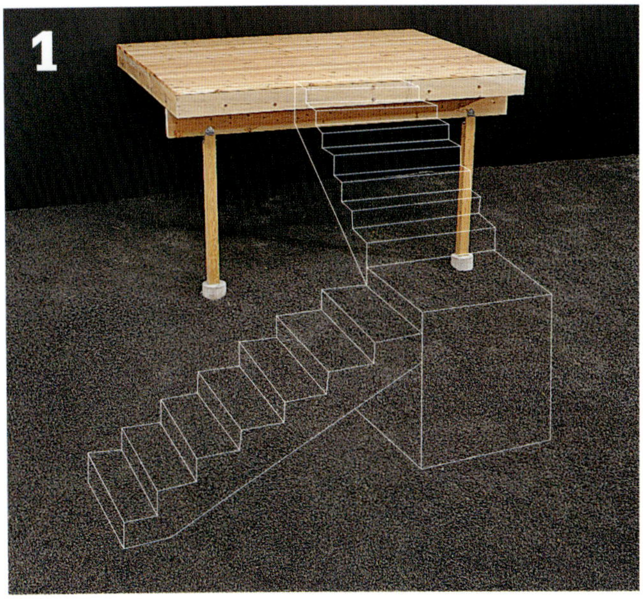

Évaluez les lieux et imaginez quel serait le modèle d'escalier répondant le mieux à vos besoins. Durant cette première planification, mieux vaut placer le palier de telle sorte que les deux volées soient de longueur égale. Choisissez le modèle générique qui vous convient.

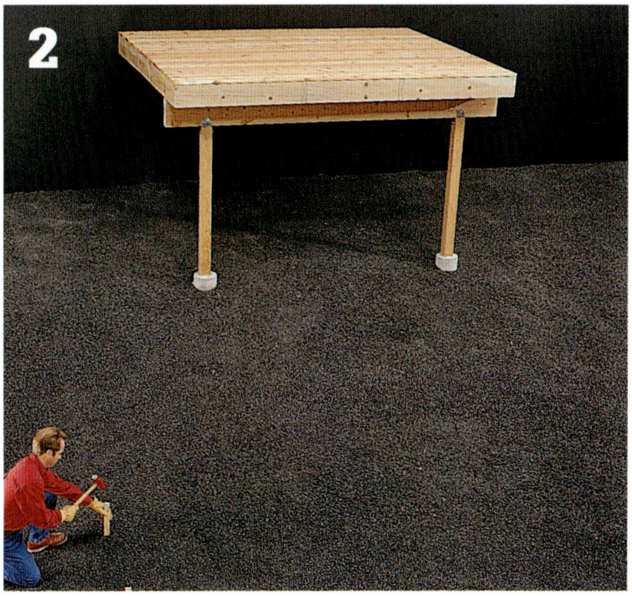

Selon le modèle retenu, déterminez approximativement pour l'escalier un point de départ sur la terrasse et un point d'arrivée sur le sol. Marquez le point de départ sur la solive de rive et, avec deux pieux, indiquez sur le sol le point d'arrivée, en laissant entre eux un écart correspondant à la largeur prévue de l'escalier. Des calculs vous donneront plus tard les mesures précises.

Pour déterminer l'élévation de l'escalier, étendez une pièce de bois de 2 x 4 entre le point de départ marqué sur la solive et un point de repère de niveau avec la terrasse et situé au-dessus du point d'arrivée. Mesurez la hauteur du point de repère par rapport au sol. **NOTE :** Si la distance séparant le point de départ du point d'arrivée de l'escalier est supérieure à 10 pi, utilisez un cordeau et un niveau de ligne pour établir le repère.

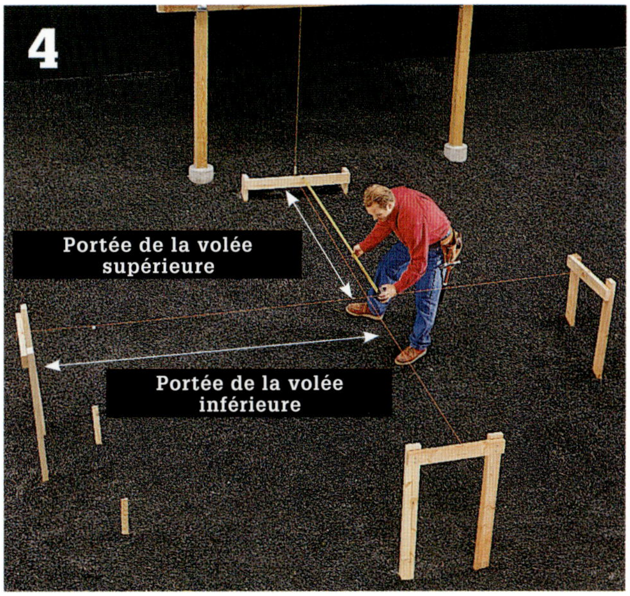

Mesurez la portée de chacune des volées. Commencez par utiliser des chaises pour tendre de niveau des cordeaux représentant les bords de l'escalier. Déterminez la portée de la volée supérieure en mesurant la distance séparant le palier d'un point situé directement sous le bord de la terrasse, et celle de la volée inférieure en mesurant la distance séparant le palier du point d'arrivée de l'escalier.

Exemple de création d'un plan final ▸

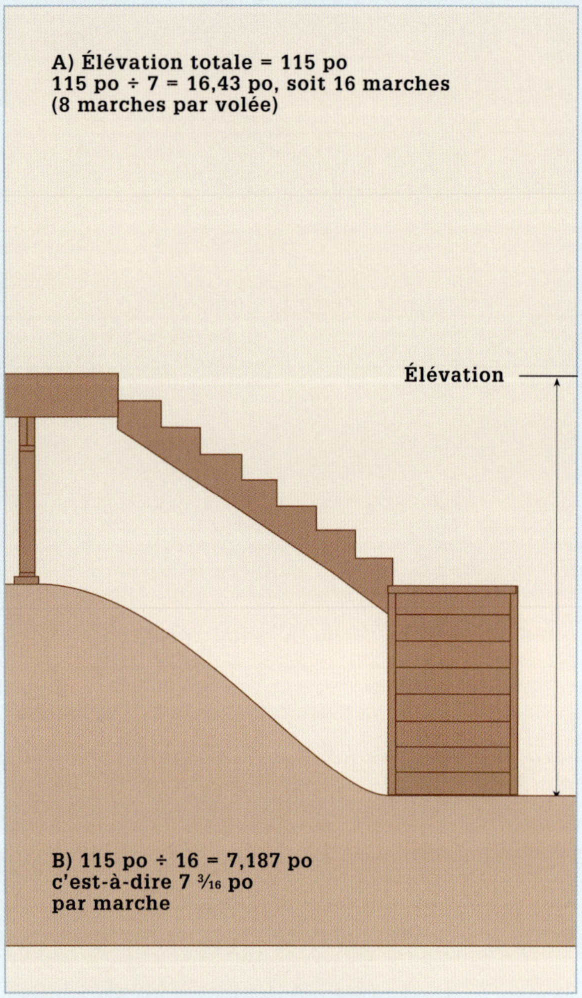

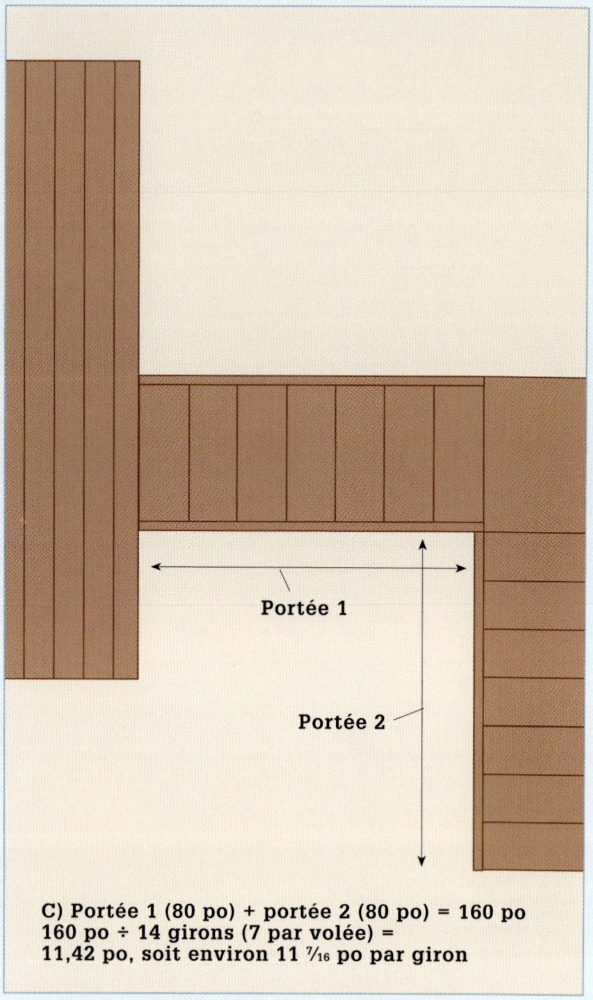

ILLUSTRATIONS CI-DESSUS

Déterminez le nombre total de marches en divisant l'élévation par 7, et en arrondissant les fractions (A, dans l'exemple ci-dessus). Calculez ensuite la hauteur de marche en divisant l'élévation par le nombre de marches (B). Déterminez le giron en additionnant les deux portées (palier non compris), puis en divisant cette somme par le nombre de girons (C). Le nombre de girons est toujours inférieur de 1 au nombre de marches. Si le modèle n'est pas conforme aux règles énoncées à la p. 129, modifiez le point de départ ou d'arrivée de l'escalier, ou le palier, puis refaites les calculs. Une fois toutes les dimensions déterminées, modifiez le plan préliminaire réalisé sur le terrain pour qu'il corresponde au plan final.

ILLUSTRATIONS PAGE CI-CONTRE

Fabriquez les limons avec des pièces de bois de 2 x 12, en vous aidant d'une équerre de charpente. Découpez à la scie circulaire les parties à enlever (parties non ombrées sur l'illustration page ci-contre) ; finissez les encoches à l'égoïne. Normalement, les limons extérieurs sont munis sur leur face intérieure de tasseaux métalliques devant supporter les marches. Le limon central de chacune des volées comporte des encoches sur lesquelles s'appuient les marches. Ces encoches doivent être alignées sur le dessus des tasseaux métalliques. Des encoches, taillées dans l'extrémité inférieure des limons de la volée supérieure, s'ajustent sur un tasseau de bois de 2 x 4 fixé sur le palier (p. 125). Le dessus de chacune des encoches se situe sous le nez de la dernière marche de la volée supérieure, à une distance égale à la hauteur de marche augmentée de l'épaisseur de la planche de platelage (page ci-contre).

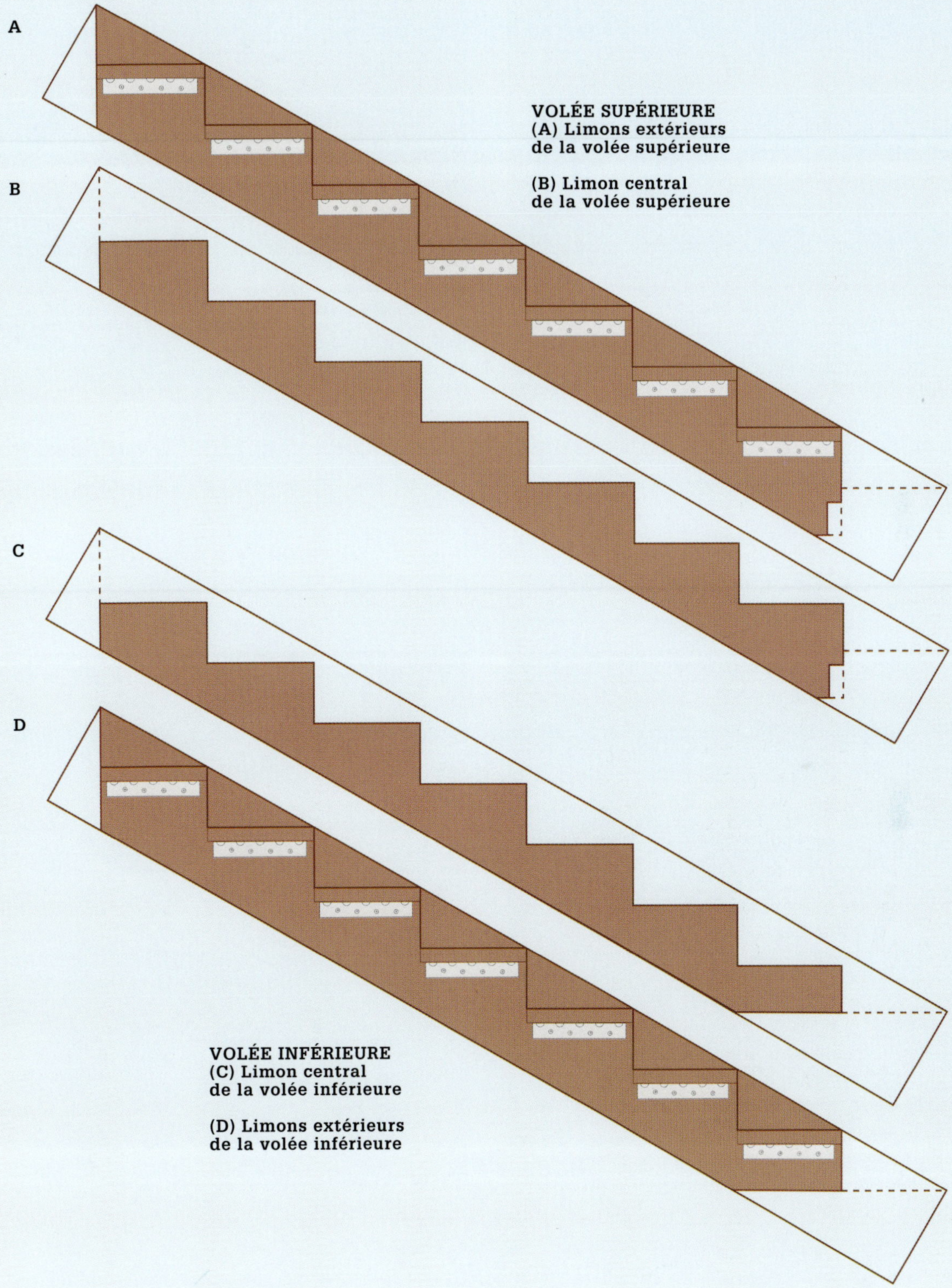
A
B
C
D
VOLÉE SUPÉRIEURE
(A) Limons extérieurs
de la volée supérieure
(B) Limon central
de la volée supérieure
VOLÉE INFÉRIEURE
(C) Limon central
de la volée inférieure
(D) Limons extérieurs
de la volée inférieure

Comment construire un palier

Sur une surface plate, construisez le cadre du palier avec des pièces de bois de 2 x 4. Joignez les coins à l'aide de vis à plancher de 3 po. Assurez-vous que le cadre est d'équerre en en mesurant les diagonales. Lorsque les diagonales sont égales, clouez des entretoises près des coins pour que le cadre reste d'équerre.

En vous guidant sur votre plan, déterminez sur le sol la position exacte du palier. Placez le cadre à cet endroit et mettez-le de niveau. Enfoncez des pieux dans le sol pour marquer la position des poteaux du palier ; servez-vous d'un plomb. Installez les semelles et les poteaux du palier.

À partir du dessus de la terrasse, mesurez en direction du sol une distance égale à l'élévation de la volée supérieure. Fixez sur les poteaux de la terrasse, à cette hauteur, une planche de repère de 2 x 4. Placez une règle de niveau sur la planche de repère, contre les poteaux du palier ; faites un trait sur les poteaux à cette hauteur. Mesurez en direction du sol une distance égale à l'épaisseur des planches de platelage ; tracez des lignes de repère indiquant la position du sommet du cadre de palier.

Placez le cadre du palier sur les lignes de repère tracées sur les poteaux. Assurez-vous qu'il est de niveau. Joignez-le ensuite aux poteaux à l'aide d'attaches de solives fixées avec des tire-fonds de ⅝ po x 3 po. Avec une scie alternative, coupez le sommet des poteaux le long du bord supérieur du cadre.

Enlevez les entretoises du cadre. Coupez et installez les solives du palier. (Pour un motif de planches en diagonale, ménagez un écart de 12 po entre les solives.) Fixez les planches de platelage ; découpez-en les extrémités le long du cadre.

Pour renforcer le palier et le stabiliser latéralement, installez des entretoises permanentes faites de planches de 2 x 4 fixées en diagonale entre le pied des poteaux et les coins intérieurs du cadre. Faites-le sur au moins deux côtés du palier. Enlevez les pieux et les étais temporaires des poteaux.

Marquez et coupez tous les limons des volées inférieure et supérieure (p. 125). Sur les limons centraux seulement, taillez les encoches sur lesquelles reposeront les marches. Amorcez les encoches à la scie circulaire et finissez-les à l'égoïne. Mesurez et coupez les planches de toutes les marches.

Utilisez des tire-fonds de ¾ po de longueur pour fixer sur les limons les tasseaux métalliques sur lesquels reposeront les marches. Mettez la volée à l'envers pour fixer les marches avec des tire-fonds. Ménagez un écart d'au plus ⅜ po entre les deux planches de chaque marche.

(Suite à la page suivante)

Coulez une semelle de béton pour chacun des limons. Assurez-vous que les semelles sont de niveau et à la bonne hauteur par rapport au palier. Insérez un boulon en J dans le béton frais de chaque semelle, en retrait d'environ 2 po par rapport aux limons. Une fois le béton durci, coupez des tasseaux de bois de 2 x 4, pratiquez-y des trous et fixez-les aux boulons en J avec des écrous.

Fixez sur le palier le fond de clouage de 2 x 6 qui supportera le limon central (p. 130). Mettez la volée en place, en veillant à ce que les limons extérieurs soient alignés sur le platelage du palier. Pour fixer les limons sur la solive de rive et le fond de clouage, servez-vous de cornières d'assemblage et de clous pour étrier à solive. Clouez les extrémités inférieures des limons sur le tasseau de bois.

Mesurez et coupez un tasseau de bois de 2 x 4 correspondant à la largeur de la volée supérieure (limons compris). Alignez le tasseau sur le sommet des solives et, avec des tire-fonds, fixez-le sur la solive de rive du palier. Taillez une encoche à la base des limons pour qu'ils s'ajustent sur le tasseau (p. 130). Fixez sur les limons les tasseaux métalliques qui supporteront les marches.

Pour supporter le limon central au sommet de la volée, mesurez et coupez un fond de clouage de 2 x 6 correspondant à la largeur de la volée. Fixez le fond de clouage sur la solive de rive à l'aide d'attaches métalliques et de vis.

Faites reposer les limons sur le tasseau de bois. Assurez-vous que les trois limons sont de niveau et correctement espacés. Fixez-les sur le tasseau à l'aide de clous galvanisés de 16d enfoncés en biais. Au sommet de la volée, utilisez des cornières d'assemblage pour fixer les limons extérieurs sur la solive de rive, et le limon central sur le fond de clouage.

Mesurez, coupez et placez les planches des marches sur les tasseaux métalliques et fixez-les par en dessous avec des tire-fonds de ¾ po de longueur. Laissez un écart d'au plus ⅜ po entre les deux planches. Une fois l'escalier terminé, installez les rampes (p. 144-147).

BLACK& DECKER
BLACK&DECKER 12v

Rampes et garde-corps d'une terrasse

Les terrasses qui sont construites à au moins 30 po au-dessus du sol doivent être entourées d'un garde-corps. Les codes du bâtiment dictent les exigences relatives aux hauteurs et aux écartements importants, mais ce que vous ignorez peut-être, c'est que le bois n'est pas le seul matériau dont ils peuvent être faits. Bien sûr, les garde-corps traditionnels en bois se construisent rapidement et sont relativement abordables, mais il existe d'autres solutions intéressantes et attrayantes. Ce chapitre vous montrera divers systèmes de garde-corps, y compris ceux qui sont faits de matériaux composites préfabriqués, de câbles d'acier, de panneaux de verre transparents et de tubulures de cuivre. Avec un peu de créativité de votre part, les garde-corps peuvent constituer un élément majeur de votre nouvelle terrasse, et pas seulement un dispositif de sécurité.

Ce chapitre vous montrera également à doter votre escalier d'une rampe et de balustres, et même à fabriquer un garde-corps incurvé, grâce à plusieurs techniques de travail du bois avancées.

Dans ce chapitre :

- L'abc des garde-corps
- Garde-corps courbe
- Garde-corps en composite
- Garde-corps en verre
- Garde-corps à câbles en acier
- Garde-corps à tubulures de cuivre

L'abc des garde-corps

Les rampes et des garde-corps doivent être solides et bien attachés à la charpente de la terrasse. Ne fixez jamais les balustres du garde-corps sur le platelage. La plupart des codes exigent que le garde-corps s'élève à au moins 36 po du platelage. L'écart entre les balustres ne doit pas être supérieur à 4 po. Dans certaines régions, un escalier comptant plus de quatre marches doit être muni d'une main courante. Consultez le code du bâtiment de votre localité pour connaître les exigences pertinentes.

Outils et matériaux ▸

- Ruban à mesurer
- Crayon
- Scie à onglet électrique
- Perceuse
- Forets hélicoïdaux ($\frac{1}{8}$ po, $\frac{1}{4}$ po)
- Foret à trois pointes de 1 po
- Équerre combinée
- Poinçon
- Clé à douille à cliquet
- Pistolet à calfeutrer
- Niveau
- Scie alternative ou circulaire
- Scie sauteuse avec lame à bois
- Pièces de bois (4 x 4, 2 x 6, 2 x 4, 2 x 2) Enduit protecteur transparent
- Tire-fonds de $\frac{3}{8}$ po x 4 po et rondelles de 1 po
- Scellant à la silicone Vis à plancher de 2 ½ po résistant à la corrosion
- Clous ordinaires galvanisés de 10d

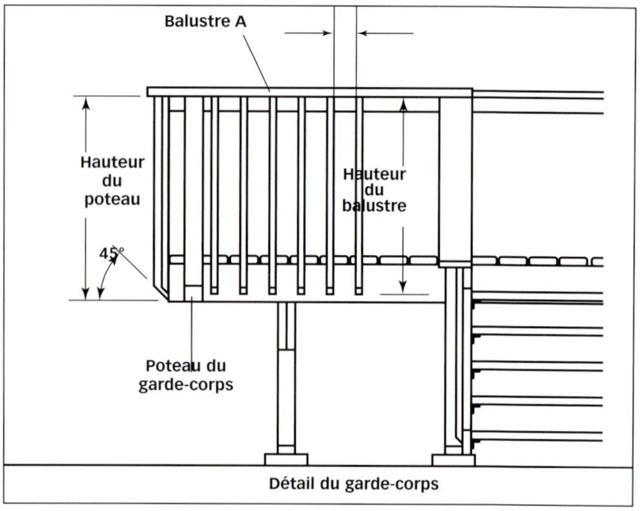

Reportez-vous au plan de conception de votre terrasse pour connaître l'écartement (A) ainsi que la longueur des poteaux et des balustres. L'écart entre les poteaux ne doit pas être supérieur à 6 pi.

Les garde-corps sont des dispositifs de sécurité obligatoires pour toute terrasse qui s'élève à plus de 30 po du sol. De nombreux règlements du code du bâtiment stipulent les exigences relatives à la construction d'un garde-corps. Consultez l'inspecteur en bâtiment de votre localité si vous avez besoin d'éclaircissements à ce sujet.

Types de garde-corps et rampes

Le garde-corps à balustres, lisses et poteaux convient particulièrement aux maisons aux lignes verticales fortes. En outre, le garde-corps à balustres est un bon choix lorsqu'il y a des enfants.

Le garde-corps à lisses est souvent installé lorsque la maison est de type bungalow. Ce garde-corps est composé de poteaux, de deux lisses ou plus et d'un appui.

Les panneaux de treillis ajoutent une note décorative à une terrasse, en plus de protéger l'intimité.

Rampes et garde-corps ▸

Le code du bâtiment exige généralement qu'un garde-corps soit installé si la terrasse s'élève à plus de 30 po du sol. Choisissez un garde-corps convenant au style de votre maison.

Par exemple, pour une maison de type bungalow, optez pour un garde-corps à lisses larges. Pour une maison de style Tudor, au toit très pentu, préférez un garde-corps à balustres rapprochés. Vous trouverez aux p. 156-169 des renseignements sur la construction d'autres types de garde-corps, notamment des garde-corps courbes.

Dans certaines régions, on exige que la rampe d'escalier soit munie d'une main courante facile à saisir (p. 155). À ce sujet, consultez l'inspecteur en bâtiment de votre localité.

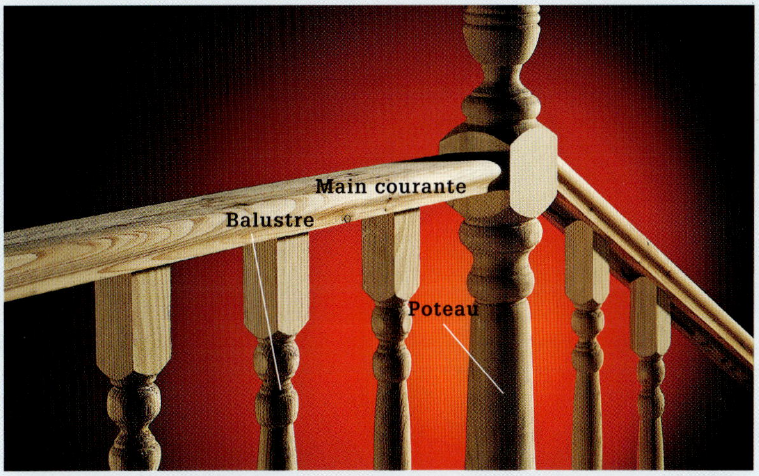

Les composants fabriqués en usine – comme les mains courantes, les balustres et les poteaux – facilitent la construction de garde-corps décoratifs.

Comment installer un garde-corps

Mesurez et découpez des poteaux de 4 x 4 à l'aide d'une scie à onglet électrique ou d'une scie circulaire. Les extrémités supérieures des poteaux seront droites, et les extrémités inférieures biseautées à 45°. Appliquez sur les extrémités coupées un enduit protecteur transparent.

Mesurez et découpez les balustres de la terrasse, avec une scie à onglet électrique ou une scie circulaire. Les extrémités supérieures des balustres seront droites, et les extrémités inférieures biseautées à 45°. Appliquez un enduit protecteur transparent sur les extrémités découpées.

Pratiquez à 2 po d'écart deux avant-trous de ¼ po dans l'extrémité inférieure de chaque poteau. Avec un foret à trois pointes de 1 po, chambrez chaque trou sur une profondeur de ½ po.

Pratiquez à 4 po d'écart deux avant-trous de ⅛ po dans l'extrémité inférieure de chaque balustre et, à 1 ½ po d'écart, deux avant-trous de ⅛ po dans l'extrémité supérieure.

Mesurez et marquez la position des poteaux sur l'extérieur de la terrasse, en vous servant d'une équerre combinée pour vous guider. Prévoyez d'installer un poteau sur le bord extérieur de chacun des limons.

Alignez l'extrémité biseautée des poteaux sur le bord inférieur de la terrasse. Avec un niveau, mettez les poteaux d'aplomb. Insérez un tournevis ou un clou dans les avant-trous pour marquer le côté de la terrasse.

Enlevez les poteaux et pratiquez des avant-trous de ¼ po dans le côté de la terrasse.

Fixez les poteaux du garde-corps sur le côté de la terrasse avec des tire-fonds de ⅜ po x 4 po munis de rondelles ; serrez-les avec une clé à douille à cliquet. Enduisez de scellant à la silicone les têtes des tire-fonds.

Mesurez et découpez des lisses de 2 x 4. Alignez-en le bord sur le sommet des poteaux. Fixez-les aux poteaux à l'aide de vis à plancher de 2 ½ po résistant à la corrosion.

(Suite à la page suivante)

Dans le cas d'un long garde-corps, joignez des pièces de 2 x 4 biseautées à 45°. Pratiquez-y des avant-trous de 1⁄16 po pour que le bois ne se fende pas et fixez-les avec des clous galvanisés de 10d (les extrémités biseautées risquent de se fendre si vous utilisez des vis).

Fixez les extrémités des lisses sur les poteaux de l'escalier, en les alignant sur les bords des poteaux, comme sur la photo. Pratiquez des avant-trous de 1⁄8 po, puis fixez les lisses avec des vis à plancher de 2 ½ po.

Mesurez la distance séparant la surface du platelage et le sommet du poteau d'escalier supérieur (A).

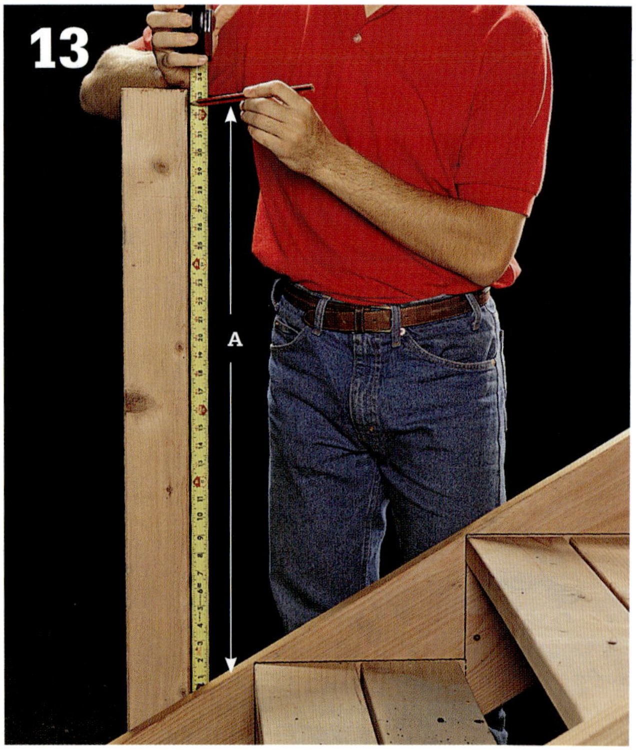

Sur le poteau d'escalier inférieur, à partir du bord du limon, reportez au crayon cette mesure (A).

Placez la lisse de 2 x 4 contre la face intérieure des poteaux d'escalier. Alignez la lisse sur le coin supérieur arrière du poteau supérieur et sur la marque faite au crayon sur le poteau inférieur. Demandez à quelqu'un de fixer temporairement la lisse avec des vis à plancher de 2 ½ po.

Sur la face arrière de la lisse de l'escalier, tracez le profil du poteau et de la lisse du garde-corps.

Sur le poteau d'escalier inférieur, tracez le profil de la lisse de l'escalier.

Servez-vous d'un niveau pour tracer sur l'extrémité inférieure de la lisse de l'escalier une ligne qui sera d'aplomb. Enlevez la lisse.

(Suite à la page suivante)

À l'aide d'une équerre combinée, prolongez les lignes des deux côtés du poteau d'escalier.

Avec une scie alternative ou circulaire, coupez le poteau d'escalier inférieur le long de la ligne diagonale.

Avec une scie sauteuse, découpez la lisse de l'escalier le long des lignes.

Alignez la lisse sur le bord supérieur des poteaux. Pratiquez des avant-trous de ⅛ po, puis fixez la lisse sur les poteaux avec des vis à plancher de 2 ½ po.

Utilisez une pièce d'écartement pour que la distance soit la même entre tous les balustres. Placez contre un poteau d'aplomb la pièce d'écartement et un balustre, le sommet du balustre étant aligné sur le bord supérieur de la lisse. Fixez le balustre avec des vis à plancher de 2 ½ po. Installez les autres balustres du garde-corps de la même manière.

Dans l'escalier, placez un balustre contre le limon et la lisse, et mettez-le d'aplomb. Au sommet du balustre, tracez une diagonale en vous guidant sur le bord supérieur de la lisse. Coupez le balustre sur la ligne avec une scie à onglet électrique. Recouvrez l'extrémité coupée d'un enduit protecteur transparent.

En commençant près du poteau d'escalier supérieur, placez le balustre contre la pièce d'écartement, le sommet du balustre étant aligné sur le bord supérieur de la lisse. Fixez les balustres avec des vis à plancher de 2 ½ po.

Alignez l'appui de 2 x 6 sur le bord intérieur de la lisse. Pratiquez des avant-trous de ⅛ po, puis fixez l'appui sur la lisse à l'aide de vis de 2 ½ po enfoncées à chaque 12 po. Enfoncez des vis dans tous les poteaux et dans un balustre sur trois. Si vous avez des appuis à joindre, biseautez à 45°. Pratiquez des avant-trous de 1/16 po et fixez les joints avec des clous de 10d.

(Suite à la page suivante)

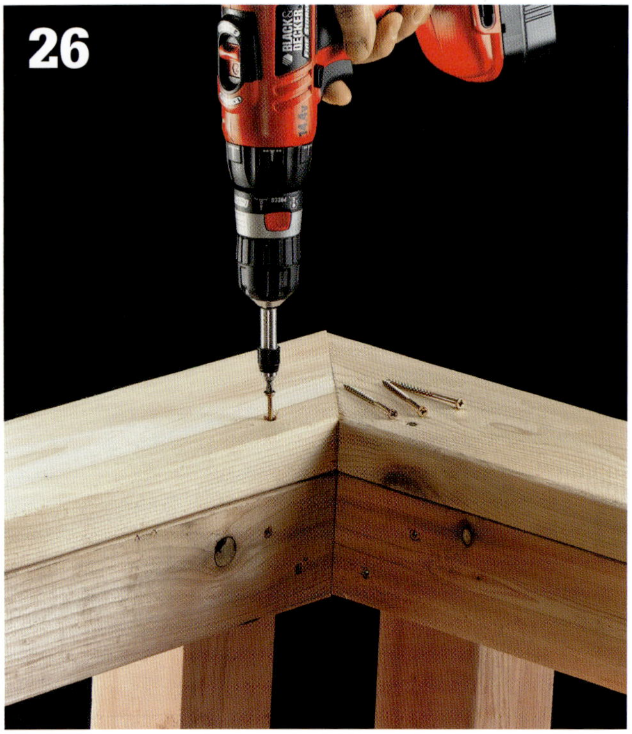

Dans les coins, découpez les extrémités de l'appui à 45° avec une scie à onglet. Pratiquez des avant-trous de ⅛ po et fixez l'appui sur les poteaux avec des vis à plancher de 2 ½ po.

En haut de l'escalier, découpez l'appui de manière qu'il soit aligné sur la lisse. Pratiquez des avant-trous de ⅛ po et fixez l'appui avec des vis à plancher de 2 ½ po.

Mesurez et coupez l'appui de la rampe d'escalier. Tracez le profil du poteau sur le côté de l'appui ; coupez en biseau les extrémités de l'appui.

Placez l'appui sur la lisse et les balustres ; alignez le bord de l'appui sur le bord intérieur de la lisse. Pratiquez des avant-trous de ⅛ po. Fixez l'appui sur la lisse à l'aide de vis à plancher de 2 ½ po enfoncées à intervalles de 12 po. Enfoncez aussi des vis dans les poteaux d'escalier et dans un balustre sur trois.

Types de garde-corps et de rampes

Le garde-corps à balustres est populaire parce qu'il s'harmonise avec la plupart des styles de maisons. Pour qu'il soit plus solide et plus beau, on peut choisir la variante d'assemblage illustrée ci-dessus, qui fait penser à l'assemblage à tenon et mortaise : les balustres de 2 x 2 sont fixés sur des lisses de 2 x 2, lesquelles s'emboîtent dans des entailles rectangulaires faites dans les poteaux (p. 150).

Le garde-corps à lisses s'harmonise particulièrement avec les maisons de style bungalow aux lignes surtout horizontales. Pour que le garde-corps soit plus solide et plus beau, on insère des lisses de 1 x 4 dans des entailles pratiquées dans les faces des poteaux (photo ci-dessus). L'appui qui recouvre les poteaux et les lisses supérieures contribue à unifier et à consolider le garde-corps (p. 151).

Le mur garde-corps comporte une charpente à poteaux de 2 x 4 fixés au ras du bord de la terrasse. Le mur garde-corps et les solives de rive sont couvertes d'un parement généralement choisi en fonction de celui de la maison. Un tel garde-corps crée un espace privé. Il incorpore visuellement la terrasse à la maison, pour une apparence unifiée (p. 152-153).

Une rampe doit être installée si l'escalier comporte plus de trois marches. La rampe est généralement du même style que le garde-corps de la terrasse (p. 154-155).

Construction d'un garde-corps à balustres

Coupez des poteaux de garde-corps de 4 x 4 à la bonne longueur (au moins 36 po, plus la hauteur des solives de rive de la terrasse). Marquez la position des entailles de 1 ½ po x 2 ½ po dans lesquelles s'ajusteront les lisses de 2 x 2. Avec une scie circulaire dont vous aurez réglé à ½ po la profondeur de coupe, faites une série de traits s'étendant du bord du poteau jusqu'à l'extrémité de la marque. Avec un ciseau, dégagez et équerrez les entailles. Sur les poteaux des coins, faites des entailles sur deux côtés adjacents.

Fixez les poteaux à l'intérieur des solives de rive. Pour trouver la longueur des lisses, mesurez la distance séparant la base des poteaux et ajoutez-y 1 po pour tenir compte des entailles de ½ po de chaque poteau. Mesurez et coupez tous les balustres. Posez le platelage avant de poursuivre la construction du garde-corps.

Sur une surface plate, assemblez les lisses et les balustres. Les balustres seront fixés sur les lisses à intervalles réguliers (moins de 4 po) à l'aide de vis à plancher de 2 ½ po. Facilitez-vous la tâche en découpant un bloc de bois correspondant à l'écart désiré entre les balustres.

Glissez la structure dans les entailles des poteaux, et fixez-la avec des clous à tête conique enfoncés en biais. Découpez des bouchons pour les entailles ouvertes et collez-les. Le joint résultant devrait ressembler à un joint à tenon et mortaise.

Mesurez et coupez les appuis de 2 x 6. Fixez-les sur les lisses supérieures avec des vis à plancher de 2 po. Dans les coins, coupez les appuis pour qu'ils forment des joints à onglet.

Construction d'un garde-corps à lisses

Coupez tous les poteaux de 4 x 4 à la bonne longueur, attachez-les ensemble avec des serre-joints, puis marquez-y les entailles de 3 ½ po de largeur et ¾ po de profondeur. Faites les entailles entre les marques avec une série de traits de scie parallèles à environ ¼ po d'écart les unes des autres. Sur les poteaux des coins, faites des entailles sur deux côtés adjacents.

Enlevez le bois entre les marques à l'aide d'un marteau, puis, avec un ciseau, lissez le fond de chacune des entailles. Fixez les poteaux à l'intérieur des solives de rive. Posez le platelage avant de poursuivre la construction du garde-corps.

Pour trouver la longueur des lisses de 1 x 4, mesurez la distance séparant la base de deux poteaux. Coupez les lisses, puis fixez-les avec des clous de 8d à parement de cèdre qui ne fendent pas le bois (type splitless). Dans les coins, biseautez les extrémités des lisses pour qu'elles forment des joints à onglet ; ailleurs, les joints doivent coïncider avec le centre d'un poteau.

Mesurez et coupez des tasseaux de 2 x 2 ; avec des clous à tête conique galvanisés, fixez-les entre les poteaux, au niveau des lisses supérieures. Mesurez, coupez et fixez les appuis à l'aide de vis à plancher de 2 po enfoncées dans les tasseaux. Dans les coins, biseautez les extrémités des appuis.

Construction d'un mur garde-corps

Coupez les poteaux à la bonne longueur, à l'aide d'une scie circulaire ou d'une scie à onglets portative. Si la capacité de coupe de votre scie n'est pas suffisante, effectuez la taille en deux coups de scie.

Fixez les poteaux à l'intérieur de la solive de rive avec des tire-fonds. Posez des entretoises entre les solives pour consolider les poteaux. Installez le platelage avant de poursuivre la construction du garde-corps.

Construisez avec des poteaux de 2 x 4 une charpente de mur à la hauteur du garde-corps. Laissez entre les poteaux un écart de centre à centre de 16 po. Fixez-les avec des vis à plancher enfoncées dans les sablières haute et basse.

Alignez le mur sur le bord de la solive de rive. Fixez-le à l'aide de vis à plancher de 3 po enfoncées dans la sablière basse. Dans les coins, vissez ensemble les poteaux adjacents. Aux extrémités ouvertes, vissez les poteaux terminaux du mur aux poteaux du garde-corps.

5

Dans les coins, fixez des fonds de clouage de 2 x 4, alignés sur les bords intérieur et extérieur des sablières haute et basse. Vous y clouerez les garnitures et les planches de parement.

6

Dans les coins intérieurs, fixez une garniture de 2 x 2 à l'aide de clous de 10d à parement de cèdre qui ne fendent pas le bois (type splitless).
Le parement sera posé contre cette garniture.

7

Dans les coins extérieurs, fixez des garnitures de 1 x 4 sur les deux côtés, de sorte que l'une couvre le bord de l'autre. Ces planches doivent s'étendre sur la solive de rive. Fixez aussi des garnitures autour des poteaux.

8

Coupez et posez les appuis sur la sablière haute ; fixez-les avec des vis à plancher de 2 po. Dans les coins, coupez en biseau les extrémités des appuis.

9

Fixez le parement sur les faces intérieure et extérieure du mur garde-corps à l'aide de clous à parement de cèdre qui ne fendent pas le bois (type splitless). Faites des lignes de repère avec un cordeau à tracer. Essayez de faire correspondre la surface exposée des planches de parement du garde-corps à celle des planches de parement de la maison. La première planche devrait déborder légèrement sur la solive de rive. Si des joints sont nécessaires, décalez-les pour qu'ils ne tombent pas tous sur le même poteau.

Construction d'une rampe d'escalier à lisses

Avec une équerre combinée, marquez la position des lisses sur la face du poteau d'escalier supérieur. Dans la plupart des cas, la lisse supérieure de la rampe devrait partir au niveau de la deuxième lisse du garde-corps de la terrasse. Marquez l'autre poteau d'escalier au même niveau.

Placez une lisse contre la face extérieure des poteaux, en la faisant reposer sur le limon. Tracez les lignes de coupe en suivant le bord intérieur des poteaux. Coupez la lisse sur ces lignes. Coupez les autres lisses de la même manière.

Fixez les lisses sur les poteaux à l'aide de cornières en L en métal galvanisé.

Mesurez et coupez un tasseau de 2 x 2. Avec des vis à plancher de 2 po, fixez-le sur la lisse en l'alignant sur le bord supérieur de celle-ci. Fixez le tasseau sur le poteau avec des clous à tête conique galvanisés enfoncés en biais.

Mesurez et coupez l'appui qui s'ajustera sur la lisse supérieure et le tasseau. Au bas de la lisse, coupez le poteau selon le bon angle et fixez-y l'appui en le faisant déborder légèrement du poteau. Fixez l'appui avec des vis à plancher de 2 po enfoncées dans le tasseau.

Mesurez et coupez la main courante. Fixez-la sur les poteaux avec les pièces de montage. Biseautez les extrémités de la main courante. Avec une autre pièce de main courante coupée en biseau, fabriquez un retour jusqu'au poteau. Clouez le retour entre le poteau et la main courante (à droite).

Main courante facile à saisir ▸

Une main courante facile à saisir est requise pour tout escalier de plus de deux marches. La partie à saisir de la main courante doit avoir un diamètre de 1 ¼ po à 2 po et, aux extrémités, rejoindre les poteaux en formant un angle. Le dessus de la main courante doit s'élever à une hauteur de 34 po à 38 po par rapport au nez des marches.

Garde-corps courbe

La planification et la construction d'un garde-corps courbe font appel à un minimum de notions de géométrie ainsi qu'à la capacité de préparer des plans détaillés à l'aide d'un compas, d'un rapporteur d'angle et d'un outil de mesure spécial appelé règle triangulaire.

La création d'un garde-corps courbe fait appel à une technique assez avancée, mais les résultats en valent la peine. Pour construire la lisse supérieure, il faut courber et coller ensemble de fines lamelles de bois autour de la solive de rive courbe de la terrasse, qui servira de forme de cintrage. Il vous faudra un grand nombre de serre-joints de taille moyenne pour tenir le garde-corps en place pendant qu'il séchera. L'appui est créé en réunissant plusieurs pièces de bois à onglet, bout à bout, afin de former une ébauche surdimensionnée, qui sera ensuite coupée selon la courbe désirée.

La méthode de construction d'un appui courbe décrite dans les pages suivantes ne s'applique qu'aux courbes circulaires symétriques : quart de cercle, demi-cercle ou cercle complet. Si votre terrasse présente une courbe irrégulière, la création d'un appui sera très difficile. Mieux vaut vous contenter alors d'un garde-corps à balustres à lisse supérieure lamellée.

Éléments d'un garde-corps courbe : balustres fixés sur une solive de rive courbe, lisse supérieure faite de bandes de contreplaqué et appui courbe. Pour fabriquer l'appui, on pose sur la lisse supérieure des pièces de bois de 2 x 12 avec joints à onglet, on y trace une courbe, que l'on découpe avec une scie sauteuse.

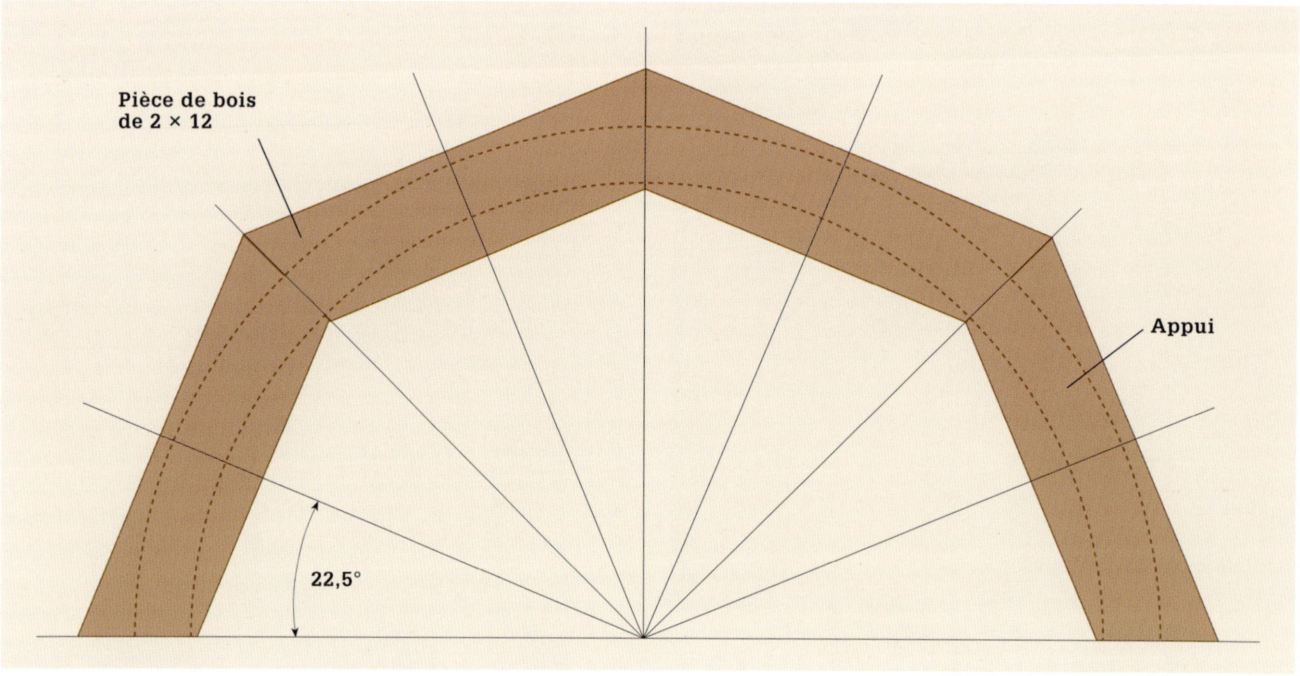

L'appui courbe est fait de pièces de bois de 2 x 12 avec joints à onglet. Une fois ces pièces installées, on y trace le profil de l'appui courbe de 6 po de largeur. Dans le cas d'un demi-cercle de 7 pi de rayon, quatre pièces de bois seront requises, avec des joints à 22,5°. Si le rayon est plus long, vous aurez besoin de huit pièces, coupées selon un angle de 11,25°.

Construction d'un garde-corps courbe

Pour fabriquer une lisse supérieure courbe, joignez avec de la colle pour usage extérieur des bandes de 1 ½ po de largeur de contreplaqué en cèdre de ⅜ po d'épaisseur que vous cintrerez sur la solive de rive courbe. Protégez la solive avec du papier kraft. Commencez à cintrer les bandes sur la solive. Attachez chacune des bandes avec un serre-joint, en commençant à l'une des extrémités de la courbe. Les bandes doivent être de longueurs différentes afin que les joints bout à bout soient décalés d'une couche à l'autre.

Continuez le travail jusqu'à l'autre extrémité de la courbe. Posez un serre-joint de chaque côté des joints bout à bout. Laissez les dernières bandes un peu trop longues : vous couperez la lisse à la bonne longueur une fois que la colle aura séché. Une fois la lisse terminée, consolidez-la en y enfonçant à intervalles de 12 po des vis à plancher de 1 po. Enlevez les serre-joints. Poncez les bords inférieur et supérieur de la lisse.

Installez les poteaux aux coins carrés de la terrasse. Puis, coupez des balustres de 2 x 2, en biseautant le pied à 45°. Fixez les balustres sur la solive de rive à l'aide de vis pour bois traité de 2 ½ po, en utilisant un espaceur pour maintenir l'écartement uniforme. Avec des serre-joints, maintenez la lisse supérieure courbe contre le sommet des balustres et des poteaux, puis fixez-la avec des vis pour bois traité.

Une fois installés les balustres et la lisse supérieure courbe, installez la lisse supérieure de 2 x 2 dans la partie carrée de la terrasse. Les extrémités des lisses droites toucheront à celles de la lisse courbe. Aux extrémités de la courbe, mesurez la distance séparant les faces intérieures des balustres. Divisez cette distance en deux pour déterminer le rayon requis pour l'appui courbe.

(Suite à la page suivante)

Faites un diagramme de la terrasse à l'échelle de 1 po = 1 pi. (La règle triangulaire vous facilitera la tâche.) Commencez par tracer au compas le demi-cercle selon le rayon calculé à l'étape 4. À l'aide d'un rapporteur d'angle, divisez ce demi-cercle en un nombre pair d'arcs de cercle égaux et tracez les rayons rejoignant le centre du cercle. Dans le cas d'un demi-cercle, il suffit généralement de tracer huit rayons à des angles de 22,5°. (Si le rayon est supérieur à 7 pi, vous devrez peut-être diviser le demi-cercle en 16 parties avec rayons à 11,25°.)

À 5 ½ po au-dessus et à 5 ½ po au-dessous de l'intersection de l'un des rayons et de la courbe, servez-vous de la règle triangulaire pour faire deux points. Avec un rapporteur d'angle, tracez à partir de ces points des lignes perpendiculaires aux rayons adjacents. Le polygone formé par les perpendiculaires et les rayons illustre la forme et les dimensions de toutes les pièces de bois de 2 x 12 qui composeront l'appui courbe.

À l'intérieur du profil des pièces de 2 x 12, tracez à 5 ½ po d'écart l'un de l'autre deux arcs parallèles représentant l'appui courbe. Entre les deux lignes parallèles droites, ombrez les parties du dessin situées de part et d'autre de l'appui représenté. Cette zone illustre la forme et les dimensions de chacune des pièces de 2 x 12 aux bords coupés selon un certain angle. Mesurez cet angle ; dans notre exemple, il est de 22,5°.

Mesurez la longueur du bord le plus long de la pièce : c'est cette longueur que vous devez donner à chacune des pièces de 2 x 12. Comptez le nombre de pièces dont vous aurez besoin pour fabriquer l'appui. Dans le cas d'un demi-cercle dont le rayon est de 7 pi, vous aurez besoin de quatre pièces aux côtés coupés selon un angle de 22,5°. Si le rayon est plus long, huit pièces seront requises, aux côtés coupés à 11,25°.

Mesurez et marquez les angles de 22,5° sur une planche de 2 x 12. Réglez à un biseau de 15° la lame de votre scie circulaire ordinaire ou à table, puis faites les coupes à angle et à biseau. Lorsque des pièces sont coupées à la fois selon un angle et selon un biseau, elles forment un joint à onglet chevauchant qui ne laisse voir aucun espace entre les pièces.

Placez les pièces d'appui en les centrant bien sur la lisse supérieure. Lorsque leur disposition vous satisfait, fixez-les temporairement à l'aide de vis à plancher de 2 po enfoncées dans la lisse. Mesurez et installez l'appui droit de la partie carrée de la terrasse.

Fixez temporairement (clous ou serre-joints) une planche longue et solide entre les deux extrémités de la courbe. Fabriquez-vous un long compas d'ellipse : clouez sur une pièce de bois de 1 x 4 x 1 pi de longueur l'une des extrémités d'une longue pièce de bois de 1 x 2. À partir du clou, mesurez et marquez sur la longue pièce l'emplacement des extrémités des deux rayons requis et pratiquez des trous à ces endroits. Dans notre projet, deux trous, situés à 5 ½ po l'un de l'autre, représenteront la largeur de l'appui fini. Fixez la petite pièce du compas d'ellipse sur la planche installée temporairement, de sorte que le clou se trouve au centre du cercle. Insérez un crayon dans l'un des trous du compas. Faites pivoter le compas sur l'appui pour tracer la ligne de coupe. Placez le crayon dans l'autre trou et tracez une seconde ligne.

Enlevez le compas et dévissez les pièces de l'appui. Découpez ces pièces à la scie sauteuse et réinstallez-les sur la lisse. Consolidez l'appui à l'aide de colle pour usage extérieur appliquée sur les joints et de vis à plancher de 2 ½ po enfoncées dans la lisse. Effacez les marques laissées par la scie à l'aide d'une ponceuse à courroie.

Les garde-corps décoratifs ▸

Même si vous avez décidé d'utiliser des poteaux et des garde-corps en bois, il existe diverses façons de personnaliser l'ensemble pour lui donner un aspect différent de celui des autres terrasses. L'un des moyens spectaculaires que vous pouvez prendre est de choisir un matériau inhabituel pour les balustres. Les balustres sont offerts en différents métaux, y compris l'aluminium, l'acier inoxydable ou l'acier poudré, le cuivre et le fer. Les balustres en métal peuvent être rectilignes ou galbés, tournés ou profilés. Ils s'installent dans des cavités pratiquées dans les lisses supérieure et inférieure en bois, ou sont fixés par des vis. Les panneaux de verre trempé constituent une autre option. Ils sont fixés à l'aide de vis ou sont glissés dans des rainures pratiquées dans les lisses. Ou bien, l'espace entre les poteaux et les lisses peut être recouvert de tissu d'extérieur aux couleurs vives. Vous pouvez le commander muni d'œillets métalliques dans lesquels vous passerez un câble résistant aux intempéries.

Si vous utilisez des balustres de métal, songez à ajouter un balustre central décoratif entre eux. Ces balustres centraux sont offerts en divers motifs : classiques, fleur de lis et autres. Ils donnent une forme et un aspect personnalisés à votre garde-corps.

Les poteaux de bois, non plus, n'ont pas à être ternes. Vous pouvez les revêtir d'un manchon de composite ou de vinyle de diverses couleurs, ou d'un manchon imitant la pierre. Au lieu de placer des mains courantes par-dessus les poteaux de la terrasse, laissez les poteaux dépasser des balustres et couronnez-les de capuchons ou de faîteaux décoratifs en bois. Les capuchons et les faîteaux sont simplement posés au sommet des poteaux, et cloués ou vissés en place. Les centres de rénovation offrent divers capuchons en cuivre ou en acier inoxydable. Vous pouvez également commander des capuchons en vitrail ou munis de luminaires solaires à basse tension. Puis, vous pouvez ajouter un peu de style au bas de vos poteaux, en y installant un socle décoratif en composite.

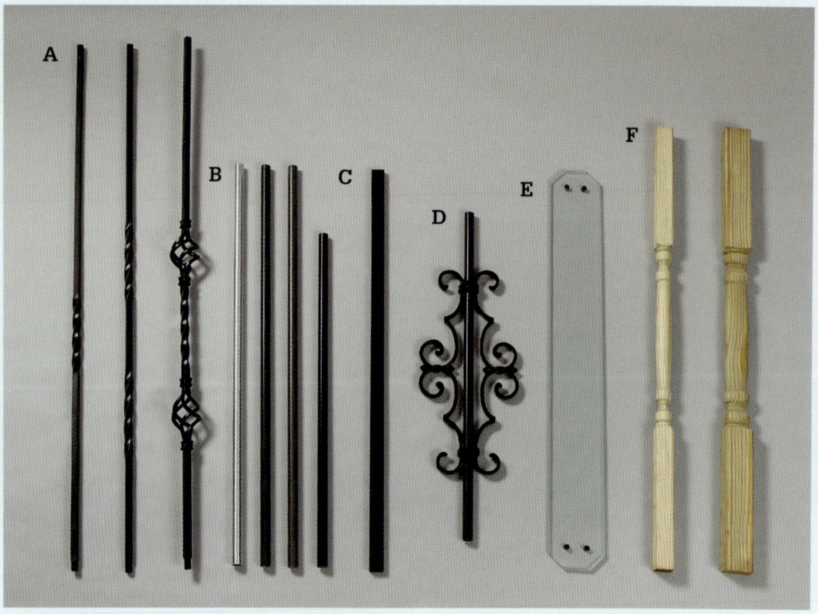

Les balustres sont offerts en divers styles et matériaux. Les balustres en métal peuvent avoir divers profils galbés (A). Vous pouvez également acheter des balustres tubulaires (B), faits d'aluminium, d'acier inoxydable ou de cuivre, ou enduits d'une peinture de finition. Il existe également des balustres faits de fer plat (C) et des balustres centraux décoratifs (D), ainsi que des bandes de verre trempé (E). Les balustres de bois (F) sont plus économiques, mais ils ajoutent tout de même une jolie touche artistique.

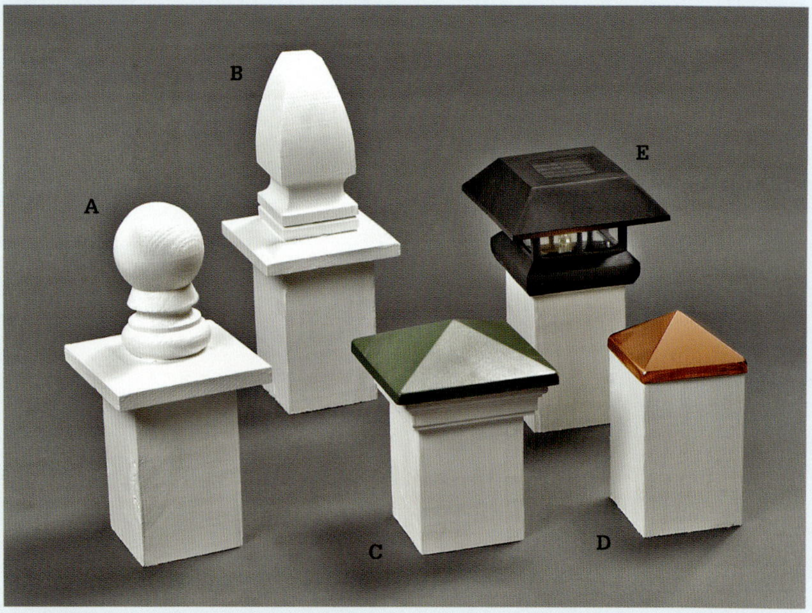

Finissez les poteaux du garde-corps en y ajoutant des capuchons décoratifs. Ils peuvent présenter diverses formes de boules (A) et de faîteaux (B). Songez à agrémenter vos poteaux de peinture (C), de cuivre (D) ou même de luminaires solaires à basse tension (E). De plus, les capuchons de poteau augmentent la durée de vie des poteaux en empêchant l'eau de s'infiltrer dans les veines d'extrémité, source de pourriture du bois.

Les capuchons de poteau sont offerts en divers styles et sont faits de métal, de composite ou de bois. En plus d'ajouter une note décorative, ils prolongent la durée de vie des poteaux en empêchant l'eau de s'infiltrer dans les veines d'extrémité.

Si vous préférez ne pas construire votre garde-corps à partir de zéro, vous pouvez en acheter faits de PVC ou d'un autre matériau composite qui sont faciles à installer et durables. Autre avantage, ils n'ont jamais besoin d'être peints ou teints.

Les garde-corps en verre trempé constituent un excellent choix si votre terrasse offre une vue intéressante. Ils ne présentent ni balustres ni mains courantes qui obstruent la vue, mais uniquement du verre clair qui permet d'admirer le paysage.

Les balustres de métal galbés donneront un joli aspect contemporain à votre terrasse. Ils sont fixés à l'aide de vis, tout comme les balustres de bois.

Les balustres tournés sont offerts en différents tons et couleurs de métal. Ils permettent de personnaliser un garde-corps en bois.

Les garde-corps ordinaires en bois peuvent nous donner l'impression d'être « derrière des barreaux », mais ce n'est plus la seule option, aujourd'hui. Les garde-corps en verre trempé procurent autant de sécurité que les garde-corps en bois, mais ils présentent l'avantage de ne pas obstruer la vue.

Garde-corps en composite

De nombreux fabricants de terrasses en composite offrent maintenant des garde-corps prêts-à-monter qui sont faciles à installer pour un bricoleur. En plus de présenter l'avantage d'être faits de matériaux récupérés et recyclés, les composites sont pratiquement sans entretien et sont offerts en divers styles et couleurs. Certains garde-corps sont emballés en trousses comportant tous les éléments nécessaires pour construire des sections de 6 pi. D'autres fabricants vendent les éléments individuellement, et vous devrez peut-être couper les pièces aux longueurs convenant à votre terrasse (voir les ressources, p. 315).

Outils et matériaux ▸

Ruban à mesurer
Niveau
Clé à douille à cliquet ou tournevis à impact
Scie à onglet
Perceuse/tournevis
Cloueuse pneumatique de 16 CA
Guide de vissage
Tire-fonds
Poteaux
Balustres
Capuchons de poteau
Limons

Les garde-corps en composite sont très durables et nécessitent un minimum d'entretien.

Installation d'un garde-corps en composite

Fixez les poteaux en composite aux solives de rive de la terrasse, à l'aide de deux boulons à tête noyée de ½ po de diamètre, de rondelles et d'écrous. Placez les poteaux à 72 po, de centre à centre. N'encochez pas les poteaux.

Installez les supports du garde-corps, s'il y a lieu, sur les poteaux, à l'aide de vis pour bois traité résistant à la corrosion. Dans le cas du garde-corps ci-dessus, un guide de vissage permet de placer les supports sur les poteaux sans avoir à mesurer.

Assemblez les balustres, les lisses basses et les mains courantes selon la bonne configuration, sur une surface de travail plane. Là encore, le guide de vissage illustré permet de régler l'écartement des balustres. Fixez les lisses basses aux balustres avec des clous posés à l'aide d'une cloueuse pneumatique de 16 CA, ou de vis pour bois traité, selon les recommandations du fabricant.

Fixez les mains courantes aux balustres avec des clous posés à l'aide d'une cloueuse pneumatique de 16 CA.

Placez la section de garde-corps assemblée sur les supports de garde-corps et vérifiez-en le niveau. Enfoncez deux vis pour bois traité dans les trous des supports, jusque dans la main courante. Clouez en biais la lisse basse, avec des clous posés à l'aide d'une cloueuse pneumatique de 16 CA.

Garde-corps en verre

Pour avoir une vue imprenable, vous pouvez installer un garde-corps en panneaux de verre sur votre terrasse, et éviter ainsi les balustres. Le garde-corps illustré ici (voir les ressources p. 315) est assez facile à installer sans outils spéciaux. Il est constitué d'une charpente faite de poteaux d'aluminium, de mains courantes et de lisses basses, fixés ensemble à l'aide de vis. Des bandes isolantes en vinyle extrudé, insérées dans la main courante et la lisse basse, tiennent les panneaux de verre en place sans attaches. Les panneaux de verre trempé d'au moins ¼ po d'épaisseur satisferont aux exigences des codes du bâtiment, à condition que les poteaux du garde-corps soient espacés de 5 pi, de centre à centre. Il est recommandé d'assembler la charpente d'abord, puis de mesurer et de commander les panneaux de verre qui viendront s'insérer dans les ouvertures des mains courantes et des lisses basses.

Outils et matériaux ▸

Ruban à mesurer
Niveau
Clé à douillet à cliquet ou tournevis à impact
Perceuse/tournevis
Poteaux
Supports de poteaux
Panneaux de verre trempé
Attaches
Mains courantes et lisses basses
Limons

Les panneaux de verre trempé peuvent être installés par des bricoleurs et sont approuvés par les codes du bâtiment, à condition qu'ils soient posés conformément aux instructions du fabricant.

Installation d'un garde-corps en verre

Une fois que vous avez déterminé l'emplacement des poteaux de la terrasse, fixez les supports de poteau à la terrasse avec des tire-fondss. Installez d'abord tous les poteaux et les lisses basses.

Insérez les manchons du haut des poteaux dans les extrémités des poteaux, puis mesurez et coupez les mains courantes à la longueur voulue. Assemblez les mains courantes et les manchons, en les fixant à l'aide de vis. Vérifiez l'aplomb de chaque poteau de la terrasse avec un niveau avant d'enfoncer les vis de fixation, et apportez les ajustements nécessaires.

Mesurez la longueur des rainures intérieures de la main courante et coupez des bandes isolantes de la bonne longueur. Fixez les supports des lisses qui soutiendront les panneaux de verre à l'aide de vis.

Mesurez la distance entre les bandes isolantes et ajoutez ¾ po à cette longueur pour déterminer la hauteur des panneaux de verre. Mesurez la distance entre les poteaux et soustrayez de 3 po à 6 po de cette mesure pour déterminer la largeur des panneaux de verre, moins l'intervalle d'air. Commandez vos panneaux de verre. Installez les lisses basses sur les supports.

Glissez les panneaux de verre dans les rainures supérieures et inférieures, sur les bandes de caoutchouc. Aucune autre attache n'est nécessaire.

Garde-corps à câbles en acier

Une série de câbles tressés en acier peut remplacer les balustres en bois habituels et donner un aspect propre et contemporain à votre terrasse. Les poteaux doivent être peu espacés pour assurer la tension du câble et la sécurité.

Une autre façon d'améliorer la vue depuis votre terrasse consiste à installer des câbles d'acier tressé entre les poteaux du garde-corps. Ici, les longueurs de câble passent en continu dans des orifices pratiqués dans les poteaux, et la tension est créée grâce à un raccord fileté spécial à l'extrémité du câble. Les câbles doivent être espacés de 3 po au maximum, et les poteaux, de 3 pi, de centre à centre. Vous pouvez acheter des poteaux de métal préusinés, comme nous l'illustrons ici, ou les fabriquer en bois. Les poteaux d'extrémité devraient être faits de pièces de bois de 4 x 6 afin de maintenir la tension des câbles, mais les poteaux intermédiaires peuvent être faits de pièces de bois ordinaires. Vous devrez aussi installer une lisse de couronnement de 2 x 6 sur tous les poteaux et ajouter un renfort de 1 x 4 sous la lisse pour augmenter le renforcement latéral.

Outils et matériaux ▸

- Ruban à mesurer
- Niveau
- Perceuse/visseuse
- Scie à métaux
- Coupe-câble
- Pince-étau
- Clés à ouverture fixe
- Meule électrique
- Aiguille pour entrelacer les câbles

Conseil ▸

Coupez l'excédent des boulons et des écrous à l'aide d'une scie à métaux. Meulez ou limez toutes les arêtes vives.

Installation de garde-corps à câbles en acier

Si vous installez des poteaux de métal à bride, fixez-les à la charpente de la terrasse à l'aide de tire-fondss en acier inoxydable et de rondelles.

Percez, dans les poteaux du garde-corps, les trous par lesquels les câbles passeront et dans lesquels vous poserez les raccords filetés. Posez les raccords. Passez l'extrémité des câbles dans un poteau d'extrémité et vissez des écrous à rondelle jusqu'à environ ¼ po des câbles.

Passez les câbles dans les poteaux intermédiaires, jusque dans le poteau de l'extrémité opposée. Travaillez de façon ordonnée de façon à éviter d'emmêler les câbles. Une aiguille pour entrelacer les câbles facilitera le travail. Fixez la main courante (en médaillon).

Glissez un raccord autobloquant à l'extrémité de chaque câble et fixez-le au poteau. Vous devrez peut-être fraiser l'orifice avant d'y insérer le raccord. Tendez le câble. Les mâchoires situées à l'intérieur du raccord empêcheront le câble de se desserrer.

Serrez chaque écrou à l'aide d'une clé, en commençant par le câble du centre et en allant vers l'extérieur. Une pince-étau empêchera le câble de se tordre pendant que vous serrez l'écrou, jusqu'à ce que vous ne puissiez écarter les câbles à plus de 4 po l'un de l'autre.

Coupez l'excédent de câble à l'extrémité où se situe le raccord, à l'aide d'un coupe-câble ou d'une scie à métaux. Meulez l'extrémité du câble pour qu'elle affleure le raccord, et couvrez-la d'un capuchon à bouton-pression.

Garde-corps à tubulures de cuivre

Utilisez les tuyaux de cuivre de ¾ po qui sont offerts dans le rayon de la plomberie des centres de rénovation afin de créer des balustres décoratifs dans un garde-corps. Avec le temps, le cuivre s'oxydera et présentera une patine verte attrayante. Certains fabricants offrent aussi des balustres de métal pourvus d'un revêtement de couleur. Si vous n'en trouvez pas au centre de rénovation de votre région, vous pourrez trouver des fabricants et des distributeurs sur Internet. Dans certaines régions, il se peut que le code du bâtiment n'autorise pas l'entaillage des poteaux de 4 x 4 pour les fixer à la terrasse (tel qu'illustré ici). Renseignez-vous sur les restrictions imposées dans votre région auprès du service du bâtiment de votre localité.

Construction d'un garde-corps à tubulures de cuivre

Mettez en place et fixez les poteaux du garde-corps, comme vous le feriez pour un garde-corps classique. Mesurez et coupez deux pièces de 2 x 4 que vous placerez entre les poteaux, ou dans des entailles pratiquées sur les poteaux.

Sur l'extrémité d'une pièce de 2 x 4 de 8 pi de longueur, marquez l'emplacement de trous, à tous les 4 ½ po, en commençant au centre, et en progressant vers les extrémités. Utilisez cette planche comme gabarit pour créer un espacement uniforme entre les balustres. Maintenez le gabarit avec des serres contre les lisses, en alignant le point central de la lisse avec celui du gabarit. Si des trous sont situés à moins de 1 ½ po d'une extrémité, ajustez les lisses au besoin. Transposez les marques sur les lisses à l'aide d'une équerre à chevrons.

Percez un trou de ¾ po de diamètre et de ¾ po de profondeur à chaque emplacement, à l'aide d'une perceuse portative munie d'une guide-foret et d'un foret Forstner.

Appliquez une petite quantité de scellant à la silicone dans chaque trou de la lisse basse, et insérez-y un balustre. Le scellant empêche la pénétration de l'humidité.

Placez une pièce de 1 x 4 sous les extrémités des balustres afin de les maintenir uniformément. Calez l'extrémité inférieure pour l'empêcher de se déplacer, puis insérez la main courante dans les extrémités des balustres. Cette opération sera beaucoup plus facile avec de l'aide. Ramenez la section de garde-corps à la verticale, et déposez un bloc de bois de rebut sur la main courante, avant de la marteler, afin de fixer les balustres en place.

En ce qui concerne les escaliers, marquez l'emplacement des trous à des intervalles de 5 ½ po, de centre à centre. Tournez la main courante à 180°, puis, sens dessus dessous, avant de serrer les lisses ensemble. Commencez à marquer à partir du point central des lisses. Percez des trous qui recevront les balustres, après avoir placé les deux lisses serrées ensemble sur les girons de l'escalier. Utilisez un niveau pour régler l'angle du guide-foret.

Installez chaque section de garde-corps entre les poteaux appropriés, et fixez-les à l'aide de vis pour bois traité de 2 ½ po. Fixez les mains courantes selon les méthodes illustrées aux p. 147-148.

BLACK & DECKER
BEHR
TRANSPARENT
Waterproofing
Wood Finish

Finition et entretien de la terrasse

Comme toute construction extérieure, les terrasses sont constamment exposées aux éléments, aux insectes et à l'usure causée par le va-et-vient. Afin de prolonger la durée de vie de votre terrasse, vous devriez y appliquer un fini protecteur à environ tous les deux ans. En plus de rehausser la beauté du bois et de lui donner une couleur attrayante, un revêtement extérieur pour bois ralentira les effets destructeurs de l'eau et du soleil. Avec le temps, vous devrez peut-être effectuer des réparations plus importantes, à mesure que le bois vieillira et se détériorera. Alors, pour conserver une jolie terrasse, il vous faudra procéder à un entretien continu. Si vous ne négligez pas l'entretien et la réparation de votre terrasse, celle-ci durera pendant des décennies, et continuera d'être un élément fonctionnel et invitant de votre maison.

Ce chapitre vous présentera les produits de nettoyage et de finition courants qui sont offerts pour préserver votre terrasse. Vous apprendrez à appliquer un revêtement au nouveau bois et à nettoyer du bois déjà revêtu ou abîmé par les intempéries afin d'y appliquer un nouveau fini. Nous vous montrerons aussi la façon d'inspecter la terrasse à la recherche de bois pourri, et vous guiderons, étape par étape, dans les techniques de remplacement de platelage, de solives et de poteaux pourris. Le chapitre se conclut par les façons de nettoyer le vinyle et d'autres matériaux composites utilisés dans les terrasses.

Dans ce chapitre :

- Nettoyage, scellement et coloration d'une terrasse
- Finition d'une nouvelle terrasse
- Entretien d'une terrasse
- Réparation d'une terrasse
- Nettoyage d'une terrasse en vinyle et en composite

Nettoyage, scellement et coloration d'une terrasse

Lorsque vous procédez à la finition ou à la remise à neuf de votre terrasse, vous devez avoir trois objectifs en tête : nettoyer le bois, le protéger et obtenir la couleur que vous désirez. Premièrement, il faut nettoyer le bois ou enlever le revêtement existant afin de le préparer à recevoir un nouveau revêtement. Autrement, il se peut que la teinture ou le scellant ne pénètre pas le bois ou ne tienne pas. Deuxièmement, la couche de finition d'une teinture ou d'un scellant protège le bois contre les intempéries et l'empêche d'absorber l'eau. L'absorption d'eau se solde par la pourriture et favorise l'apparition de moisissure et d'algues qui peuvent endommager prématurément le revêtement. La couche de finition contribue à bloquer les rayons ultraviolets du soleil, qui font décolorer le bois naturel, vieillir l'enduit de finition et sécher le bois, jusqu'à ce qu'il se fissure et se fendille. Le troisième objectif de la finition est le plus évident : la teinture permet de changer la couleur du bois et de dissimuler le grain du bois ou de l'améliorer, selon le produit choisi.

Si vous songez aux produits de finition en termes de nettoyage, de protection contre les intempéries et de coloration, il vous sera facile de choisir les produits appropriés à votre terrasse. Voici un aperçu de chaque catégorie de produits de finition.

Nettoyeur pour terrasse

Si le fini actuel de votre terrasse s'est décoloré ou qu'il est attaqué par des algues ou de la moisissure, utilisez un nettoyeur pour terrasse afin d'enlever les taches rebelles. Le nettoyeur pour terrasse rendra sa couleur originale au bois gris et abîmé par les intempéries. Il enlèvera la saleté ainsi que les taches de graisse laissées par la cuisson au barbecue. Si la terrasse est seulement sale, mais non abîmée par les intempéries, essayez d'utiliser une solution diluée de liquide à vaisselle ordinaire et de bien frotter. Le savon est peut-être tout ce dont votre terrasse a besoin.

Imperméabilisant

Les imperméabilisants et les enduits de finition pour bois à base d'huile pénètrent le bois et l'imprègnent d'additifs à la silicone ou à la cire qui empêchent le bois d'absorber l'eau. La plupart des scellants contiennent des agents antimoisissure et des inhibiteurs d'UV, ce qui ajoute à la protection. Utilisez un imperméabilisant lorsque vous voulez préserver la couleur naturelle et le grain du bois. Certains produits ajoutent une touche de couleur, mais en général, les scellants laissent un aspect naturel au bois, en séchant. Contrairement aux teintures, les scellants contiennent très peu ou pas du tout de pigments qui empêchent la décoloration causée par le soleil. Vous devrez appliquer du scellant à tous les ans, ou à tous les deux ans, pour conserver la protection contre les UV.

Teinture semi-transparente

La teinture semi-transparente présente des qualités protectrices semblables à celles de l'imperméabilisant, mais des pigments y ont été ajoutés pour empêcher le bois de se décolorer. Mais l'utilité la plus évidente des pigments est de colorer le bois ou de permettre le mélange de différents tons de bois, sans masquer le grain du bois. Ces teintures à base d'huile sont pénétrantes, mais elles ne forment pas un film à la surface du bois. Elles constituent un meilleur choix pour le platelage des terrasses, les bancs et les surfaces horizontales que les teintures opaques, car elles ne pèleront pas. Prévoyez en appliquer une couche à tous les deux à quatre ans.

Teinture opaque

La teinture opaque contient beaucoup plus de pigments que la teinture semi-transparente, et sa formulation se rapproche davantage de celle de la peinture diluée que de celle de la teinture. Si vous voulez dissimuler complètement le grain du bois, une teinture opaque est tout indiquée. Il s'agit d'un mélange d'huile et de latex, ou de latex uniquement, alors la teinture forme un film sur la surface du bois, au lieu de le pénétrer. Tant que le film ne pèle pas ou ne se fissure pas, il procure une protection supérieure contre la dégradation causée par l'eau et les rayons UV. Cependant, cette teinture ne résiste pas aussi bien au va-et-vient que la teinture à base d'huile. Les teintures opaques peuvent être mélangées pour donner des milliers de teintes. Le fini peut durer au moins cinq ans, mais il nécessite généralement un décapage ou un ponçage avant l'application d'une nouvelle couche. Évitez d'utiliser de la teinture opaque sur du séquoia ou du cèdre. Ces essences d'arbre comportent des tanins et des résines qui peuvent couler dans la teinture et créer des taches.

Finition d'une nouvelle terrasse

Finissez la terrasse avec un enduit protecteur transparent ou avec une teinture protectrice. Les enduits protecteurs, qui préviennent les dommages causés par l'eau et la pourriture, sont souvent utilisés sur le cèdre et le séquoia parce qu'ils ne masquent pas la couleur du bois. Si vous voulez que le bois ait l'air mûri par exposition aux intempéries, attendez plusieurs mois avant d'appliquer l'enduit protecteur.

On applique souvent la teinture protectrice, offerte dans une gamme de couleurs, sur le bois traité sous pression afin de lui donner l'apparence du cèdre ou du séquoia.

Pour une protection maximale, utilisez des produits de finition à base d'alkyde, et appliquez-en une couche tous les ans.

Outils et matériaux ▸

Ponceuse à courroie
Papier de verre
Aspirateur d'atelier
Pulvérisateur à pression
Lunettes protectrices
Pinceau
Enduit protecteur transparent ou teinture protectrice

Conseil ▸

La ponceuse à courroie doit être passée sur toutes les zones rugueuses du platelage, du garde-corps ou de l'escalier avant l'application du produit de finition.

Un pulvérisateur à main ne coûte pas cher et accélère le processus d'application.

Comment finir une terrasse en séquoia ou en cèdre

Testez la surface du bois en y versant un peu d'eau. Si le bois l'absorbe rapidement, il est prêt à être fini ; sinon, laissez-le sécher pendant plusieurs semaines avant de le finir.

Poncez les zones rugueuses, puis passez l'aspirateur sur la terrasse. À l'aide d'un pulvérisateur à pression, appliquez un enduit protecteur sur toutes les surfaces. Si possible appliquez-en sous le platelage et la charpente.

Servez-vous d'un pinceau pour faire pénétrer l'enduit protecteur dans les fissures et dans les espaces étroits où l'eau est susceptible de s'accumuler.

Comment finir une terrasse en bois traité sous pression

Poncez les zones rugueuses, puis passez l'aspirateur sur la terrasse. À l'aide d'un pulvérisateur à pression, appliquez une teinture protectrice sur tous les éléments de bois.

Utilisez un pinceau pour lisser les larmes et les imperfections de la teinture. Pour couvrir uniformément un bois poreux, il faudra peut-être y appliquer une deuxième couche de teinture.

Entretien d'une terrasse

Inspectez votre terrasse tous les ans. Remplacez les pièces de quincaillerie ou les attaches rouillées ou lâches. Appliquez une nouvelle couche de fini pour prévenir les dommages causés par l'eau.

Examinez soigneusement les zones présentant des dommages. Remplacez ou renforcez le bois endommagé dès que possible.

Redonnez à une vieille terrasse mûrie par l'exposition aux intempéries sa couleur d'origine à l'aide d'un éclaircisseur, que vous trouverez dans toutes les maisonneries.

Outils et matériaux ▸

- Lampe de poche
- Poinçon ou tournevis
- Visseuse
- Couteau à mastiquer
- Brosse dure
- Gants de caoutchouc
- Lunettes protectrices
- Pulvérisateur à pression
- Vis à plancher de 2 ½ po résistant à la corrosion
- Éclaircisseur pour terrasse

Inspectez régulièrement les parties cachées de la terrasse pour y repérer les zones pourries ou endommagées. Appliquez tous les ans une nouvelle couche de fini.

Conseils pour l'entretien d'une vieille terrasse

Servez-vous d'un poinçon ou d'un tournevis pour détecter le bois pourri et mou. Remplacez ou renforcez le bois endommagé.

Enlevez les débris des fentes entre les planches de platelage à l'aide d'un couteau à mastiquer. Ces débris retiennent l'humidité, laquelle peut faire pourrir le bois.

Enfoncez de nouveaux clous ou vis pour fixer sur les solives les planches de platelage lâches. Si vous les enfoncez dans les mêmes trous que les anciens clous, choisissez-les plus longs que ceux-ci.

Comment redonner de l'éclat à une terrasse

Préparez la solution d'éclaircisseur selon le mode d'emploi du fabricant. Appliquez l'éclaircisseur avec un pulvérisateur à pression, et laissez-le agir pendant 10 minutes.

Frottez la terrasse avec une brosse dure. Portez des gants de caoutchouc et des lunettes protectrices.

Rincez la terrasse à l'eau claire. Au besoin, appliquez l'éclaircisseur une seconde fois dans les zones particulièrement sales ou tachées. Rincez la terrasse et laissez-la sécher. Appliquez-y une couche d'enduit protecteur ou de teinture protectrice.

Réparation d'une terrasse

Remplacez ou renforcez dès que possible les pièces de bois endommagées de la terrasse. La pourriture risque de se propager dans le bois sain et de l'affaiblir.

Après avoir remplacé ou renforcé le bois pourri, nettoyez toute la terrasse et appliquez-y une couche d'enduit protecteur transparent ou de teinture protectrice. Appliquez une nouvelle couche tous les ans pour prévenir les dommages que pourrait causer l'eau. Si vous devez réparer une grande surface, songez plutôt à remplacer toute la terrasse.

Outils et matériaux ▸

- Pied-de-biche ou levier plat
- Visseuse
- Poinçon ou tournevis
- Marteau
- Ciseau
- Lunettes protectrices
- Pulvérisateur à pression
- Scie circulaire
- Brosse dure
- Pinceau
- Cric hydraulique
- Perceuse ou perceuse à percussion
- Foret de maçonnerie de $\frac{5}{8}$ po
- Niveau
- Clé à douille à cliquet
- Enduit protecteur transparent ou teinture protectrice
- Clous galvanisés de 6d et 10d
- Pièces de bois
- Bicarbonate de soude
- Vis à plancher résistant à la corrosion
- Ancres de maçonnerie de $\frac{5}{8}$ po
- Tire-fonds de $\frac{3}{8}$ po
- Gants de caoutchouc
- Seau
- Bloc de béton
- Contreplaqué

Comment réparer des solives ou des planches endommagées

Avec un pied-de-biche ou une visseuse, enlevez les clous ou les vis de la planche endommagée. Enlevez la planche.

Inspectez les solives situées sous la planche pour y repérer les signes de pourriture. Les solives comportant des zones décolorées ou molles doivent être réparées et renforcées.

Avec un ciseau et un marteau, enlevez les parties pourries de la solive.

Appliquez une épaisse couche d'enduit protecteur sur la solive endommagée. Laissez-la sécher, puis appliquez-en une seconde. Dans une pièce de bois traité sous pression, coupez une solive de renfort (solive sœur).

Appliquez une couche d'enduit protecteur sur toutes les faces de la solive sœur et laissez-la sécher. Posez cette solive contre la solive endommagée, puis fixez-la avec des clous de 10d enfoncés à intervalles de 2 pi.

Fixez la solive sœur sur la lambourde et sur la solive de rive à l'aide de clous de 10d enfoncés en biais. Avec une scie circulaire, coupez les planches de platelage de remplacement dans le même bois que les planches actuelles.

Si la terrasse est grisâtre, nettoyez-la avec une solution faite de 1 tasse de bicarbonate de soude dans 1 gallon d'eau chaude. Rincez la terrasse ; laissez-la sécher.

(Suite à la page suivante)

Appliquez une couche d'enduit protecteur transparent ou de teinture protectrice sur toutes les faces des nouvelles planches de platelage.

Fixez les nouvelles planches sur les solives avec des vis à plancher ou des clous galvanisés. Assurez-vous que l'écart entre les planches est le même qu'auparavant.

Comment remplacer un poteau

Fabriquez un support avec des bouts de contreplaqué, un bloc de béton et un cric hydraulique. Placez une couche de 1 ½ po de contreplaqué entre le cric et la poutre. Appliquez juste assez de pression pour soulever légèrement la poutre.
NOTE : en raison des révisions apportées récemment au code du bâtiment, il se peut que vous ayez à remplacer les anciens poteaux par des pièces plus grosses. Vérifiez auprès du service du bâtiment de votre localité.

Enlevez les clous ou les tire-fonds fixant le poteau endommagé sur la base d'ancrage et sur la poutre. Enlevez de la semelle le poteau et la base d'ancrage.

Pratiquez un trou au milieu de la semelle à l'aide d'une perceuse à percussion munie d'un foret de maçonnerie de ⅝ po. Insérez dans le trou une ancre de maçonnerie de ⅝ po.

Placez une base de poteau galvanisée sur la semelle. Vissez un tire-fond de ⅜ po muni d'une rondelle dans la base métallique et dans l'ancre de maçonnerie. Serrez le tire-fond avec une clé à douille à cliquet.

Coupez un nouveau poteau dans une pièce de bois traité sous pression; recouvrez-en les extrémités d'un enduit protecteur. Placez le poteau d'aplomb.

Fixez le pied du poteau sur la base métallique à l'aide de clous galvanisés de 6d. Fixez le sommet du poteau sur la poutre, en réinstallant les tire-fonds à l'aide d'une clé à douille à cliquet. Relâchez la pression du cric et enlevez le support.

Nettoyage d'une terrasse en vinyle et en composite

Les terrasses en vinyle et en composite sont peut-être plus faciles à entretenir et plus durables que le bois, mais ces matériaux exigent tout de même un peu de nettoyage, de temps à autre. Les terrasses en matériaux synthétiques se salissent et se tachent à la suite d'un usage normal, et vous devrez utiliser différents produits, selon le type de tache. Même s'il peut être tentant de sortir la laveuse à pression pour asperger votre terrasse, cet appareil risque de faire plus de mal que de bien, particulièrement sur des matériaux composites. De plus, l'utilisation d'une laveuse à pression peut invalider votre garantie. Un peu d'huile de coude et les produits de nettoyage appropriés constituent une meilleure méthode. Voici quelques suggestions pour le nettoyage de diverses taches sur une terrasse en vinyle ou en composite. N'oubliez pas de porter des gants et des lunettes de protection lorsque vous manipulez des produits chimiques forts.

Taches de saleté et de sève d'arbres : Nettoyez les taches ordinaires découlant du va-et-vient, des déjections d'oiseaux ou de sève d'arbres avec du liquide pour la vaisselle, dilué dans de l'eau. Ajoutez-en une forte concentration dans un seau d'eau, frottez les taches et rincez à l'eau claire.

Taches causées par les attaches, les feuilles ou les tanins : Les attaches en métal, les feuilles d'arbres ou la résine de cèdre ou de séquoia peuvent laisser des taches sombres sur les terrasses en composite. Pour nettoyer ce genre de taches, pulvérisez un produit de nettoyage/aviveur pour terrasse qui contient un acide oxalique ou phosphorique, puis rincez la surface avec beaucoup d'eau claire.

Taches d'huile et de graisse : Les taches d'huile et de graisse provenant de la cuisson au barbecue ou d'huiles de bronzage devraient être nettoyées immédiatement, avant qu'elles ne sèchent. Utilisez un produit dégraissant ménager (comme un nettoyant à l'orange), un nettoyant non toxique et biodégradable ou de l'ammoniaque et une brosse à récurer pour enlever la tache. Frottez ensuite avec une eau savonneuse, puis rincez à grande eau.

Moisissures : Utilisez une solution d'eau de Javel et d'eau, ou un produit nettoyant pour terrasse contre les moisissures afin d'empêcher leur propagation. Pour prévenir la formation de moisissures, il serait bon de frotter et laver la terrasse au moins une fois par saison, particulièrement dans les zones sombres et humides, propices aux moisissures.

Taches de petits fruits et de vin : Utilisez une solution d'eau de Javel et d'eau pour nettoyer les taches de petits fruits et de vin sur la terrasse. Si la tache s'est incrustée en profondeur, vous ne pourrez peut-être pas l'enlever entièrement, mais ce genre de tache pâlit généralement avec le temps.

Taches de crayons de cire et de marqueurs : Si vous avez de jeunes enfants, les taches de crayons de cire ou de marqueurs sont inévitables, tôt ou tard. Le truc pour les nettoyer consiste à utiliser le bon solvant. L'essence minérale enlève la cire des crayons, et l'eau savonneuse nettoie les taches des marqueurs à base d'eau. Utilisez de l'alcool à brûler (offert dans les centres de rénovation) pour enlever les taches de marqueurs permanents, à base de teinture.

BLACK&DECKER
BLACK&DECKER
AutoTape

Matériaux et outils pour construire une terrasse

La construction d'une terrasse exige un éventail de matériaux, et ce chapitre vous les présentera. Vous aurez besoin de coffrages, de béton et de gravier pour fabriquer les semelles, de poteaux en bois traité et de bois de charpente pour le dessous de la terrasse, de diverses attaches et pièces de raccord, de bandes d'étanchéité, de matériaux pour le platelage et pour les escaliers et les garde-corps. Préparez-vous à dresser une longue liste d'achats ! Vous pourriez également vous familiariser avec le rayon des terrasses de votre centre de rénovation avant d'entreprendre votre projet. Ainsi, il vous sera plus facile de trouver rapidement ce qu'il vous faut, le moment venu.

Si vous êtes un bricoleur ou un menuisier chevronné, vous possédez peut-être déjà la plupart des outils manuels et électriques nécessaires à la construction d'une terrasse. Vous aurez également besoin de quelques outils de maçonnerie. Consultez les pages 202-203 pour trouver les outils spécialisés que vous pourriez louer. Ils pourraient vous faire épargner beaucoup de temps et d'efforts.

Dans ce chapitre :

Semelles et bois de charpente

En général, le bois traité sous pression constitue le choix privilégié pour les poteaux, les poutres et les solives de terrasse. Il offre une bonne résistance à la pourriture et aux insectes, il est en vente presque partout, et il est moins cher que les autres essences de bois résistant à la pourriture comme le cèdre et le séquoia. Le bois traité est scié en planches de 4 x 4, de 4 x 6 et de 6 x 6 pour les poteaux. On peut en obtenir de plus grandes dimensions sur commande. Vous aurez besoin pièces de bois traité de 2 po pour les poutres et les solives. Les solives font habituellement 2 x 8 ou plus. Si votre terrasse est particulièrement grande ou d'une vaste portée, vous devrez peut-être utiliser des poutres d'ingénierie, plutôt que des poutres de charpente en bois traité. Assurez-vous que vos poutres d'ingénierie conviennent pour l'extérieur.

Choisissez le bois de charpente le plus plat que vous pourrez trouver, exempt de fentes, de crevasses et de grands nœuds. Pour prévenir le gauchissement, entreposez le bois dans un endroit sec, ou couvrez-le d'une bâche jusqu'à ce que vous l'utilisiez. Vérifiez l'estampille de classification ou l'étiquette sur les poteaux de bois traité, qui devraient être approuvés pour un degré de rétention de 0,40, dans le cas du bois qui entre en contact avec le sol.

Composition chimique du bois traité sous pression ▸

Le 1er janvier 2004, l'industrie du bois de sciage a volontairement mis fin à l'utilisation d'arséniate de cuivre chromaté (ACC) dans le bois traité destiné aux consommateurs. Cela s'est fait de concert avec l'Environmental Protection Agency des États-Unis en vue de réduire l'exposition à l'arsenic, carcinogène reconnu. Aujourd'hui, on utilise plutôt deux autres produits chimiques pour traiter le bois : le cuivre alcalin quaternaire (CAQ) et le composé de type azole de cuivre et de bore (CBA). Tant le CAQ que le CBA confèrent au bois une protection contre la pourriture et les insectes, comme l'ACC, mais les traitements sont plus corrosifs pour les métaux. Assurez-vous de choisir des attaches et des pièces de raccord approuvés pour utilisation avec du bois traité au CAQ et au CBA.

Le bois traité est offert en dimensions nominales pour utilisation comme poutres et solives de terrasse. Choisissez les planches les plus claires et les plus planes que vous pourrez trouver, exemptes de gerces et de fentes. Utilisez la bonne taille de poteaux pour une terrasse : les pièces de 4 x 4 et de 4 x 6 sont encore acceptables pour les garde-corps et les escaliers, mais elles ne satisfont pas aux normes relatives aux poteaux de terrasse. À cette fin, vous aurez besoin de pièces de 6 x 6.

Le bois pour la construction de terrasses

Les poutres d'ingénierie classées pour utilisation extérieure constituent une solution de rechange robuste aux poutres de bois de 2 po. Elles peuvent être exigées si vous construisez une terrasse de grande portée ou de portée inhabituelle. L'inspecteur en bâtiment de votre localité vous aidera à le déterminer.

Le bois composite est de plus en plus utilisé, à mesure que la technologie avance. Bien qu'il ne soit pas encore accepté pour la plupart des utilisations liées à la charpente, le bois de construction de dimensions courantes est maintenant offert pour des travaux plus légers, par exemple, comme fond de clouage pour une véranda grillagée.

Conseil ▸

Protégez les bords coupés de toutes les pièces de bois, même celles de bois traité sous pression, en y appliquant au pinceau un scellant de préservation transparent. Les produits chimiques utilisés dans le traitement sous pression ne pénètrent pas toujours profondément dans le bois. Le scellant de préservation protège de la pourriture tous les types de bois.

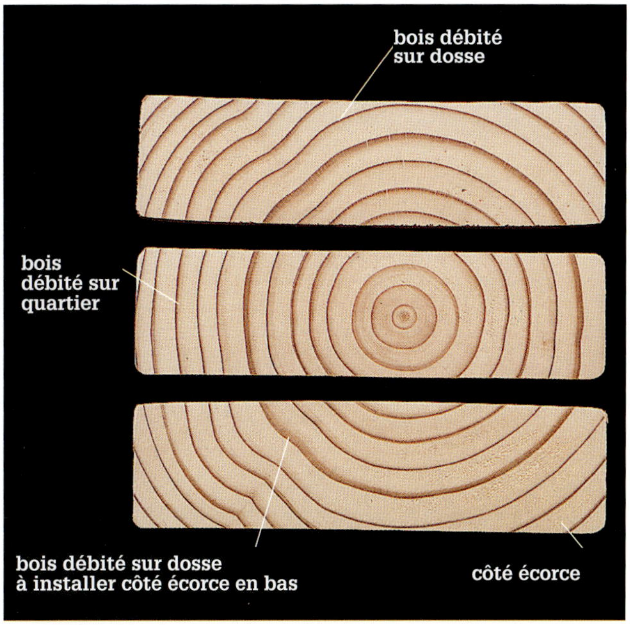

Examinez le grain des planches de platelage. Le bois débité sur dosse, ayant tendance à s'incurver, risque de retenir l'eau s'il n'est pas correctement installé. Les recherches indiquent que ce type de bois s'incurve du côté écorce (contrairement à ce que l'industrie croyait auparavant) ; il faut donc l'installer avec le côté écorce en bas.

Terrasse en bois

Les terrasses en bois demeurent plus populaires que les terrasses en composite, essentiellement en raison du prix. Les terrasses en bois traité, par exemple, coûtent la moitié du prix des terrasses en matériaux synthétiques. À part le coût, le bois présente un aspect naturel attrayant. Il est facile à travailler et il est offert partout. Même si la perception des terrasses en composite change à mesure que celles-ci gagnent en popularité, il est probable que vous imaginiez toujours votre terrasse revêtue de bois véritable.

Les deux types de bois les plus populaires pour les terrasses sont le bois traité et le cèdre. Selon l'endroit où vous vivez, il est possible que d'autres options vous soient offertes. Vous pouvez encore trouver du séquoia, si vous vivez sur la côte Ouest, et le cyprès est courant, dans le Sud. Le séquoia, le cyprès et le cèdre résistent naturellement à la pourriture et aux insectes nuisibles, ce qui en fait d'excellents choix pour une terrasse. Vous pouvez y appliquer le fini que vous désirez, ou les laisser naturels ; ils prendront alors une couleur gris argent dans quelques années. Si le coût est moins important que la qualité, vous pourriez songer à revêtir votre terrasse d'acajou ou d'ipé, bois exotique sud-américain, parfois appelé « bois de fer ».

En ce qui concerne le bois traité et le cèdre, vous devrez sélectionner une épaisseur qui convient à votre budget et à votre plan. Vous pouvez utiliser des pièces de 2 po. Elles pourront être fixées à des solives plus espacées sans fléchir, mais généralement, le bois de 2 po est fait de matériaux de qualité inférieure, qui comportent davantage de défauts naturels. Vous pouvez aussi opter pour une terrasse 5/4, qui se prononce « cinq quart ». Son épaisseur se rapproche davantage de 1 po, et les bords sont arrondis, pour réduire les éclisses au minimum. Souvent, le bois 5/4 est plus clair que le bois de charpente de 2 po, mais il n'est pas aussi dur. Vous devrez peut-être laisser un moins grand intervalle entre les solives, avec une terrasse 5/4. De toute façon, vous pourrez trouver facilement des pièces de 2 po ou de 5/4 en longueurs pouvant atteindre 16 pi, ou même 20 pi, dans la plupart des centres de rénovation.

Ipé

Cèdre

Pin traité sous pression

Les terrasses en bois

Le bois de 2 po et le bois 5/4 conviennent tous deux pour le platelage d'une terrasse. Cependant, le bois 5/4 est généralement de meilleure qualité, et les bords arrondis préviennent les éclisses, considération importante pour ceux qui marchent pieds nus ou qui ont de jeunes enfants.

Si vous choisissez chacune des planches de votre terrasse, recherchez les pièces débitées sur quartier (à gauche, sur la photo). Elles auront moins tendance à bomber et à gauchir que le bois débité sur dosse (à droite), mais ce bois est habituellement beaucoup plus lourd.

Soyez sélectif dans le choix de la qualité du bois que vous achetez. Les défauts naturels du bois pourraient rendre celui-ci plus difficile à installer ou accélérer sa détérioration. La sève devient collante, par temps chaud, et la résine peut s'insinuer au travers des produits de finition du bois et laisser des taches sombres.

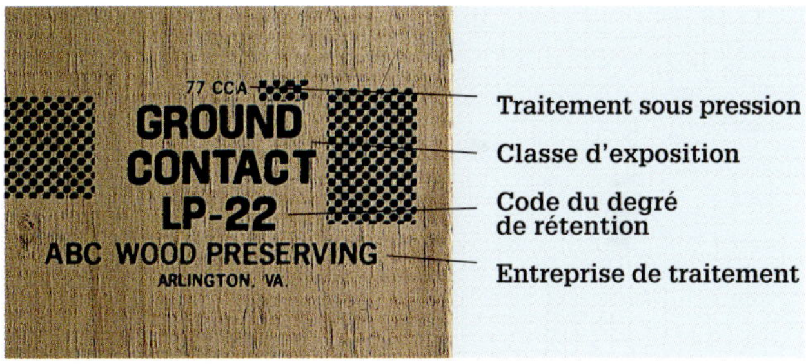

L'estampille du bois traité sous pression indique le type d'agent préservatif, le degré de rétention du bois, la classe d'exposition ainsi que le nom et la ville de l'entreprise qui l'a traité.

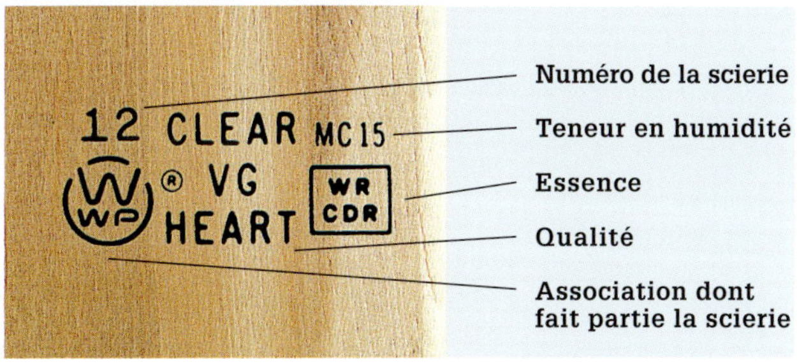

L'estampille du cèdre indique le numéro de la scierie, la teneur en humidité, l'essence et la qualité du bois, ainsi que l'association dont fait partie la scierie. Le cèdre rouge de l'Ouest (WRC) ou le cèdre à encens (INC) utilisé pour les terrasses devrait être de qualité duramen (HEART), et sa teneur en humidité maximale devrait être de 15 % (MC15).

Terrasse en composite

Les terrasses en composite n'existent que depuis quelques décennies, mais elles constituent une option des plus intéressantes pour votre terrasse. La plupart des matériaux en composite pour terrasses sont faits d'un mélange de fibres de bois ou autre, et de plastiques recyclés. La composante de plastique (du polyéthylène ou du polypropylène) rend le matériau imperméable à la pourriture, et il déplaît aux insectes. Contrairement au bois massif, il ne comporte pas de grain, alors il ne se fendra pas en éclats, ni ne se fissurera, et il ne présente pas de nœuds ou de défauts naturels à couper. D'autres matériaux synthétiques ne contiennent pas de bois du tout. Ils sont faits de mélanges de polyéthylène, de PVC, de polystyrène ou de fibre de verre. Les terrasses en composite offrent des garanties impressionnantes, allant d'une durée de 10 ans jusqu'à vie, selon le produit. Certaines garanties sont transférables d'un propriétaire au suivant.

Lorsque les matériaux composites ont été lancés sur le marché, ils ne ressemblaient en rien au bois, et le choix de couleurs était très limité. Ils sont maintenant offerts dans un éventail de textures et de teintes. La plupart des produits sont non toxiques, faciles à couper, à percer et à fixer, et ils n'ont pas besoin de finition. L'entretien se limite habituellement à un nettoyage occasionnel ou à l'enlèvement d'une tache. Cependant, les matériaux composites sont plus flexibles que le bois, alors vous devrez peut-être rapprocher les solives de votre terrasse. Ils sont également plus lourds que le bois, et beaucoup plus chers.

Les composites ▸

Les matériaux composites, donnent un produit rigide qui, contrairement au bois, ne pourrit pas, ne fait pas d'éclats, ne gauchit pas et ne se fend pas. Il ne requiert ni peinture ni teinture. Comme les planches de bois, celles de matériau composite peuvent être découpées à la bonne longueur, avec une scie circulaire munie d'une lame à dents larges.

Les planches de platelage en plastique PVC se vendent généralement en prêts-à-monter contenant tous les éléments nécessaires à l'installation, sauf les vis. On commande alors le platelage de la dimension voulue, laquelle correspond généralement à un multiple de la largeur combinée d'une planche et des attaches. Le plastique PVC présente toutefois l'inconvénient de se dilater et de se contracter sous l'effet du gel et du dégel.

Le platelage en plastique renforcé à la fibre de verre durera toute votre vie. Il serait trois fois plus solide que le bois, et que la chaleur, le soleil et les intempéries ne l'altèrent pas. On commande le platelage à la dimension voulue. On peut aussi le découper à l'aide d'une scie circulaire munie d'une lame diamantée ou d'une lame à maçonnerie.

Le motif de la surface des matériaux composites va de la quasi-absence de motif à l'imitation du grain du bois et au motif « en cathédrale ». Les motifs varient selon le produit et le fabricant. Certains similibois sont à s'y méprendre !

Les teintes des matériaux composites englobent la gamme des tons de bois, en plus des gris et des blancs. La couleur est uniforme dans tout le matériau, mais l'exposition en plein soleil peut la faire pâlir.

Même si les matériaux composites peuvent être fixés de façon traditionnelle à l'aide de vis, vous pourrez peut-être utiliser divers systèmes de fixation, au lieu d'avoir à enfoncer des vis dans les planches. Pour en savoir plus long sur ces options, consultez les p. 109-117.

Les matériaux composites et autres que le bois nécessitent souvent des attaches spéciales qui sont conçues pour prévenir que le matériau du platelage ne bombe autour des têtes de vis. Pour certains types de matériaux, il est également recommandé de pratiquer des avant-trous.

Attaches et pièces de quincaillerie

Certains assemblages de charpente de votre terrasse nécessiteront l'utilisation de tire-fonds, de boulons traversants et d'ancrages pour béton afin de résister aux lourdes charges et aux forces que subira la terrasse. Pour fixer une lambourde à la solive de rive de votre maison, fixer des poutres à des poteaux ou ancrer des poteaux dans des semelles de béton, vous devrez recourir à des attaches et des ancres de plus grandes dimensions. Assurez-vous d'acheter des pièces de quincaillerie galvanisées par immersion à chaud ou en acier inoxydable afin de prévenir la rouille et la corrosion provoquée par les produits chimiques du traitement sous pression. Les codes du bâtiment exigent que vous placiez une rondelle entre les têtes des tire-fonds ou les boulons et une autre rondelle, avant de fixer les écrous. Les rondelles empêchent les attaches d'endommager le bois et protègent les pièces de quincaillerie contre la pression.

Autre option de fixation à considérer : l'époxy haute résistance, appliquée à la seringue. Si vous fixez des poteaux de terrasse ou des lambourdes à du béton durci, l'époxy collera les tiges filetées en place de façon permanente, sans que vous n'ayez à ajouter d'autres ancres de métal.

Voici un aperçu des pièces d'ancrage dont vous aurez peut-être besoin pour votre projet.

Les tire-fonds en acier galvanisé ou inoxydable et les rondelles sont les attaches appropriées pour fixer des lambourdes à la solive de rive de la maison. Vous pouvez aussi les utiliser pour effectuer des raccords bois sur bois.

Pièces d'ancrage

Utilisez des boulons traversants de ½ po de diamètre ou plus, des rondelles et des écrous pour fixer des poutres à des poteaux, ou des poteaux de garde-corps aux solives. Ils devraient être faits d'acier galvanisé ou inoxydable, résistant à la corrosion.

Les boulons en J, insérés dans le béton humide des semelles d'une terrasse, constituent un solide raccord pour fixer des attaches métalliques aux semelles de béton.

Les cales d'ancrage à manchon assujettissent un manchon creux, ce qui crée un ajustement serré dans le béton plein. Un écrou et une extrémité filetée tiennent les lambourdes en place.

Les ancres de protection en métal mou prennent de l'expansion lorsqu'on y enfonce des tire-fonds. Elles offrent un raccord approprié, tant dans le béton plein que dans les blocs de fondation creux.

Un boulon enfoncé dans les fondations depuis l'intérieur peut être muni d'une rondelle et d'un écrou pour fixer la lambourde.

L'époxy haute résistance et une tige filetée constituent de bonnes options pour fixer des pièces de raccord métalliques à des semelles de béton.

Pièces de liaison métalliques

Les pièces de liaison métalliques sont offertes dans des formes et des styles différents. On les utilise pour créer de solides joints bois sur bois, ou bois sur béton, rapidement et facilement. Par exemple, les ancres de poteaux en métal constituent non seulement une façon simple de fixer des poteaux à des semelles, mais elles créent aussi de l'espace entre les deux surfaces, de sorte que les extrémités des poteaux demeurent sèches. Les étriers permettent de fixer rapidement et avec précision de longues et lourdes solives. Les brides faîtières, les ferrures en T et les étriers à solive obliques offrent la solution idéale pour effectuer des joints décalés ou lorsque les contraintes d'espace vous empêchent d'enfoncer des vis ou des clous depuis l'arrière du joint.

Assurez-vous d'acheter des pièces de quincaillerie galvanisées par immersion à chaud ou en acier inoxydable. Certains types ne conviennent qu'à l'intérieur et ne sont pas protégés adéquatement contre la corrosion. L'étiquette devrait mentionner clairement si le produit convient au bois traité sous pression ou à l'extérieur. Utilisez des clous pour étriers, faits du même matériau que la quincaillerie.

Les attaches de poteaux retiennent les poteaux des escaliers ou du garde-corps aux limons ou aux solives, sans tire-fonds. Ces pièces sont offertes pour des poteaux de 2 x 4 ou de 4 x 4.

Les ancrages de charpente peuvent être utilisés pour fixer ensemble les solives de rive dans les coins, ou pour effectuer d'autres liaisons à angle droit, comme fixer les limons d'un escalier aux solives de rive.

Pièces de quincaillerie de suspension pour les terrasses

La base de poteau tient en place le poteau de terrasse, en plus de le soulever pour empêcher l'eau de pénétrer dans son extrémité.

La cornière d'assemblage renforce la solive de rive et les solives extérieures. Elle sert aussi à fixer sur la terrasse les limons d'un escalier.

L'étrier à solive attache la solive à la lambourde et à la solive de rive. Lorsqu'on installe des solives jumelées, on utilise un étrier double.

On recourt à l'étrier à solive oblique lorsque la charpente d'une terrasse présente des angles ou des motifs de platelage inhabituels.

Les tasseaux supportent les marches d'un escalier. Ils sont fixés sur les limons à l'aide de tire-fonds galvanisés de ¼ po x 1 ¼ po.

(Suite à la page suivante)

La bride faîtière fixe la poutre sur le sommet du poteau.

Les attache-poutrelles permettent de fixer des solives de 2 po au sommet d'une poutre, entre les extrémités de la poutre.

Les attaches antisismiques permettent de fixer des poutrelles ou des solives de 2 po au sommet d'une poutre, à ses extrémités.

Les étriers asymétriques permettent de fixer des pièces de bois de 2 po, comme des limons d'escalier, aux pièces de charpente, selon un angle ajustable.

Les cornières d'assemblage asymétriques renforcent les pièces de liaison de la charpente à des angles autres que 90°, ou à l'extrémité de poutres, où des étriers à 45° ne conviendraient pas.

Les étriers à contact direct permettent de fixer les poutres directement aux semelles, lorsque la terrasse est basse.

Les ferrures en T renforcent la liaison entre la poutre et le poteau, particulièrement sur les longues poutres qui exigent des épissures. Les codes du bâtiment locaux peuvent également permettre leur utilisation, au lieu de brides faîtières.

Les plaques d'assemblage sont utiles pour diverses applications de renforcement.

Vis et clous

L'assemblage des poutres et des solives de votre terrasse, et probablement du platelage aussi, nécessitera toute une panoplie de vis et de clous. La technologie liée aux clous et aux vis ne semble peut-être pas avoir beaucoup changé, mais en fait, il existe maintenant de nombreux nouveaux produits dans le domaine de la visserie et de la clouterie. Si vous construisez votre terrasse avec du bois traité sous pression, assurez-vous d'utiliser des éléments de fixation galvanisés par immersion à chaud, en acier inoxydable ou recouverts d'un enduit spécial qui sont approuvés pour utilisation avec des agents de préservation de bois corrosifs comme le CAQ et le CBA. Les clous torsadés ou annelés offrent une meilleure résistance à l'arrachement que les clous lisses. Utilisez des vis à pointe vrillée ou autoforeuses pour éviter d'avoir à pratiquer des avant-trous. Certaines vis sont conçues spécialement pour l'installation de platelage de terrasses en matériaux composites. Elles présentent des filetages variés qui empêchent la tête de bomber lorsqu'on la noie dans les matériaux adjacents.

Si vous construisez une grande terrasse, songez à utiliser une cloueuse pneumatique et des bandes de clous, au lieu de clouer à la main. La pose de bandes de vis constitue une façon plus rapide de fixer les planches de la terrasse que d'enfoncer des vis une à une. Voici un aperçu des options offertes, en matière de fixation.

Que vous fixiez ensemble des éléments de charpente ou que vous posiez les planches de votre terrasse, vous avez le choix entre les vis galvanisées ou en acier inoxydable. Vous pouvez aussi acheter des vis revêtues d'un enduit qui résiste à la corrosion causée par le bois traité sous pression. Les vis en acier inoxydable ou enduites empêchent la formation de taches noires sur le cèdre.

Vis et clous pour terrasse

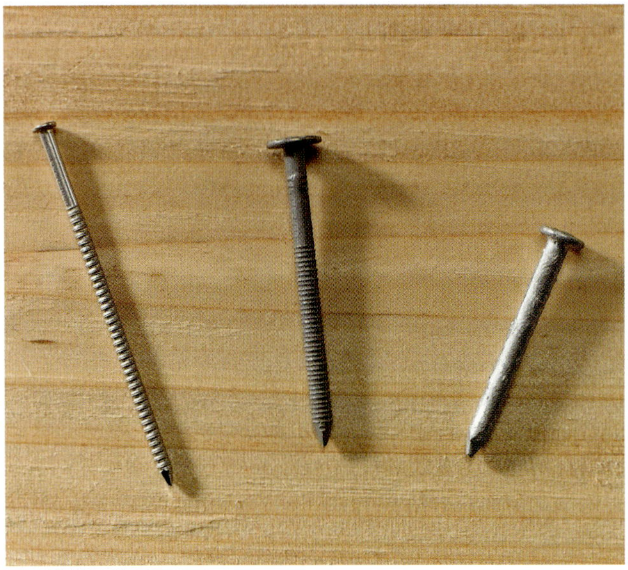

Utilisez des clous de charpente galvanisés par immersion à chaud ou en acier inoxydable pour assembler les poutres et les solives. Fixez les pièces de liaison en métal à l'aide de clous galvanisés par immersion à chaud de 8d ou de 10d.

Dans le cas des grandes terrasses, les clous galvanisés pour cloueuse pneumatique, ou les bandes de vis enduites constituent une façon plus rapide d'assembler les éléments de la charpente et de la terrasse que d'enfoncer chaque clou ou vis à la main.

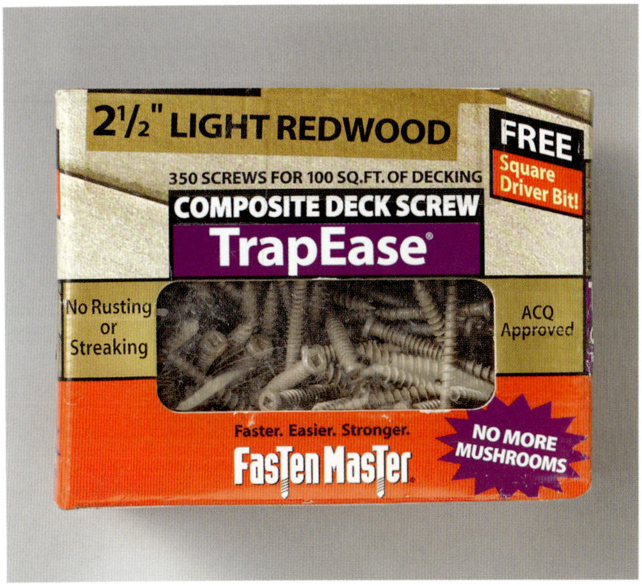

Assurez-vous que vos attaches résisteront aux effets corrosifs des produits chimiques de traitement du bois utilisés aujourd'hui. Les fabricants d'attaches fournissent habituellement cette information sur l'étiquette du produit.

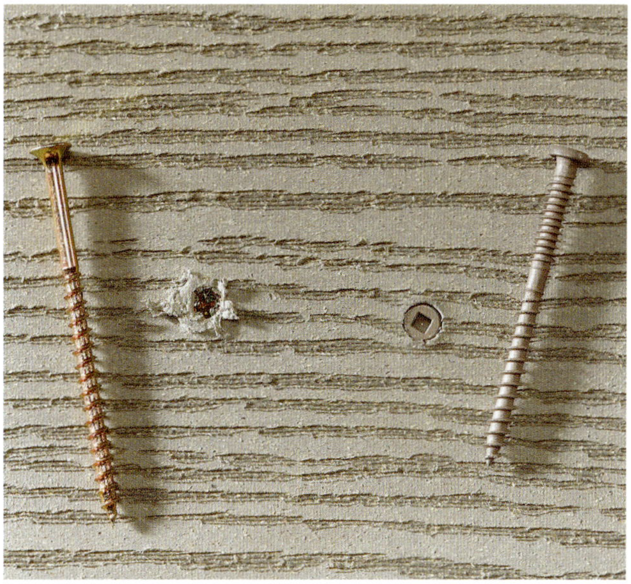

L'un des inconvénients des matériaux composites est qu'ils ont tendance à «éclater» autour des têtes de vis, à moins que les vis ne soient enfoncées dans des avant-trous. Certaines vis comportent une tête écrasée et un filetage variable pour éviter ce problème.

Si vous préférez que les têtes de vis ne soient pas visibles sur votre terrasse, mais que vous voulez tout de même les enfoncer depuis la surface, vous pouvez acheter des vis à tête cassable. Un outil spécial permet de casser la tête de la vis, une fois qu'elle est enfoncée. Le trou qui en résulte est beaucoup plus petit que celui d'une tête de vis.

Choisissez soigneusement vos clous et vos vis. Les vis dont l'enduit est brillant ou d'oxyde noir et les clous non enduits ne résisteront pas à l'usage extérieur ou aux produits chimiques de traitement du bois sous pression. Les attaches sont aussi importantes pour la durabilité de la terrasse que la qualité du bois de charpente ou du platelage.

Solins

Les codes du bâtiment exigent que la lambourde d'une terrasse soit fixée directement au revêtement mural et à la charpente de la maison. Si votre maison est revêtue d'un parement, vous devrez enlever celui-ci dans la zone de la lambourde avant de fixer la lambourde à la maison. Assurez-vous de poser du papier de construction nº 15 ou 30, ou une membrane auto-scellante à revers adhésif, derrière la lambourde, afin d'éviter les dommages causés par l'humidité. La pourriture derrière la lambourde est l'une des principales causes de la détérioration prématurée des terrasses. Les solins sont particulièrement importants s'il n'y a pas de pare-vapeur derrière le parement. Une fois que la lambourde est en place, recouvrez-la d'un solin en Z galvanisé, rentré derrière le parement, afin d'accroître la protection.

Même si le code du bâtiment ne l'exige pas, vous voudrez peut-être revêtir le sommet des poutres et des poteaux d'une membrane auto-adhésive afin de les maintenir au sec et de les préserver de la pourriture. Les solins pour lambourdes, les membranes auto-adhésives et le papier de construction sont offerts dans la plupart des centres de rénovation et des parcs à bois débités. Il s'agit de petits détails qui peuvent avoir d'importantes répercussions sur la durée de vie de votre terrasse.

Le papier de construction, aussi appelé feutre de construction, se pose derrière les matériaux de parement de la maison. Utilisez-en pour remplacer le feutre endommagé pendant l'installation de la lambourde. Le solin de la lambourde, ou solin en Z, prévient les dommages causés par l'humidité derrière la lambourde de la terrasse. La membrane auto-scellante offre une protection supplémentaire dans les climats humides ou dans les zones où il y a accumulation de neige. On peut l'utiliser sur un solin ou au sommet de poutres et de poteaux (voir ci-dessous); elle se scelle autour des clous ou des vis qui la percent.

Pour appliquer une membrane auto-scellante, coupez une pièce aux dimensions désirées et placez-la sur la surface où vous voulez l'appliquer. À partir d'une extrémité, commencez à enlever la fine pellicule de plastique qui protège l'adhésif. Pressez fermement la membrane en place pendant que vous retirez la pellicule, dans la zone d'installation. Pour poser de longues bandes de membrane, vous devriez vous faire aider.

Installez une membrane auto-scellante derrière la lambourde comme protection supplémentaire contre l'humidité. Appliquez la membrane par-dessus le pare-vapeur ou le papier de construction, selon la méthode illustrée à gauche.

Coffrages à semelle

Les coffrages à semelle ancrent la terrasse au sol et créent une fondation stable pour les poteaux. Ils transfèrent le poids de la terrasse au sol et empêchent celle-ci de se soulever, dans les climats où le sol gèle. En général, les semelles se construisent à l'aide de longs tubes de papier de fibre à haute résistance, offerts en plusieurs diamètres. Une fois qu'un tube est placé dans le sol sous la ligne de gel, remblayez tout autour avec de la terre que vous tasserez bien, puis remplissez le coffrage de béton. Des pièces de liaison en métal insérées dans le béton permettront de fixer en permanence les poteaux de la terrasse dans les semelles.

Dans le cas des sols qui ont une faible capacité portante, ou si vous construisez une terrasse particulièrement vaste, vous pouvez aussi acheter des tubes de plastique à pied évasé, qui peuvent supporter de plus lourdes charges. Ou bien, vous pouvez fixer un pied évasé au bas d'un tube traditionnel. Dans le cas des terrasses basses qui ne sont pas fixées à la maison, vous pourrez peut-être utiliser des semelles de béton précoulé, au lieu de coffrages enfouis. Ces semelles préfabriquées reposent simplement sur la surface du sol.

Les parcs à bois débités et les centres de rénovation ont en stock des coffrages à semelle de divers diamètres. Le diamètre qu'il vous faut dépend de la taille et du poids de votre terrasse. Le représentant du service de construction de votre localité vous précisera la taille appropriée lorsque vous ferez votre demande de permis de construction.

Les semelles de béton précoulé sont habituellement acceptables pour la construction de terrasses basses autoportantes. Les encoches au sommet de la semelle permettent de retenir les solives sans attaches ou autres pièces de quincaillerie.

Si vous construisez une terrasse lourde ou que vous placez des semelles sur un sol instable et meuble, vous devrez peut-être utiliser des semelles munies de pieds évasés. Certains modèles sont moulés d'une seule pièce ; vous pouvez aussi fixer un pied évasé à une semelle traditionnelle, à l'aide de vis.

Outils spéciaux

La construction d'une grande terrasse peut nécessiter beaucoup de temps et d'efforts. Certains outils spéciaux, comme une tarière mécanique, un marteau perforateur ou une visseuse peuvent accélérer les tâches et vous épargner un peu d'efforts. Mais ces outils peuvent être chers, et il ne vaut pas la peine de les acheter, si vous ne prévoyez pas vous en servir souvent. Les louer constitue une meilleure option.

Un vaste éventail d'outils, y compris ceux qui sont illustrés dans ces pages, sont offerts dans les centres de location, à des prix raisonnables. La location vous permet d'essayer des outils que vous songez à acheter, ou d'utiliser et de retourner des outils que vous n'achèteriez jamais.

Une visseuse accélère le processus de fixation du platelage aux solives, en plus d'épargner vos genoux. Cet outil reçoit des bandes de vis externes, et un mécanisme d'avancement permet de les enfoncer l'une après l'autre, sans s'arrêter. Un embrayage ajustable empêche d'enfoncer les vis trop profondément.

Le niveau au laser projette une ligne de niveau continue à 360°. Il est utile pour déterminer une hauteur uniforme des poteaux, sans avoir à mesurer. Les plateformes de terrasse devraient être planes et de niveau, dans toutes les directions. Les poteaux devraient être d'aplomb et reposer carrément sur leurs semelles. Pour que votre construction soit d'aplomb et d'équerre, il vous faudra probablement plus qu'un niveau à bulle dans votre trousse à outils. Songez à acheter un niveau pour poteau et un niveau au laser. Les niveaux pour poteau tiennent en place à l'aide d'une bande élastique et comportent trois niveaux de liquide pour vous aider à ajuster les poteaux rapidement et avec précision. Ils sont utiles pour l'installation des poteaux de terrasse et de clôture.

Les marteaux perforateurs combinent le mouvement rotatif habituel et le mouvement d'avance, comme les grosses perforatrices à percussion. Ils facilitent beaucoup le perçage de grands avant-trous dans le béton ou les murs de blocs, avant l'installation d'ancrages pour la lambourde.

Si vous avez plus de quelques trous à creuser pour les semelles de votre terrasse, particulièrement s'ils sont profonds, louez une tarière mécanique. Il existe des modèles pour une personne et pour deux personnes. La tarière est mue par un moteur à essence, ce qui permet de creuser les trous rapidement.

Les tournevis à percussion sans fil peuvent accélérer la laborieuse tâche d'enfoncer des tire-fonds. Étant donné qu'ils ont un mouvement de percussion et un mouvement de rotation à couple élevé, ils tirent parti de deux forces à la fois. Ils sont excellents pour enfoncer des tire-fonds ainsi que des vis pour bois traité.

Les outils pour redresser les planches de terrasse sont relativement bon marché et se paient rapidement d'eux-mêmes, en vous permettant d'installer des planches très arquées.

Projets de terrasses personnalisées

Terrasse de réception

Les réceptions extérieures sur une terrasse nécessitent souvent la préparation d'un repas. Si le menu ne comporte que des hamburgers et des hotdogs, la plus grande partie de la préparation des aliments se fait près du barbecue. Mais même les repas les plus simples entraînent les inévitables allées et venues entre la terrasse et la cuisine, pour remuer la salade, réchauffer un plat d'accompagnement ou se réapprovisionner en boissons froides. Les repas plus complexes confineront le chef à la cuisine encore plus longtemps, et cela signifie moins de temps sur la terrasse avec la famille et les amis. Ne serait-ce pas merveilleux si vous pouviez transporter la cuisine sur la terrasse, où vous pourriez préparer une plus grande partie des plats, ou même tous ?

Il y a une dizaine d'années, les cuisines d'extérieur étaient encore davantage un rêve qu'une réalité, mais ce n'est plus le cas. Aujourd'hui, les gens considèrent de plus en plus leur terrasse comme une importante aire de réception extérieure, et non comme un simple endroit où placer la table à pique-nique et le barbecue. Un assortiment de barbecues personnalisés, d'appareils ménagers et d'armoires de rangement peut vous aider à transformer votre terrasse en une cuisine entièrement fonctionnelle. Ces appareils sont approuvés par les Laboratoires des assureurs, alors votre cuisine n'a pas à être située sous une véranda couverte ou sous un toit. Vous pouvez cuisiner et préparer les repas là où vous les servirez. Les appareils ménagers d'extérieur sont généralement plus chers que leurs cousins d'intérieur, mais si les réceptions extérieures constituent une partie importante de votre vie, vous pouvez dorénavant en profiter plus que jamais, et sans compromis.

Imaginez les réceptions que vous pourriez donner si votre terrasse comportait une cuisine d'extérieure fonctionnelle et complète ! Il s'agit d'une tendance relativement nouvelle dans les divertissements extérieurs, et elle ne cesse de gagner en popularité. De nos jours, il existe des appareils ménagers extérieurs pour la plupart des tâches liées à la cuisine.

Que ce soit pour de petits repas intimes à l'extérieur, des réceptions animées ou des conversations tranquilles, la terrasse constitue la façon idéale de prolonger à l'extérieur l'espace habitable de votre maison.

Une robuste table à pique-nique entourée de chaises, faites d'un bois pouvant aller à l'extérieur ou de métal, rehausse toute terrasse. Les tables qui peuvent recevoir un grand parasol sont encore plus pratiques, particulièrement si la terrasse est exposée au soleil.

Une cuisine d'extérieur haut de gamme, comportant des appareils ménagers en acier inoxydable et de solides armoires de bois, ne laisse aucun doute sur l'intérêt que porte le propriétaire aux repas.

Appareils ménagers d'extérieur

Pendant des années, les barbecues de qualité ont comporté un brûleur latéral et une deuxième grille pour conserver les aliments au chaud. Maintenant, vous pouvez acheter de coûteux postes de cuisson qui peuvent être munis de tiroirs chauffe-plat, d'armoires et de tiroirs de rangement, de compartiments isolés pour la glace et de grands comptoirs de service. Il s'agit là d'une façon abordable de porter à un niveau supérieur les tâches de cuisson et de préparation des aliments, et ces appareils sont offerts dans la plupart des centres de rénovation.

Les postes de cuisson autonomes ne sont que l'une des nombreuses options qui s'offrent à vous en matière d'appareils ménagers. Pour cuisiner de façon plus pratique, vous pouvez également acheter des fours pour l'extérieur, des plaques de cuisson à brûleurs multiples et des réfrigérateurs, des machines à glaçons et des refroidisseurs de boissons, offerts par des fabricants réputés. Les fours et les plaques de cuisson sont alimentés au propane ou au gaz naturel, selon le modèle. Ils sont conçus en tant que composantes modulaires qui s'insèrent dans une rangée d'armoires ou dans un îlot de cuisine sur mesure. Les réfrigérateurs d'extérieur sont relativement compacts et s'encastrent sous un comptoir, où ils peuvent être partiellement à l'abri des éléments. Leur capacité est de 3 à 6 pi^3, environ. Les éviers d'extérieur, les minibars et les postes de préparation des aliments sont d'autres options que vous pouvez ajouter à votre cuisine de terrasse.

Une gamme d'appareils ménagers d'extérieur, comme les réfrigérateurs, les machines à glaçons et les celliers peuvent conserver les aliments au frais, même par temps très chaud.

Les îlots à barbecue sur mesure peuvent être configurés de différentes façons, en fonction de l'espace dont vous disposez et de vos besoins en matière de préparation des aliments. L'appareil principal est généralement un barbecue au gaz, pourvu d'armoires au-dessous, où l'on place la bonbonne de propane. Une série de tiroirs permet de ranger les ustensiles de cuisson et les épices.

Un tiroir chauffe-plat intégré à l'îlot barbecue permet de garder au chaud plusieurs aliments, pendant que vous préparez le plat principal. Certains îlots barbecue préfabriqués comportent un tiroir chauffe-plat.

Ce refroidisseur de baril à bière autonome gardera votre boisson préférée au froid, même par les plus chaudes journées d'été, aussi longtemps que la réception durera. Tout ce qu'il faut, c'est une prise de courant.

Envisagez d'ajouter un évier avec plomberie à votre cuisine d'extérieur. Cela facilitera beaucoup la préparation des repas et le nettoyage. Assurez-vous de vérifier dans le code du bâtiment local les critères d'installation appropriée de la tuyauterie d'alimentation en eau chaude et froide et de la tuyauterie d'évacuation.

Si votre barbecue ne comporte pas de brûleur latéral, c'est un élément essentiel que vous voudrez ajouter à votre cuisine d'extérieur. Les brûleurs latéraux sont offerts comme accessoires indépendants qui peuvent être encastrés dans un îlot de cuisine ou dans une rangée d'armoires.

Armoires et comptoirs

Lorsqu'un barbecue ne suffit plus, il faut intégrer une cuisinière, un réfrigérateur ou d'autres appareils à une série d'armoires ou à un îlot. Cela pourrait être aussi simple qu'une charpente encloisonnée comportant un comptoir, ou aussi élaboré que vous le désirez. Il est probable que vous vouliez y intégrer quelques armoires et tiroirs de rangement qui vous permettront de garder vos ustensiles, votre batterie de cuisine et autre fournitures à portée de la main. Certains fabricants offrent des armoires résistant aux intempéries en tek, en cyprès, en acajou ou dans un autre bois d'extérieur. Il s'agit de composantes modulaires qui peuvent être agencées comme d'autres armoires. Vous pouvez également songer aux armoires en polyéthylène, en polymère de qualité marine ou en acier inoxydable : elles résistent à la corrosion, elles sont hydrofuges et hypoallergènes. Ce serait une bonne idée d'acheter d'abord vos appareils ménagers, puis de concevoir un îlot ou une rangée d'armoires en fonction de ceux-ci.

Un éventail de revêtements de comptoir s'offre à vous pour créer un plan de travail attrayant dans votre cuisine d'extérieur. Les carreaux de porcelaine résistent aux intempéries et sont abordables ; ils sont fabriqués dans pratiquement tous les styles et les couleurs imaginables. Vous pouvez choisir un revêtement de comptoir usiné fait d'acier inoxydable, de pierre de savon, de granit ou de marbre. Ou encore, vous pouvez fabriquer votre revêtement de comptoir à partir d'un morceau de verre trempé. Si votre cuisine de terrasse est abritée par un auvent ou un toit, un matériau massif constitue également un bon choix. Cependant, les mélanges de polymère qui composent les matériaux massifs ne sont pas formulés pour être stables s'ils sont exposés aux rayons UV, et ils pourraient se détériorer avec le temps.

Vous construisez vous-même votre revêtement de comptoir ? Assurez-vous alors de commencer par une couche de substrat de ciment, si vous prévoyez poser des carreaux jointoyés ou d'autres matériaux perméables. Cela empêchera l'eau de s'infiltrer dans les appareils ou dans les armoires de rangement.

Construction de la base d'un îlot

Pour les bricoleurs habiles, la conception d'un îlot de cuisine à l'épreuve des intempéries peut présenter un bon défi et une excellente occasion d'explorer de nouveaux matériaux de construction. Commencez par une charpente de bois traité sous pression ou de cèdre, et revêtez-la de ciment imperméable. Puis, recouvrez les surfaces exposées de carreaux pour patio, de stuc, de pierre plaquée ou de brique. Ou bien, utilisez du contreplaqué d'extérieur comme fond de charpente de votre îlot, puis recouvrez-le de vinyle, de fibrociment ou de déclin de cèdre, assorti à celui de votre maison. Vous pourriez même utiliser des matériaux composites à terrasse pour revêtir votre îlot ou votre poste de cuisson afin qu'il s'intègre bien, visuellement, à votre terrasse. Ou encore, recouvrez les parois extérieures de feuilles d'acier inoxydable ou d'aluminium, ce qui donnera un aspect lustré et moderne.

Vous-même ou un entrepreneur ? ▸

Selon l'endroit où vous vivez, vous pourriez faire appel à un entrepreneur pour la conception et la construction des comptoirs et des armoires de votre cuisine extérieure. Cependant, étant donné que les cuisines de terrasse sont un concept relativement nouveau, il est possible que vous deviez réaliser ce projet vous-même. Les entreprises qui vendent des appareils ménagers et des armoires d'extérieur pourraient vous aider dans la conception de votre cuisine d'extérieur. Vous pouvez aussi trouver des plans de poste de cuisson et d'îlot dans des livres sur la construction de cuisines d'extérieur.

Rappelez-vous que vous devrez peut-être passer une conduite de gaz naturel et installer plusieurs prises de courant à disjoncteur de fuite à la terre dans votre cuisine. Si vous décidez d'intégrer un évier fonctionnel à votre aménagement, vous aurez besoin d'au moins une conduite d'eau potable, et peut-être d'un égout sanitaire qui se déverse dans un puits sec ou dans la plomberie de votre maison. Assurez-vous que l'installation de ces canalisations est conforme au code du bâtiment de votre région. Vous devriez faire la demande des permis de construction appropriés et faire inspecter vos travaux. Si vous doutez de vos compétences dans l'installation de conduites de gaz ou de prises de courant, faites appel à un plombier ou à un électricien agréé.

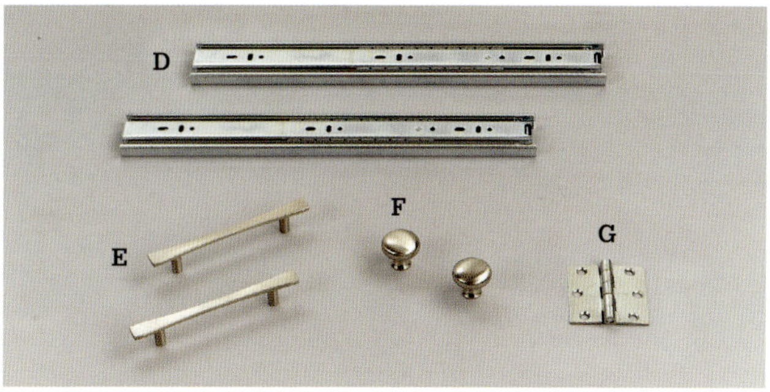

Vous pouvez augmenter la capacité de rangement de votre cuisine extérieure en y intégrant une série d'armoires. Les armoires pour l'extérieur sont faites de polymères durables, de bois imputrescibles ou d'acier inoxydable, et elles sont offertes dans des dimensions et des styles divers, répondant à vos besoins.

Choisissez des matériaux de construction résistant à l'eau pour la charpente et le revêtement de votre îlot. Les panneaux de ciment (A), les bois d'extérieur comme le cèdre ou le séquoia (B) et le contreplaqué d'extérieur (C) constituent toutes des options convenables, et vous les trouverez au centre de rénovation. Pour les armoires, choisissez des glissières de tiroir (D), des pièces de quincaillerie (E, F) et des charnières (G) résistant à la corrosion.

Si vous êtes un habile menuisier, songez à construire des armoires sur mesure pour votre cuisine d'extérieur, plutôt qu'à les acheter. Vous pourrez les fabriquer du même bois que le reste de vos meubles de jardin ou de votre terrasse, de façon qu'ils se marient parfaitement à l'ensemble du décor.

La pierre à savon est un matériau naturel modérément dur qui convient bien aux revêtements de comptoir extérieurs. Cette pierre étant semi-poreuse, elle doit donc être étanchéisée périodiquement si elle est exposée aux éléments. L'étanchéisation contribue à maintenir la résistance à l'eau.

Le granit est un matériau qui convient très bien aux revêtements de comptoir. Il est beaucoup plus dur que la pierre à savon et il est offert en plusieurs tons naturels et textures de surface. En général, il est aussi plus cher que la pierre à savon.

Le béton est plus abordable que la pierre naturelle, et il peut être teinté dans une vaste gamme de teintes, ou mélangé à d'autres agrégats afin d'y ajouter de la texture ou un intérêt visuel. Autre avantage du béton : il peut être coulé selon toutes les formes de comptoir.

Les carreaux à patio jointoyés sont aussi tout indiqués pour les revêtements de comptoir d'extérieur. Peu coûteux, ils sont faciles à poser sans habiletés particulières, et ils sont offerts en divers formats, teintes et styles. Vous devrez refaire les joints périodiquement si le comptoir est exposé aux éléments ou s'il comporte un évier.

Votre terrasse convient-elle à une cuisine? ▸

Une cuisine sur la terrasse peut être une idée tentante, mais songez bien à ce que cela implique : vous aurez besoin de certains plans de travail pour préparer la nourriture et pour la réserver pendant que vous faites des grillades. Voulez-vous garder une portion du comptoir pour prendre les repas, où les repas se prendront-ils à une table distincte ? Les commodités de votre maison sont-elles assez proches pour que vous puissiez passer les canalisations d'eau et de gaz jusqu'à la terrasse ? Votre terrasse peut-elle recevoir facilement un îlot de cuisine, une table de jardin et d'autres meubles d'extérieur, sans être encombrée ? Lorsque vous commencez à planifier votre cuisine d'extérieur, il peut être utile d'utiliser du ruban-cache, des pièces de contreplaqué ou des boîtes de carton pour tracer le plan de votre cuisine. Cela vous aidera à visualiser la taille de votre cuisine par rapport au reste de la terrasse. Au bout du compte, la cuisine d'extérieur devrait accroître les options en matière de réception et rendre votre terrasse plus utile, et non l'écraser.

Terrasse-séjour

La terrasse représentant un investissement important, vous devriez essayer d'utiliser la vôtre au maximum. Ne laissez pas la canicule estivale, les froids après-midis d'automne ou le coucher du soleil vous priver des joies que procure une terrasse. Quelques accessoires judicieusement choisis peuvent accroître le confort et vous faire profiter de votre terrasse plus tôt, au printemps, ou prolonger la saison des réceptions extérieures jusqu'à tard, dans l'année. Si vous êtes un audiophile averti ou un amateur de sports, une chaîne audio extérieure ou une télévision pourraient suffire à vous faire passer plus de temps à l'extérieur, sur la terrasse.

Les fabricants d'appareils d'éclairage et d'accessoires de terrasse étendent constamment leurs gammes de produits. Visitez leurs sites Web ou une foire de l'habitation afin d'avoir une meilleure idée des nouveautés intéressantes pour la terrasse. La sélection de produits en montre au centre de rénovation de votre région ne constitue que la pointe de l'iceberg.

Les pages qui suivent présentent un éventail d'accessoires qui feront de votre terrasse un élément pratique et essentiel de vos loisirs.

«L'habitabilité» de votre terrasse est une qualité un peu intangible liée à sa forme, à sa fonction et aux conditions naturelles qui l'entourent. L'ombre et la lumière, l'emplacement et l'ameublement, les aménagements comme les spas et les cuisines, ou ceux qui protègent votre intimité, et la disposition des éléments de votre terrasse sont tous des facteurs qui influent sur la fréquence d'utilisation de votre terrasse et sur le plaisir que vous en tirerez.

Une cuisine extérieure, dotée d'amplement de comptoirs pour préparer et servir la nourriture, ainsi que de sièges pour prendre des repas décontractés, pourrait constituer l'élément vedette de votre terrasse.

Si votre terrasse est exposée au soleil ou si vous vivez sous un climat chaud, songez à ajouter un auvent rétractable pour les jours de canicule. Ou bien, couvrez une portion de votre terrasse d'un pare-soleil fixe.

L'utilisation de la terrasse peut se prolonger jusqu'à tard l'automne, et même l'hiver, si vous incorporez une source de chaleur à votre terrasse. Un foyer extérieur permanent, comme celui-ci-dessus, ne constitue pas la seule option. Vous pouvez aussi acheter des appareils de chauffage par rayonnement fixes, alimentés au propane ou au gaz naturel. Ou encore, utiliser un foyer d'extérieur portatif pour garder vos proches au chaud, lorsque le temps se refroidit.

De larges bancs solides invitent à la relaxation, particulièrement s'ils sont situés dans une zone un peu ombragée de la terrasse. Selon la hauteur de la terrasse, des bancs fixes pourraient même tenir lieu de garde-corps.

Les luminaires encastrés dans les escaliers assurent manifestement une fonction de sécurité, mais ils offrent également un accueil chaleureux à vos visiteurs du soir. Ils devraient être conjugués avec d'autres sources d'éclairage pour créer une zone agréable et bien éclairée.

Les poteaux des garde-corps constituent un autre endroit tout indiqué pour installer un éclairage d'appoint. Vous pouvez acheter des luminaires pour poteau à basse tension, offerts dans divers styles, pour rehausser l'éclairage de votre terrasse. Cette touche personnalisée impressionnera vos visiteurs.

Il existe une vaste gamme d'appareils d'éclairage pour la terrasse. Ces luminaires de style « feux de jetée » donnent un caractère nautique, et seraient idéaux pour une terrasse située près d'un lac ou d'un autre plan d'eau.

Une tonnelle procure un filtre agréable contre les rayons du soleil. C'est aussi l'endroit idéal pour planter des vignes qui, avec le temps, recouvriront la toiture et offriront une ombre naturelle. La construction d'une tonnelle de bois est un projet tout indiqué pour les bricoleurs, qu'il s'agisse de l'installer au moment de la construction de la terrasse, ou plus tard, pour ajouter une touche personnalisée à celle-ci.

Votre terrasse sera un endroit plus invitant pour se réunir et se relaxer si vous divisez l'espace par différents détails intéressants. Les jardinières surélevées, les bancs et un garde-corps original contribuent tous à donner un aspect artistique et une vocation à une terrasse bien planifiée.

Les systèmes audio pour l'extérieur, et même les télévisions étanches contribuent à transformer votre terrasse en une salle de séjour extérieure. Ajoutez quelques chaises de jardin confortables et des tables d'appoint, et vous pourriez être surpris de constater que vous passez plus de temps sur la terrasse que dans le salon !

Les garde-corps en treillis blanc et la tonnelle qui y est fixée confèrent à cette terrasse une atmosphère lumineuse et chaleureuse. Comme la terrasse est amplement ombragée, si on y ajoute un banc pourvu de coussins, on obtient l'endroit idéal pour lire ou pour faire une sieste par un chaud après-midi.

Électrification de la terrasse

L'installation de fils électriques montrée dans les pages qui suivent est présentée étape par étape ; vous y trouverez les instructions pour l'installation de luminaires et de prises de courant sur une terrasse. Ces instructions sont fondées sur le Code national de l'électricité, qui stipule les normes minimales en matière d'installation de câblage à l'extérieur. Mais, comme le climat et l'état du sol varient d'une région à l'autre, vérifiez toujours dans le code du bâtiment et le code de l'électricité locaux pour connaître les restrictions supplémentaires qui s'appliquent à votre région. Par exemple, certains codes exigent que tous les câbles souterrains soient protégés par des fourreaux, même si le Code national de l'électricité permet l'enfouissement de câbles souterrains sans protection, aux profondeurs appropriées.

NOTE : ce projet exige une connaissance générale des fournitures électriques et des techniques s'y rapportant, qui vont au-delà des instructions présentées ici. Assurez-vous d'être en mesure d'effectuer ce travail, avant de vous lancer dans ce projet.

Lorsque vous prévoyez creuser des tranchées pour enfouir des câbles, vérifiez où se trouvent les conduites souterraines de réseau, le cas échéant. Évitez les systèmes d'irrigation souterrains, et consultez le service d'électricité, la compagnie de téléphone, les services d'approvisionnement en gaz naturel et en eau, ainsi que le fournisseur de câblodiffusion de votre région pour connaître l'emplacement exact de leurs conduites souterraines. De nombreux services d'électricité envoient des représentants sur le terrain pour bien localiser les conduites qui pourraient présenter des dangers.

Passer un câble souterrain pour alimenter votre terrasse en électricité est une tâche relativement simple, qui permettra à votre famille de profiter davantage de la terrasse.

Installation du câblage électrique pour une terrasse

PLANIFICATION DES CIRCUITS

Rencontrez votre inspecteur en électricité afin de vérifier les exigences du code en vigueur dans votre région et d'obtenir un permis pour votre projet. Comme les fils électriques extérieurs sont exposés aux éléments, ils doivent être faits de matériaux résistant aux intempéries ; il s'agit notamment des câbles pour enfouissement, des conduits de métal rigide ou de PVC de série 40, des raccords et des boîtes de prise de courant à l'épreuve des intempéries. Certains codes du bâtiment autorisent le métal rigide ou le PVC, d'autres ne permettent que le métal.

Pour la plupart des maisons, le circuit extérieur d'une terrasse ne consomme que peu d'électricité. L'ajout d'un circuit de 120 V, 15 A, répondra à la plupart des besoins. Cependant, si votre circuit alimente plus de trois luminaires importants (de 300 W ou plus chacun), ou plus de quatre prises de courant, prévoyez installer un circuit de 120 V, 20 A.

Songez à la longueur du circuit lorsque vous choisissez la taille du câble pour électrifier votre terrasse. Lorsque le circuit est très long, la résistance normale du câblage entraîne une forte baisse de la tension. Si votre circuit a plus de 50 pi, utilisez un fil d'un calibre supérieur pour atténuer les baisses de tension. Par exemple, un circuit de 15 A qui s'étend sur plus de 50 pi devrait comporter un câblage de calibre 12, au lieu de l'habituel calibre 14.

Prévoyez enfouir vos câbles à 12 po de profondeur, s'ils sont protégés par un disjoncteur de fuite à la terre et que le circuit n'a pas plus de 20 A. Enfouissez les câbles à au moins 18 po de profondeur si le circuit n'est pas protégé par un disjoncteur de fuite à la terre ou s'il a plus de 20 A **(photo 1)**.

Prévenez les chocs électriques en vous assurant que toutes les prises de courant extérieures sont protégées par un disjoncteur de fuite à la terre. On peut câbler un seul disjoncteur de fuite à la terre pour protéger d'autres dispositifs du circuit. Les prises extérieures devraient être situées à au moins 12 po au-dessus du sol, et être incorporées à une boîte de prise de courant à l'épreuve des intempéries, muni d'un couvercle étanche **(photo 2)**.

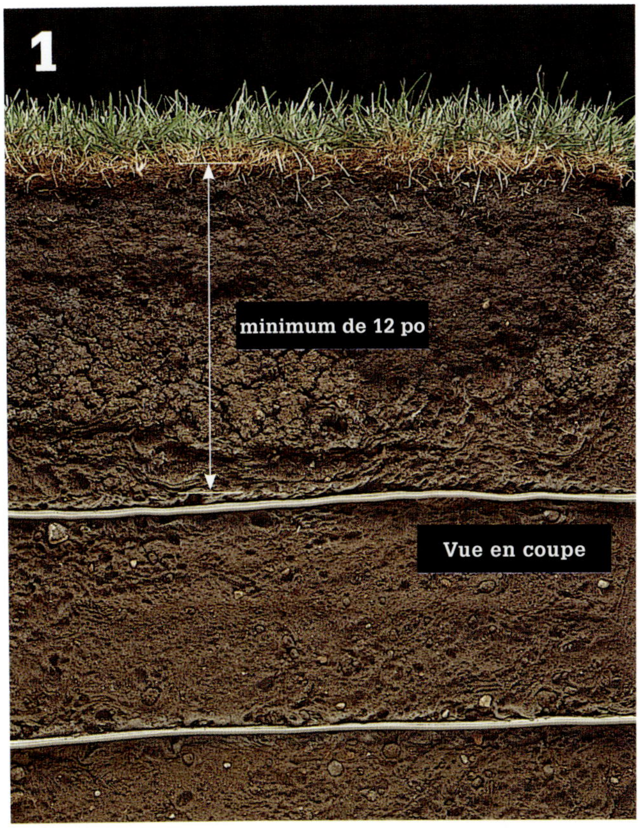

Enfouissez les câbles souterrains à 12 po de profondeur, s'ils sont protégés par un disjoncteur de fuite à la terre et que le circuit n'a pas plus de 20 A. Enfouissez les câbles à au moins 18 po de profondeur si le circuit n'est pas protégé par un disjoncteur de fuite à la terre ou s'il a plus de 20 A.

Installez des boîtes de disjoncteur de fuite à la terre à au moins 1 pi (et au maximum à 6 ½ pi) au-dessus du niveau du sol.

CREUSAGE DE TRANCHÉES

Lorsque vous installez des câbles souterrains, épargnez du temps et réduisez les dommages faits à la pelouse en creusant des tranchées aussi étroites que possible. Planifiez le circuit de façon à garder au minimum la longueur des câbles. Si votre sol est sablonneux, ou très dur et sec, arrosez-le bien avant de commencer à creuser.

Marquez le tracé des tranchées à l'aide de piquets de bois et de cordes.

Coupez deux bandes de plastique de 18 po de largeur et placez-en une de chaque côté du tracé de la tranchée.

À l'aide d'une pelle, retirez des mottes de gazon sur le tracé de la tranchée. Coupez des mottes de 2 po à 3 po de profondeur afin de garder les racines intactes. Placez les mottes sur l'une des bandes de plastique et maintenez-les humides, mais non mouillées. Elles devraient être remises en places dans les 2 à 3 jours qui suivent, sinon le gazon qui se trouve sous la bande de plastique pourrait mourir.

Creusez les tranchées à la profondeur exigée par le code du bâtiment en vigueur. Entassez la terre sur la deuxième bande de plastique (**photo 3**).

Pour faire passer les fils sous un trottoir, coupez une section d'un conduit de métal à environ 12 po de plus que la largeur du trottoir, puis aplatissez une extrémité du conduit en pointe. À l'aide d'un marteau à panne ronde ou d'un marteau de maçon et d'un bloc de bois pour éviter d'endommager le tuyau, enfoncez le conduit sous le trottoir (**photo 4**). Coupez les extrémités du conduit à l'aide d'une scie à métaux, en laissant 2 po de conduit dépasser de chaque côté. Fixez un raccord à compression et une douille en plastique à chaque extrémité du conduit. Les pièces en plastique empêcheront les extrémités pointues du conduit d'endommager le revêtement du câble.

Si les tranchées doivent être laissées sans surveillance au cours du projet, recouvrez-les temporairement de contreplaqué de rebut pour éviter les accidents.

INSTALLEZ LES BOÎTES DE PRISE DE COURANT ET LES CONDUITS

Tracez le contour de la boîte de disjoncteur de fuite à la terre sur le mur extérieur de la maison. Commencez par percer des avant-trous dans les coins du tracé de la boîte, puis utilisez un morceau de fil rigide pour déterminer la présence de fils électriques ou de tuyaux dans le mur. Effectuez la coupe à l'aide d'une scie sauteuse ou d'une scie alternative. *Variante pour un mur en maçonnerie :* pour faire une découpe dans un mur en maçonnerie, percez une ligne de trous à l'intérieur du tracé de la boîte, à l'aide d'une mèche à maçonnerie, puis enlevez les matières de rebut avec un ciseau à maçonnerie et un marteau à panne ronde.

Installez un câble non métallique à partir du panneau des disjoncteurs jusqu'à la découpe du disjoncteur de fuite à la terre. Prévoyez 24 po supplémentaires de câble à l'extrémité côté panneau, et 12 po, à l'extrémité côté disjoncteur. Fixez le câble aux éléments de charpente à l'aide de

Tracez l'emplacement des tranchées à l'aide de piquets et de cordes, puis creusez les tranchées à la profondeur exigée par le code du bâtiment local.

Enfoncez les conduits sous les trottoirs et autres obstacles à l'aide d'un bloc de bois et un marteau.

Passez les câbles dans la boîte du disjoncteur, poussez la boîte dans l'ouverture, puis serrez les vis de montage jusqu'à ce que la boîte soit bien fixée.

crampons pour câble. Dénudez 10 po du câble à l'extrémité côté disjoncteur, et enlevez ¾ po d'isolant sur chaque fil.

Ouvrez une rondelle défonçable pour chaque câble qui entrera dans la boîte du disjoncteur. Insérez les câbles de façon qu'au moins ¼ po du revêtement de câble soit dans la boîte. Poussez la boîte dans l'ouverture pratiquée et serrez la vis de montage jusqu'à ce que le support maintienne les pattes de montage fermement contre le mur **(photo 5)**.

Placez une bague d'étanchéité en caoutchouc mousse sur la boîte du disjoncteur, puis fixez un anneau de prolongement à la boîte, en vous servant des vis de montage fournies avec l'anneau. Scellez tous les interstices autour de l'anneau de prolongement avec du calfeutrage à la silicone.

Mesurez et coupez une longueur de conduit en métal intermédiaire, qui s'étendra depuis le bas de l'anneau de prolongement jusqu'à un point situé à environ 4 po du fond de la tranchée. Fixez le conduit à l'anneau de prolongement à l'aide d'un raccord à compression **(photo 6)**. Fixez le conduit au mur à l'aide d'une attache à conduit et de vis à maçonnerie. Ou bien, utilisez des ancrages à maçonnerie et des vis à tête cylindrique bombée. Percez des avant-trous pour les ancrages, à l'aide d'un foret à maçonnerie.

Fixez les raccords à compression aux extrémités du coude métallique, puis fixez le coude à l'extrémité du conduit. Vissez une bague de plastique sur l'extrémité exposée du coude pour empêcher les bords de métal d'endommager le câble.

Fixez les pattes de montage à l'arrière d'une boîte de prise de courant étanche, puis fixez la boîte à la charpente de la terrasse, en enfonçant des vis galvanisées dans les pattes, jusque dans le poteau.

Mesurez et coupez une longueur de conduit en métal intermédiaire, qui s'étendra depuis le bas de la boîte de prise de courant, jusqu'à un point situé à environ 4 po du fond de la tranchée. Fixez le conduit à la boîte à l'aide d'un raccord à compression. Fixez un coude et une bague de plastique au bas du conduit, en vous servant de raccords de compression **(photo 7)**.

Coupez une longueur de conduit en métal intermédiaire, qui s'étendra du sommet de la boîte de prise de courant, jusqu'à l'emplacement de la boîte d'interrupteur. Fixez le conduit à la boîte de prise de courant à l'aide d'un raccord à compression. Fixez le conduit à la charpente de la terrasse avec des attaches à conduit.

Fixez les pattes de montage à l'arrière de la boîte d'interrupteur, puis attachez lâchement la boîte au conduit, avec un raccord à compression. Fixez la boîte à la charpente de la terrasse en enfonçant des vis galvanisées dans les pattes, jusque dans le bois. Serrez le raccord à compression à l'aide d'une clé. Mesurez et coupez une courte section de conduit en métal intermédiaire, qui s'étendra du sommet de la boîte d'interrupteur jusqu'à l'emplacement du luminaire de la terrasse. Fixez le conduit avec un raccord à compression **(photo 8)**.

Sur la maison, installez le conduit de façon qu'il s'étende du bas de l'anneau de prolongement, jusqu'à 4 po du fond de la tranchée.

Sur la terrasse, fixez le conduit à la boîte de prise de courant, de façon qu'il s'étende du bas de la boîte jusqu'à 4 po du fond de la tranchée.

Fixez le conduit à la boîte d'interrupteur, de façon qu'il s'étende de la boîte à l'emplacement du luminaire de la terrasse, à l'aide d'un raccord à compression.

INSTALLATION DU CÂBLE

Mesurez et coupez tous les câbles souterrains, en laissant un supplément de 12 po à chaque boîte. À chaque extrémité du câble, dénudez 3 po de fil à l'aide d'un couteau universel, en laissant les fils exposés.

Passez un ruban de tirage dans le conduit, jusque dans la boîte du disjoncteur. Accrochez les fils à une extrémité du ruban de tirage, puis enroulez du ruban isolant autour des fils, jusqu'au revêtement. Tirez soigneusement le câble dans le conduit **(photo 9)**.

Étendez le câble au fond de la tranchée, en vous assurant qu'il n'est pas tordu. Aux endroits où le câble passe sous un trottoir, utilisez un ruban de tirage pour le tirer dans le conduit.

Utilisez le ruban de tirage pour tirer l'extrémité du câble vers le haut du conduit, jusqu'à la boîte de prise de courant de la terrasse, à l'extrémité opposée de la tranchée **(photo 10)**. Retirez le câble du ruban de tirage.

Coupez le ruban isolant à chaque extrémité du câble, puis coupez les fils pliés. Repliez l'un des fils du câble et maintenez-le à l'aide d'une pince à bec effilé. Tenez le câble avec une autre pince, puis tirez sur le fil pour fendre le revêtement et exposer environ 10 po de fil. Répétez l'opération pour le reste des fils, puis coupez l'excédent de revêtement à l'aide d'un couteau universel. Enlevez ¾ po d'isolant à l'extrémité de chaque fil, à l'aide d'un outil tout usage.

Mesurez, coupez et installez un câble depuis la boîte de prise de courant de la terrasse jusqu'à la boîte d'interrupteur extérieure, à l'aide d'un ruban de tirage. Enlevez 10 po de revêtement à chaque extrémité du câble, puis retirez ¾ po d'isolant à l'extrémité de chaque fil, à l'aide d'un outil tout usage.

Attachez un raccord flexible de mise à la terre à l'arrière de chaque boîte métallique et anneau de prolongement. Joignez tous les fils de mise à la terre à l'aide d'un capuchon de connexion. Insérez les fils dans les boîtes, et mettez en place temporairement les couvercles étanches, jusqu'à ce que l'inspecteur procède à l'inspection du passage des canalisations électriques **(photo 11)**.

BRANCHEMENT DES PRISES DE COURANT

Au disjoncteur de fuite à la terre, raccordez le fil d'alimentation noir du bloc d'alimentation à la borne de cuivre, marquée « LINE ». Raccordez le fil d'alimentation blanc du bloc d'alimentation à la borne argent, marquée « LINE ».

Attachez le court raccord flexible blanc à la borne argent marquée « LOAD », et attachez un court raccord flexible noir à la borne de cuivre, marquée « LOAD ».

Connectez le raccord flexible noir à tous les fils de circuit noirs restants, à l'aide d'un capuchon de connexion. Connectez le raccord flexible blanc aux fils de circuit blancs restants.

Sur la maison, utilisez un ruban de tirage pour tirer le câble dans le conduit, jusque dans la boîte du disjoncteur de fuite à la terre.

Sur la terrasse, utilisez le ruban de tirage pour tirer le câble dans le conduit, jusque dans la boîte de la prise de courant et la boîte de l'interrupteur.

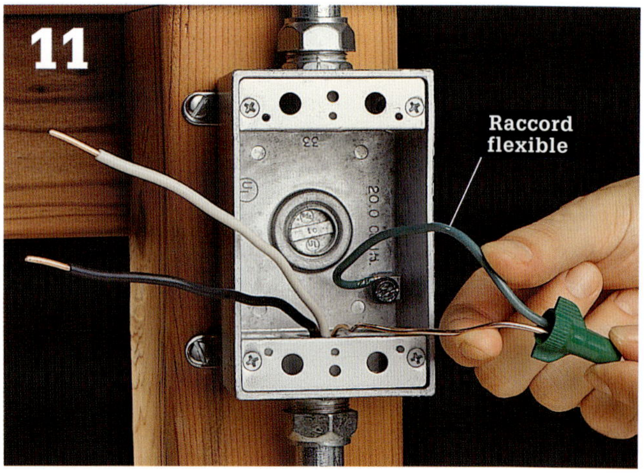

Connectez un raccord flexible de mise à la terre à chaque boîte de métal et anneau de prolongement, et rassemblez tous les fils de mise à la terre avec le raccord flexible. Posez les couvercles avant l'inspection du passage des canalisations électriques.

Attachez un raccord flexible à la vis de mise à la terre du disjoncteur. Attachez le raccord flexible de mise à la terre aux fils de mise à la terre en cuivre dénudés, à l'aide d'un capuchon de connexion (**photo 12**).

Insérez soigneusement les fils dans la boîte. Montez le disjoncteur de fuite à la terre, puis placez un joint d'étanchéité en mousse sur la boîte, et fixez le couvercle étanche.

À chaque prise de courant restante du circuit de votre terrasse, connectez les fils de circuit noirs aux bornes de cuivre de la prise. Connectez les fils de circuit blancs aux bornes argent de la prise. Attachez un raccord flexible de mise à la terre à la vis de mise à la terre de la prise, puis joignez tous les fils de mise à la terre à l'aide d'un capuchon de connexion.

Insérez soigneusement tous les fils dans la boîte, et fixez la prise à la boîte, à l'aide de vis de montage. Placez un joint d'étanchéité en mousse sur la boîte, et fixez le couvercle étanche.

CONNEXION DES LUMINAIRES DÉCORATIFS

Passez les fils de sortie du luminaire dans un raccord à compression fileté. Vissez-le à la base du luminaire (**photo 13**).

Passez les fils de sortie dans le conduit, jusque dans la boîte d'interrupteur. Glissez le luminaire sur le conduit, et serrez le raccord à compression.

RACCORDEZ L'INTERRUPTEUR

Les prises de courant extérieures sont pourvues de couvercles étanches et d'un bouton à levier. Ce levier déclenche un interrupteur unipolaire monté à l'intérieur du couvercle.

Raccordez le fil de circuit noir à l'une des bornes à vis de la prise, et raccordez le fil de sortie noir du luminaire à l'autre borne.

Raccordez le fil de sortie noir à l'une des bornes à vis de la prise, et raccordez le fil de sortie blanc au fil de circuit blanc (**photo 14**). Utilisez un capuchon de connexion pour réunir les fils de mise à la terre.

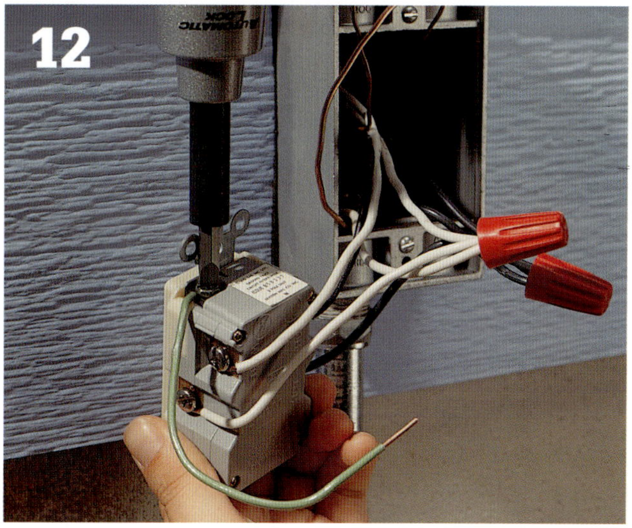

Pour installer un disjoncteur de fuite à la terre, raccordez le fil d'alimentation noir provenant du bloc d'alimentation à la borne à vis cuivrée (LINE), et le fil d'alimentation blanc à la borne à vis argent (LINE). Utilisez des raccords flexibles et des capuchons de connexion pour raccorder le fils de circuit noirs restants à la borne à vis cuivrée (LOAD), les fils de circuit blancs à la borne à vis argent (LOAD), et les fils verts ou cuivrés, à la vise de mise à la terre.

Passez les fils de sortie dans le conduit jusque dans la prise de courant, puis connectez le luminaire à l'aide d'un raccord à compression.

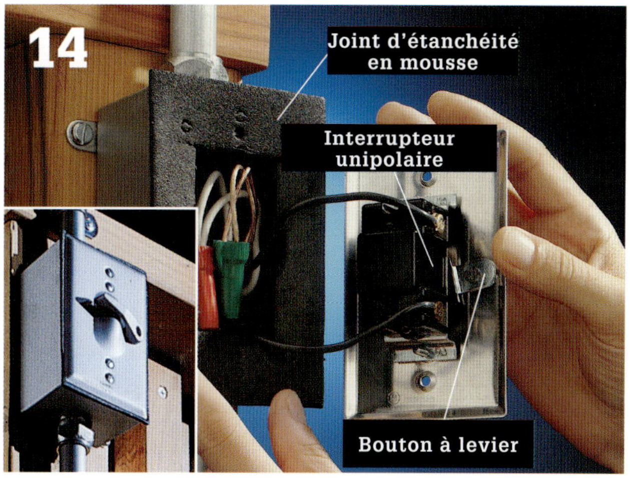

Pour installer une prise de courant étanche, raccordez le fil de circuit noir à l'une des bornes à vis de la prise, et le fil de sortie noir du luminaire à l'autre borne à vis. Utilisez des capuchons de connexion pour réunir les fils de circuit blancs et les fils de mise à la terre.

Installation de luminaires d'escalier à basse tension

Les luminaires encastrés à basse tension sont tout indiqués pour les terrasses. Insérés discrètement dans les planches de la terrasse, ils fournissent un éclairage d'accentuation sur les jardinières ou les escaliers.

DÉCOUPEZ LES OUVERTURES POUR LES LUMINAIRES

Utilisez un gabarit ou tracez le contour des luminaires sur les girons pour chacun des luminaires. Centrez le luminaire sur le giron, de 1 po à 2 po du bord (l'ouverture sera centrée sur l'intervalle entre les pièces de 2 x 6, sur la plupart des marches de terrasse).

Percez les coins des ouvertures, puis découpez les ouvertures à l'aide d'une scie sauteuse (**photo 1**).

Essayez de placer les luminaires pour vous assurer que l'ouverture est appropriée (ils devraient être serrés), puis ajustez les ouvertures, au besoin.

PASSEZ LES FILS DES LUMINAIRES

Passez les fils sous les escaliers depuis un système à basse tension déjà existant, ou à partir d'un nouveau transformateur. Percez un trou dans la contremarche du bas, au besoin, et passez les fils sous les escaliers, le long du bord intérieur.

Tirez une boucle de fils dans chacune des ouvertures qui recevront les luminaires, et fixez-les temporairement au giron à l'aide de ruban (**photo 2**).

RACCORDEMENT DES LUMINAIRES

Au milieu de la première boucle de fils en série, séparez de 3 po à 4 po des deux conducteurs du fil, en coupant le centre.

Enlevez environ 2 po d'isolant sur chaque fil. Coupez le fil au milieu de la section dénudée, et tordez les deux extrémités ainsi que l'extrémité de l'un des fils du luminaire, et réunissez-les dans un capuchon de connexion pour l'extérieur (**photo 3**).

Répétez l'opération avec l'autre fil du luminaire, et l'autre fil de circuit.

Replacez les fils dans l'ouverture, et insérez le luminaire dans l'ouverture.

Vérifiez chacun des luminaires avant d'installer le suivant.

Marquez l'emplacement des luminaires, puis découpez les ouvertures à l'aide d'une scie sauteuse.

Passez les fils à partir d'un système à basse tension existant, ou à partir d'un nouveau transformateur, jusqu'à l'emplacement de l'escalier.

Rassemblez les fils de sortie du luminaire et les fils du câble à basse tension, à l'aide de capuchons de connexion pour l'extérieur.

INSTALLATION DE LUMINAIRES DE GARDE-CORPS À BASSE TENSION

Les cordons lumineux sont des tuyaux souples et clairs, dans lesquels sont insérées de petites ampoules à tous les quelques pouces, sur l'ensemble de leur longueur. La plupart des cordons lumineux sont faits pour être branchés dans une prise de courant, sur les circuits de la maison. Bien que cet aménagement soit parfait pour la décoration intérieure, il limite l'utilisation extérieure de ces luminaires. Cependant, les versions à basse tension sont alimentées par un transformateur et peuvent être branchées discrètement à un circuit d'éclairage d'extérieur à basse tension. Ils sont offerts dans les boutiques de luminaires spécialisées et dans des catalogues.

PASSEZ LES FILS

Passez un câble depuis le transformateur ou un circuit à basse tension avoisinant, à l'aide d'un connecteur en T.

Faites courir le câble le long d'un poteau situé au bout du garde-corps, et fixez-le avec des crampons pour câbles. Laissez une longueur de câble suffisante, à l'extrémité, pour y raccorder le cordon lumineux **(photo 1)**.

FIXEZ LE CORDON LUMINEUX

Fixez le cordon lumineux sous la rampe, à l'aide d'un profilé en U. Coupez le profilé de la longueur voulue, et fixez-le sous la rampe.

Pressez le cordon dans le profilé **(photo 2)**.

RACCORDEZ LE CORDON LUMINEUX

Raccordez le fil du luminaire à l'extrémité du cordon, à l'aide d'un raccord vissable.

Raccordez les fils du cordon au câble d'alimentation à l'aide d'un raccord pour câbles d'extérieur à faible tension **(photo 3)**.

Placez un capuchon de plastique sur l'extrémité du cordon.

Passez un câble à basse tension depuis un transformateur ou un circuit à basse tension jusqu'à l'extrémité du garde-corps, et fixez-le à l'aide de crampons pour câble.

Fixez le profilé en U sous la rampe, puis pressez bien le cordon lumineux dans le profilé.

Raccordez les fils du cordon au câble d'alimentation à l'aide d'un raccord pour câbles d'extérieur.

Terrasse pour spa

L'incorporation à une terrasse d'un spa à remous peut se faire de deux manières. Si vous construisez votre terrasse à la hauteur requise, vous pouvez encastrer complètement le spa. Celui-ci reposera sur une dalle de béton, et vous construirez la terrasse autour.

Dans le cas d'une terrasse basse ou élevée, toutefois, il est plus pratique d'installer le spa sur le platelage et de construire une plate-forme autour du spa. Comme l'indiquent les pages suivantes, la structure de la terrasse doit être modifiée de manière à pouvoir supporter le poids du spa rempli d'eau. Faites approuver vos plans par l'inspecteur en bâtiment avant d'entreprendre une telle construction.

L'installation d'un spa à remous requiert généralement une tuyauterie et des canalisations électriques nouvelles. Durant la planification de l'installation, prévoyez l'emplacement des tuyaux, des câbles électriques, des interrupteurs et des panneaux de service. Pour vous faciliter la tâche, effectuez les travaux d'électricité et de plomberie brute avant la pose du platelage.

Que le spa soit encastré dans la terrasse ou qu'il repose sur le platelage, l'ajout d'un spa à une terrasse est un projet de rénovation très populaire.

Galerie de terrasses pour spa

Les spas ne sont pas limités aux terrasses situées au niveau du sol. Cependant, vous devrez ajouter des éléments de charpente et des semelles supplémentaires pour soutenir le spa en toute sécurité, quelle que soit la hauteur de votre terrasse. C'est là une autre raison importante pour faire revoir les plans de votre terrasse par un inspecteur en bâtiment avant de la construire.

Lorsque vous prévoyez l'installation d'un spa, songez à le placer à proximité de votre terrasse existante. Ainsi, le spa ne viendra pas perturber le va-et-vient, ni obstruer de grands espaces dont vous pourriez avoir besoin pour des tables, d'autres meubles de jardin ou des groupes de personnes.

Si votre jardin n'offre pas beaucoup d'intimité pour l'utilisation d'un spa, il est facile d'en créer en construisant un mur sur votre terrasse. Un pare-vent d'un tissu coloré pourrait également remplir ce rôle. Ainsi, vous pourrez vous faire tremper ou bronzer en toute quiétude.

Planification de l'installation d'un spa

Un panneau d'accès fait de platelage peut cacher un appareil utilitaire, comme un robinet ou un compresseur de climatiseur. Posez sur le pourtour intérieur de l'ouverture des tasseaux qui supporteront le panneau. Fabriquez le panneau de planches de platelage montées sur un cadre fait de pièces de bois de 2 x 4. Dans le panneau, pratiquez pour les doigts des ouvertures qui permettront de l'enlever facilement.

Dans vos plans, calculez le nombre de poteaux et de poutres requis pour supporter la charge maximale prévue, y compris le poids du spa rempli d'eau. Dans la plupart des cas, cela signifie qu'il faut ajouter des poutres et des poteaux sous le spa.

Charpente pour un spa

Planifiez et installez la lambourde, les semelles, les poteaux et les poutres conformément aux plans de votre terrasse. Calculez la position des solives sur les poutres et la lambourde, et posez-les en respectant les exigences réglementaires. Certains codes exigent que l'écart de centre à centre des poteaux ne soit pas supérieur à 12 po lorsque la terrasse doit supporter un spa. Si votre spa requiert de nouveaux tuyaux ou câbles électriques, installez-les avant de poursuivre la construction de la terrasse.

Posez le platelage. Avec un cordeau à tracer, marquez la position qu'occuperont le spa et sa plate-forme surélevée.

Déterminez la position des sablières haute et basse du mur et découpez-les dans des pièces de bois de 2 x 4.

Indiquez l'emplacement des poteaux sur les sablières haute et basse. Il faut placer les poteaux à intervalles de 16 po (centre à centre) et en poser aux extrémités des sablières.

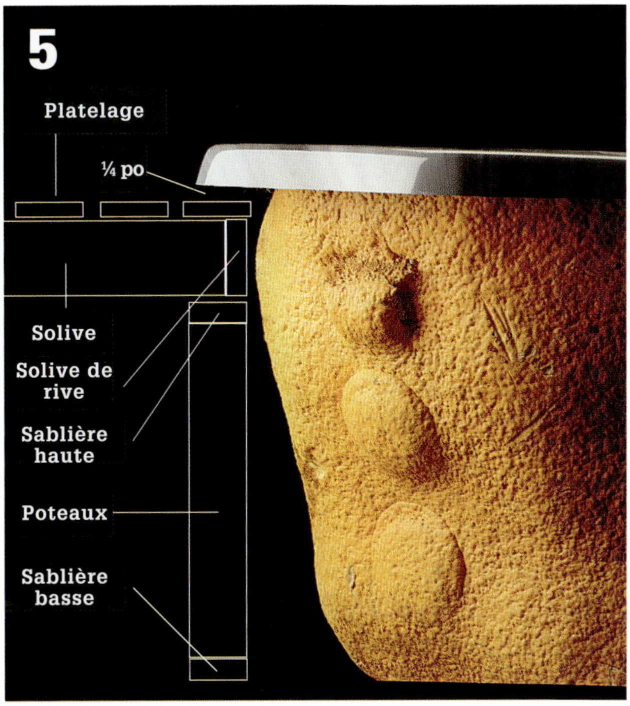

Mesurez la hauteur du spa pour déterminer celle des poteaux des murs de la plate-forme. Tenez compte de l'épaisseur des deux sablières, des solives et du platelage de la plate-forme. La surface du platelage devrait se trouver à ¼ po sous le niveau du bord du spa.

(Suite à la page suivante)

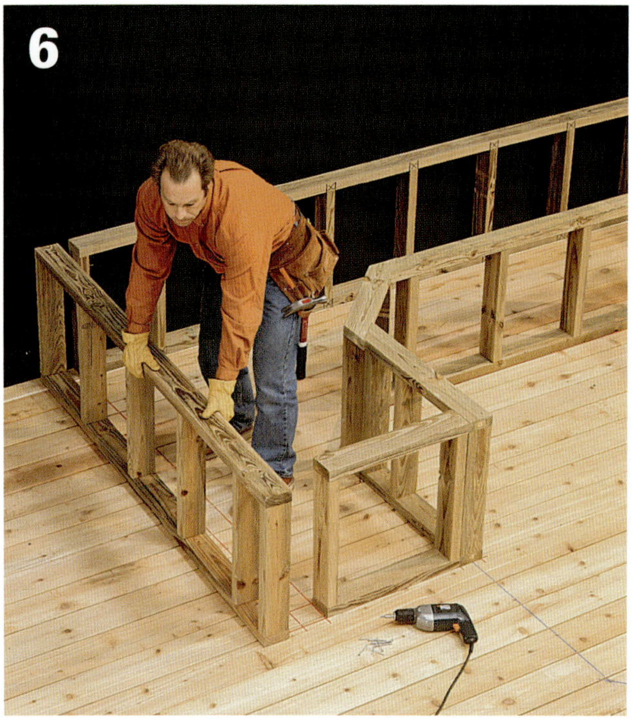

Construisez les murs en vissant les sablières sur les poteaux. Placez les murs verticalement sur les lignes tracées au cordeau. Fixez-les à la terrasse à l'aide de vis à plancher de 2 ½ po.

Dans les coins, joignez les poteaux avec des vis à plancher de 3 po. Vérifiez l'aplomb des murs et étayez-les.

Sur le bord arrière de la plate-forme, fixez une solive de rive de 2 x 6 en y enfonçant des clous en biais. Coupez et installez entre les murs, à intervalles de 16 po, les solives de 2 x 6 que vous clouerez en biais sur la sablière haute. Les extrémités des solives doivent être en retrait de 1 ½ po par rapport aux bords de la sablière haute afin que l'on puisse installer la solive de rive.

Coupez à la bonne longueur les solives de rive de 2 x 6. Fixez-les aux solives à l'aide de clous de 16d enfoncés dans les bouts. Pour créer les parties obliques du mur, découpez en biseau des entretoises que vous fixerez entre la solive de rive et les solives adjacentes à l'aide de vis à plancher.

Découpez les planches de platelage et fixez-les sur les solives avec des vis à plancher de 2 ½ po. Si votre spa nécessite des découpes destinées aux tuyaux ou aux câbles électriques, faites-les maintenant.

Installez le spa. Construisez un mur de poteaux de 2 x 2 sur les côtés exposés de celle-ci. Mesurez, coupez et posez les éléments de parement sur les murs exposés.

Construisez l'escalier donnant accès à la plate-forme. Posez les éléments de parement pour fermer les contremarches. Si le code l'exige, installez un garde-corps autour de la plate-forme.

Patio sous une terrasse

Les terrasses au deuxième étage comportent des avantages et des inconvénients. Ce sont des perchoirs ensoleillés qui offrent une vue imprenable sur le paysage. Mais le dessous est souvent un recoin sombre et froid, qui n'est pas protégé contre l'écoulement des eaux de pluie. Par conséquent, le dessous des terrasses finit souvent en espace perdu où l'on entrepose les articles saisonniers ou les meubles de jardin les moins invitants.

Mais il existe une façon simple de récupérer tout cet espace extérieur, en installant un système de plafond isolant qui recueille les eaux de pluie de l'étage supérieur, ce qui laisse la zone inférieure assez sèche pour être convertie en pièce extérieure polyvalente. Vous pouvez même fermer cet espace pour en faire une véranda grillagée.

Le système sous la terrasse présenté ici (voir les ressources, p. 315) peut être installé par un bricoleur. Ses composantes conviennent à pratiquement toutes les terrasses standard, et sont offertes en trois tailles, selon différents écartements de solives (écartements de 12 po, de 16 po et de 24 po, de centre à centre). Une fois ce système en place, le dessous de la terrasse est véritablement « asséché », et vous pouvez commencer à y ajouter des commodités telles qu'un éclairage par le haut, des ventilateurs de plafond et des haut-parleurs, pour compléter l'aménagement de cette pièce extérieure.

Ce système fonctionne en recueillant l'eau qui tombe de la terrasse supérieure, et en la dirigeant vers le bord extérieur de la terrasse. Selon vos plans, vous pouvez laisser l'eau s'égoutter des panneaux du plafond le long du bord de la terrasse, ou vous pouvez installer une gouttière standard et la diriger vers un seul point du terrain. Les étapes pour l'ajout d'une gouttière figurent aux p. 239-241.

Outils et matériaux ▸

- Niveau de 4 pi
- Cordeau traceur
- Pistolet à calfeutrer
- Perceuse
- Pince d'aviation
- Scie à métaux (pour la gouttière facultative)
- Système de plafond pour dessous de terrasse
- Calfeutrage acrylique étanche
- Vis d'acier inoxydable de 1 po
- Système de gouttières (facultatif)

Fait de vinyle résistant aux intempéries, ce système sous la terrasse crée un plafond attrayant et sans entretien qui maintient au sec l'espace situé au-dessous, en toute saison.

Conseils pour la planification

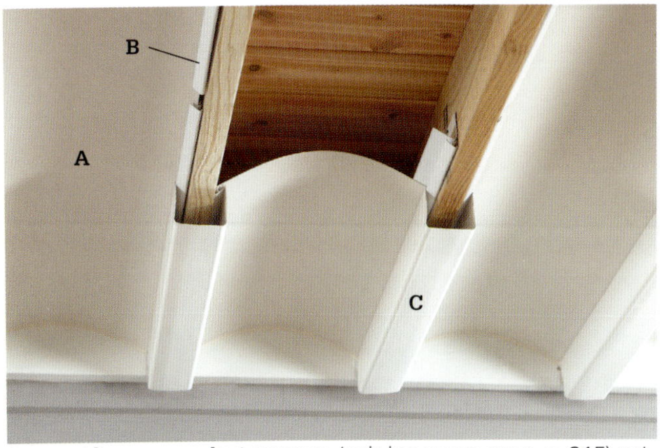

Ce système sous la terrasse (voir les ressources, p. 315) est constitué de quatre parties principales : les profilés montés sur les solives de la terrasse permettent de fixer les autres composantes. Les panneaux collecteurs (A) remplissent l'intervalle entre les solives et recueillent l'eau provenant de la terrasse située au-dessus. L'eau s'écoule vers les côtés des panneaux, où elle tombe dans les cavités des profilés (B), puis dans les gouttières de solives (C) (dans le cas des solives intérieures) et dans les gouttières d'extrémité (dans les cas des gouttières extérieures). Les gouttières permettent l'écoulement de l'eau vers le bord extérieur de la terrasse.

Pour obtenir un aspect fini, peignez le bois du platelage qui sera visible, une fois le système installé. Habituellement, la partie inférieure de la lambourde (fixée à la maison) et de la solive de rive (sur le bord externe de la terrasse) demeurent visibles.

Tenez compte des éléments architecturaux environnants, lorsque vous choisissez un système pour recouvrir le dessous de votre terrasse. Ici, le système est intégré avec la terrasse et l'escalier, tant du point de vue visuel que fonctionnel.

Installation d'un système sous la terrasse de plafond

Vérifiez le dessous de plusieurs solives de la terrasse pour vous assurer que la structure est de niveau. C'est important pour établir la pente appropriée à l'écoulement des eaux.

Si votre terrasse n'est pas de niveau, vous devrez y remédier lorsque vous établirez la pente du plafond. Pour déterminer le degré de correction nécessaire, tenez une extrémité du niveau contre une solive, et inclinez le niveau jusqu'à ce que vous obteniez un plan parfaitement horizontal. Mesurez la distance entre la solive et l'extrémité libre du niveau. Puis, divisez cette mesure par la longueur du niveau. Par exemple, si la distance est de ¼ po et que le niveau a 4 pi de longueur, la terrasse est dénivelée de 1⁄16 po par pied.

Pour établir la pente du système de plafond, marquez les extrémités des solives les plus près de la maison : mesurez à 1 po à partir du bas, puis à tous les 10 pi de longueur de la solive (ou environ ⅛ po par pi) et faites une marque. Marquez les deux côtés de chaque solive intermédiaire et la face intérieure des solives extérieures.

Créez une ligne de référence pour la pente à l'aide d'un cordeau traceur : tenez une extrémité du cordeau traceur à la marque faite à l'étape 3, et tenez l'autre extrémité au bord inférieur de la solive, à l'endroit où elle croise la solive de rive, au bord externe de la terrasse. Cinglez le cordeau sur toutes les solives.

Installez un solin de vinyle le long de la lambourde, dans les cavités entre les solives. Fixez le solin avec des vis en acier inoxydable de 1 po. Calfeutrez le long des bords supérieurs des solins, à l'endroit où ils croisent la lambourde et les deux solives, à l'aide d'un produit acrylique étanche de qualité. Calfeutrez aussi le dessous des solins pour renforcer la protection.

Commencez à fixer les profilés sur les solives, à 1 po à partir de la lambourde. Placez le bord inférieur de chaque profilé sur la ligne de craie, et fixez-en les deux extrémités à la solive à l'aide de vis en acier inoxydable de 1 po, puis ajoutez une ou deux vis entre les deux. Évitez de trop enfoncer les vis et de déformer les profilés ; il vaut mieux laisser un petit jeu permettant le mouvement.

Installez le reste des profilés sur les côtés de chaque solive, en laissant un intervalle de 1 ½ po (au minimum) à 2 po (au maximum) entre les profilés. Posez des profilés le long des deux côtés de chaque solive intérieure, et le long des faces intérieures de chaque solive extérieure. Coupez le dernier profilé de chaque rangée selon les besoins, à l'aide d'une cisaille d'aviation.

Mesurez la longueur de chaque cavité entre les solives, et coupez un panneau collecteur, à ¼ po de moins que la longueur de la cavité. Cela permet aux panneaux de prendre de l'expansion. Pour les cavités plus étroites entre les solives, coupez le panneau de la largeur voulue en suivant les recommandations du fabricant.

(Suite à la page suivante)

Marquez et coupez les panneaux collecteurs de façon qu'ils soient serrés contre la lambourde. Tenez un crayon de menuisier à plat contre la lambourde, et déplacez le crayon le long de la planche pour transposer son contour sur le panneau. Coupez le panneau le long de la ligne tracée.

Coupez les coins des panneaux collecteurs selon les besoins, afin qu'ils puissent recevoir les étriers et d'autres pièces de quincaillerie. Il est possible que cela ne soit nécessaire que sur le côté « maison » de la cavité entre les solives ; à l'extrémité extérieure, le joint de dilatation devrait être exempt de toute pièce quincaillerie.

Posez les panneaux collecteurs, en commençant du côté de la maison. En tenant le côté texturé du panneau vers le bas, insérez-en un bord dans les cavités des profilés, puis poussez doucement sur le côté opposé jusqu'à ce qu'il s'ajuste dans le profilé opposé. Lorsqu'ils sont tous installés, les panneaux devraient être serrés contre la lambourde et laisser un intervalle de ¼ po avec la solive de rive.

Préparez chaque gouttière de solive en la coupant ¼ po plus courte que la solive à laquelle elle sera fixée. Si la solive repose sur une poutre porteuse, voir *Ajustement autour des poutres,* à la p. 238. Du côté de la maison, à l'extrémité de chaque gouttière, coupez les coins des brides à 45°. Cela permet d'ajuster la gouttière étroitement contre la lambourde.

Coupez quatre ou cinq languettes de ⅛ po sur la surface inférieure, aux extrémités extérieures des gouttières. Cela empêchera l'eau de s'écouler par-dessus les bords de la gouttière.

Fixez un coupe-froid en mousse auto-adhésif (offert par le fabricant) du côté «maison» de chaque gouttière de solive. Étendez un trait de produit calfeutrant le long du coupe-froid pour étanchéiser la gouttière. Le coupe-froid sert de barrage contre l'eau.

Installez chaque gouttière de solive en ouvrant légèrement ses côtés, tout en poussant la gouttière vers le haut, sur les profilés, jusqu'à ce qu'elle clique en place. La gouttière devrait être emboîtée parfaitement contre les panneaux collecteurs. L'extrémité côté «maison» des gouttières devrait être serrée contre la lambourde, et comporter un joint de dilatation de ¼ po avec la solive de rive.

Préparez les gouttières d'extrémité en suivant les mêmes étapes que pour les gouttières de solive. Installez chaque gouttière d'extrémité en glissant sa longue bride extérieure derrière les profilés de solive et en la poussant vers le haut jusqu'à ce que la gouttière clique en place. Installez les gouttières d'extrémité en partant de la maison et en vous dirigeant vers le bord extérieur de la terrasse.

(Suite à la page suivante)

Étendez un trait de produit calfeutrant d'une couleur harmonisée le long des joints des panneaux collecteurs avec la lambourde. Ce n'est qu'à des fins décoratives, et ce n'est pas nécessaire pour empêcher l'eau de s'infiltrer.

Si les panneaux collecteurs sont déformés parce que l'espace entre les solives est trop étroit, dégagez le panneau de la zone qui pose problème, puis coupez environ ⅛ po du bord du panneau. Remettez le panneau en place. Au besoin, coupez encore le bord du panneau légèrement, jusqu'à ce que le panneau s'ajuste bien.

Ajustement autour des poutres ▸

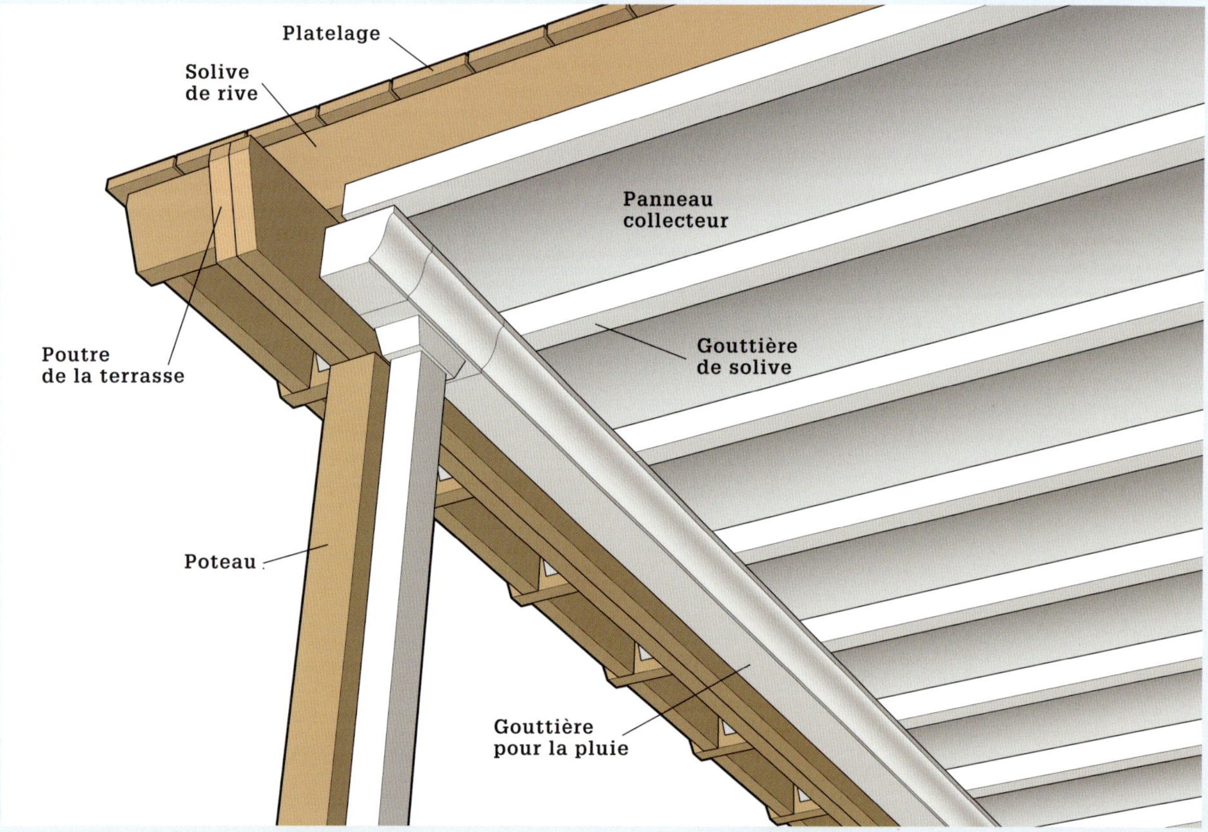

Lorsque les solives d'une terrasse reposent sur une poutre porteuse, coupez les gouttières de solive et les gouttières d'extrémité 1 ½ po plus courtes que la poutre. Installez une gouttière pour la pluie standard le long du côté «maison» de la poutre afin de recueillir l'eau à sa sortie du système de gouttières (p. 239-241). (Du côté opposé de la poutre, placez de nouvelles longueurs de gouttières de solive, serrées contre la poutre, et s'arrêtant à ¼ po de la solive de rive. Les profilés de solive et les panneaux collecteurs devraient laisser la poutre dégagée et peuvent être installés comme d'habitude.) Ou bien, vous pouvez simplement laisser la partie en surplomb telle quelle.

Gouttière de ruissellement

Le système de gouttières de base pour une terrasse carrée ou rectangulaire comporte une section droite de gouttière, et un tuyau de descente à une extrémité. Les sections de gouttière préfabriquées en vinyle ou en aluminium sont idéales pour cette application. Les sections de gouttière sont habituellement offertes en longueurs de 10 pi et de 20 pi ; il est donc possible que vous puissiez utiliser une seule section de gouttière, sans raccords. Sinon, vous pouvez réunir les sections à l'aide de raccords spéciaux. Faites le tour des magasins pour trouver le type de gouttière qu'il vous faut. S'il y a peu d'appui pour soutenir l'arrière de la gouttière ou pour l'y fixer, vous devrez peut-être utiliser des gouttières à bride que vous pourrez fixer aux éléments de charpente situés au-dessus de la gouttière.

Installation d'une gouttière de ruissellement sous une terrasse

Cinglez le cordeau sur la poutre ou autre surface d'appui afin de déterminer la pente de la principale section de gouttière. Cette ligne correspondra au bord supérieur de la gouttière. La pente idéale est de 1/16 po par pied. Par exemple, dans le cas d'une section de gouttière de 16 pi, l'extrémité supérieure sera 1 po plus haute que l'extrémité inférieure. Le tuyau de descente devrait être situé juste à l'intérieur de l'extrémité inférieure de la gouttière. Marquez la poutre aux deux extrémités pour créer la pente désirée, puis cinglez le cordeau entre les marques. L'extrémité supérieure de la gouttière devrait se situer juste sous la gouttière d'extrémité du système de plafond.

(Suite à la page suivante)

Installez un embout de tuyau de descente près de l'extrémité de la gouttière, de façon que le sommet de la gouttière arrive à la même hauteur que la ligne de pente. Si vous prévoyez fermer la zone située sous la terrasse, choisissez un endroit discret pour placer le tuyau de descente, loin des zones de circulation.

Posez des collets de suspension (selon le type d'étriers ou de collets que vous utilisez, il vaut souvent mieux les poser avant d'installer la gouttière). Fixez un étrier à tous les 24 po, de façon que le sommet de la gouttière arrive au même niveau que la ligne de pente.

Options en matière de gouttières ▸

Les gouttières sont offertes en différents matériaux, dont le PVC, l'acier émaillé et le cuivre. Dans la plupart des cas, vous devriez essayer d'harmoniser les matériaux adjacents, mais l'utilisation d'un matériau plus décoratif peut créer un contraste agréable.

Coupez les sections de gouttière aux longueurs voulues, à l'aide d'une scie à métaux. Fixez un capuchon d'extrémité au début de la section principale, puis insérez la gouttière dans l'embout de la descente (en laissant du jeu pour la dilatation, au besoin), et fixez la gouttière en place.

Joignez des sections de gouttière ensemble, au besoin, s'il vous faut de longues sections, en utilisant des raccords. Installez une courte section de gouttière munie d'un capuchon d'extrémité, sur l'extrémité opposée de l'embout de descente. Peignez la zone où l'embout de descente sera installé, si ce n'est déjà fait.

Coupez le tuyau de descente à la longueur voulue, et fixez un raccord coudé à son extrémité inférieure. Fixez le tuyau de descente à l'embout de descente, puis fixez le tuyau de descente à un poteau ou à un autre support vertical, à l'aide d'étriers (en médaillon).

Coupez un tuyau d'évacuation qui s'étendra du raccord coudé du tuyau de descente jusqu'à un point d'évacuation. Placez le tuyau de façon qu'il dirige les eaux loin de la maison et des zones passantes. Fixez le tuyau d'évacuation au raccord coudé du tuyau de descente. Ajoutez un bloc parapluie, si vous le désirez.

Rediriger les tuyaux de descente ▸

Il vous faudra peut-être faire preuve d'un peu d'imagination pour diriger le tuyau d'évacuation dans un porche fermé ou un patio. Ci-dessus, deux raccords coudés permettent de faire tourner le tuyau d'évacuation à 90°.

Terrasse au rez-de-chaussée, de plain-pied avec la maison

Voici une terrasse tout à fait classique dans sa simplicité. De dimensions raisonnables et facile à construire, elle vous coûtera peu d'argent… et peu de temps. Les plans de charpente et de platelage sont plutôt simples ; il est probable que vous pourrez construire la terrasse en deux ou trois week-ends, même si vous avez peu d'expérience en menuiserie et en construction. En quelques semaines seulement, vous pouvez transformer votre jardin en un lieu de rencontre convivial pour les repas ou la détente, en un endroit où vous, votre famille et vos amis pourrez prendre l'air en tout confort.

Augmentez l'espace habitable et la valeur de votre maison.

Vue en coupe

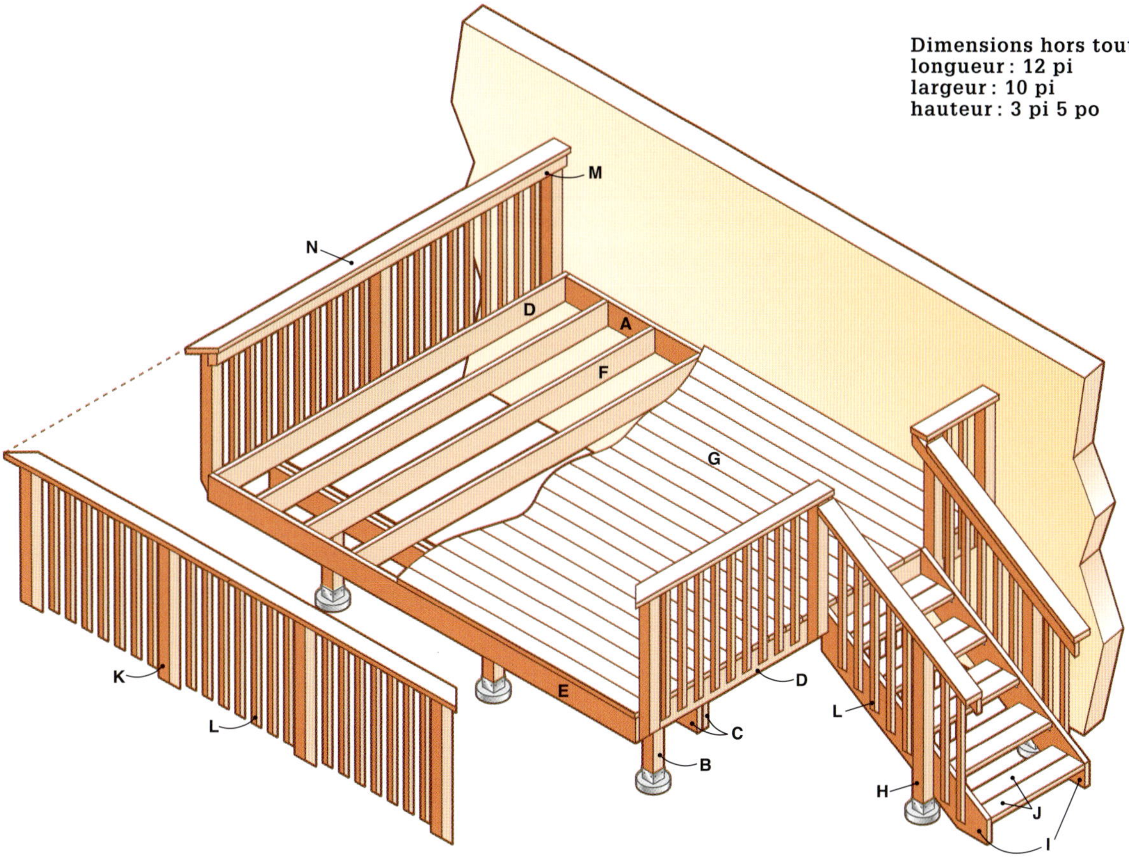

Fournitures

Coffrages tubulaires de 10 po de diamètre (3)
Coffrages tubulaires de 8 po de diamètre (2)
Boulons en J (5)
Bases métalliques pour poteaux de 6 x 6 (3)
Bases métalliques pour poteaux de 4 x 4 (2)
Brides faîtières métalliques de 4 x 4 (3)
Étriers à solive de 2 x 8 (16)
Cornières d'assemblage de 1 ½ po x 6 po (6)
Cornières d'assemblage de 1 ½ po x 10 po (10)
Vis à plancher galvanisées de 2 ½ po et 3 po ; clous galvanisés de 16d ; tire-fonds de ⅜ po x 4 po avec rondelles (20)
Tire-fonds de ⅜ po x 5 po avec rondelles (22)
Tire-fonds de ¼ po x 1 ¼ po avec rondelles (80)
Solin (12 pi)
Scellant à la silicone pour usage extérieur (3 tubes)
Béton

Liste dimensionnelle

Qté	Dimensions	Fournitures	Éléments
4	2 × 8 po × 12 pi	Bois traité	Lambourde (A), Planches pour poutre (C), Solives de rive (E)
1	6 × 6 po × 8 pi	Bois traité	Poteaux de terrasse (B)
10	2 × 8 po × 10 pi	Bois traité	Solives extérieures (D), Solives (F)
25	2 × 6 po × 12 pi	Cèdre	Platelage (G), Appui (N)
7	4 × 4 po × 8 pi	Cèdre	Poteaux d'escaliers (H), Poteaux de garde-corps (K)
2	2 × 12 po × 8 pi	Cèdre	Limons (I)
5	2 × 6 po × 6 pi	Cèdre	Marches (J)
32	2 × 2 po × 8 pi	Cèdre	Balustres (L)
2	2 × 4 po × 12 pi	Cèdre	Lisse (M)
2	2 × 4 po × 10 pi	Cèdre	Lisse (M)

Plan de charpente

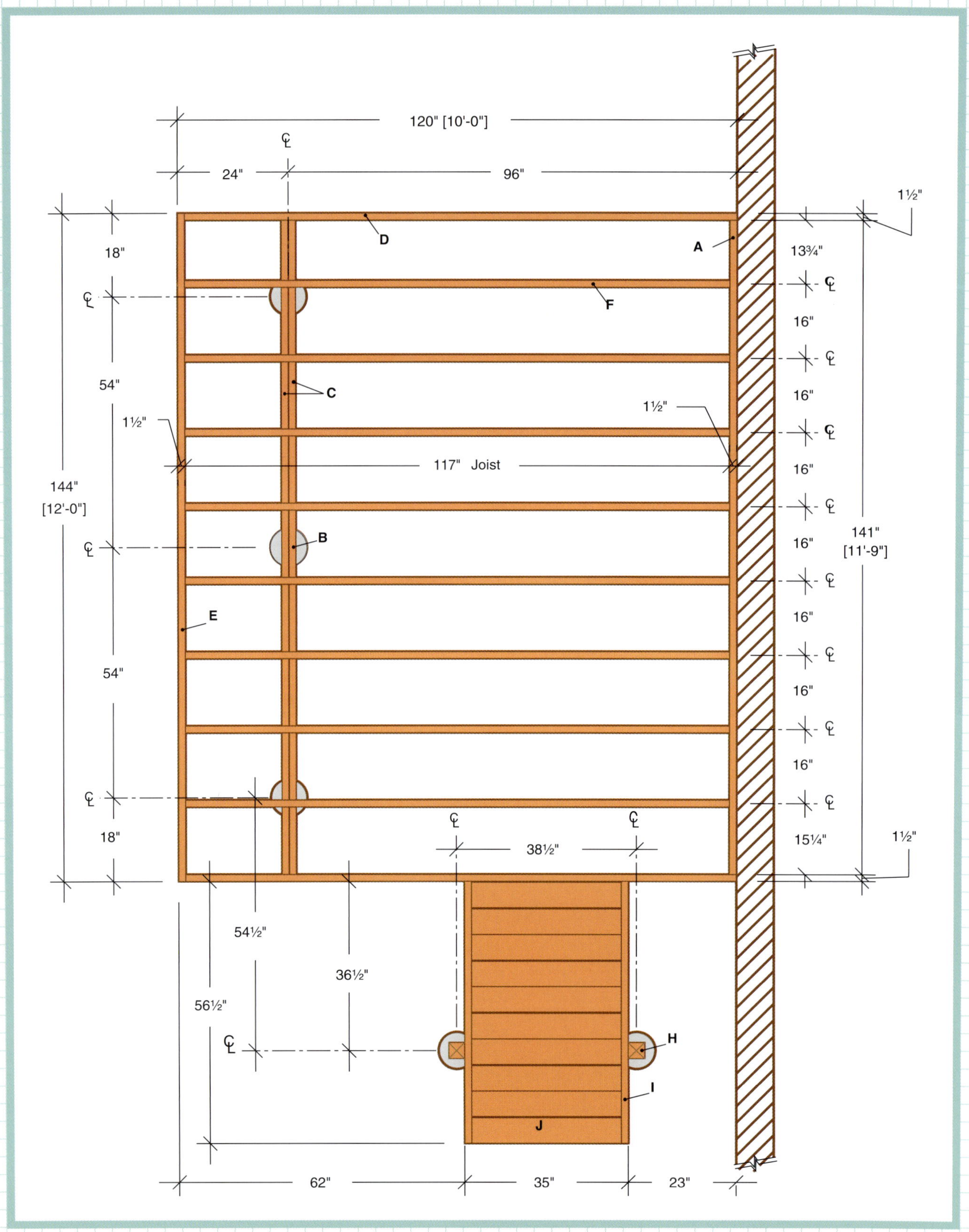

" = pouce
' = pied

Élévation

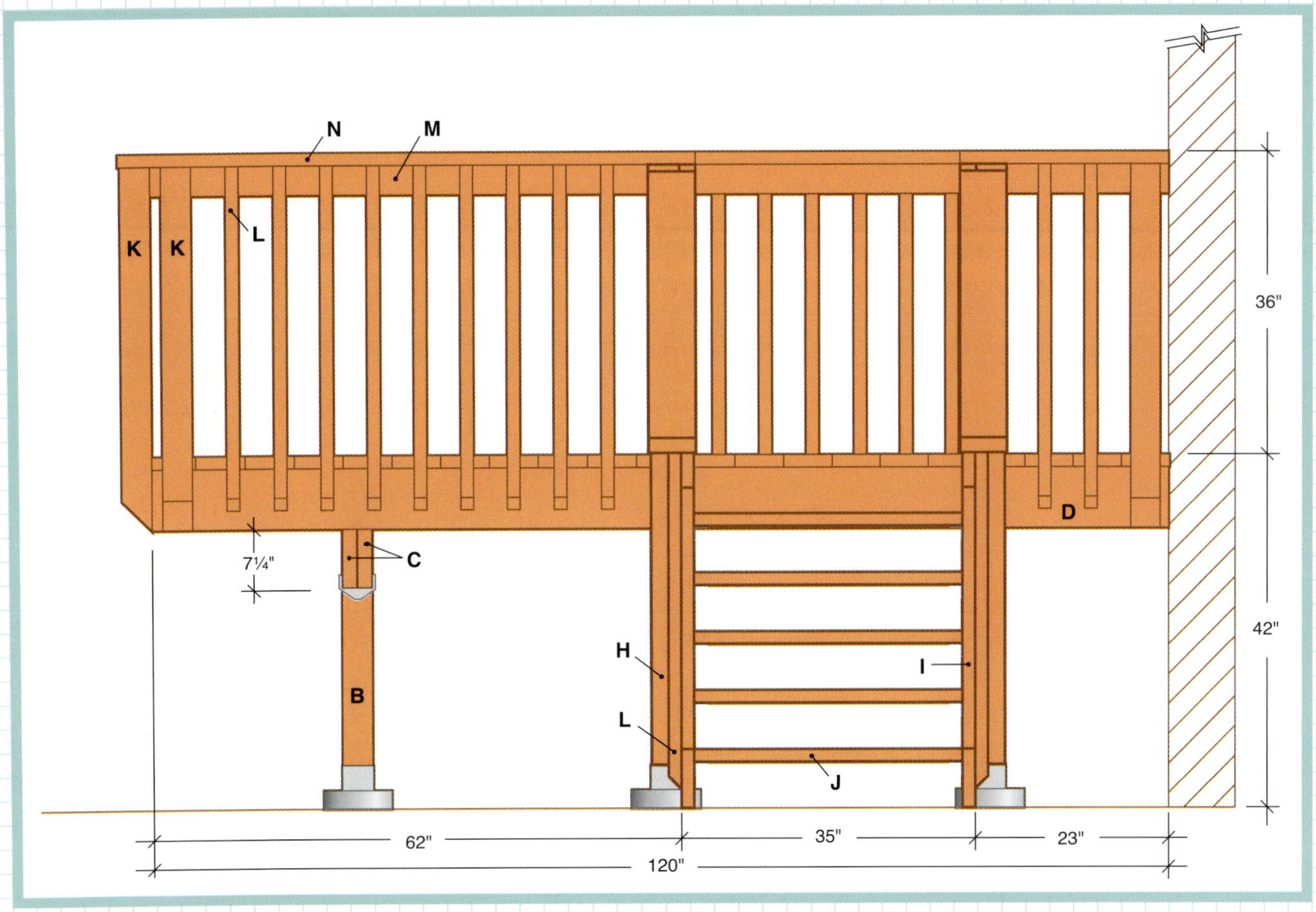

Détail de l'escalier

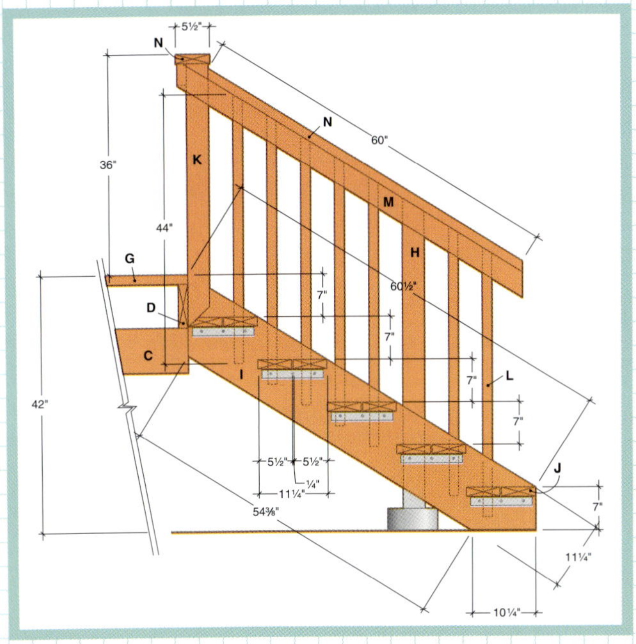

Détail du garde-corps

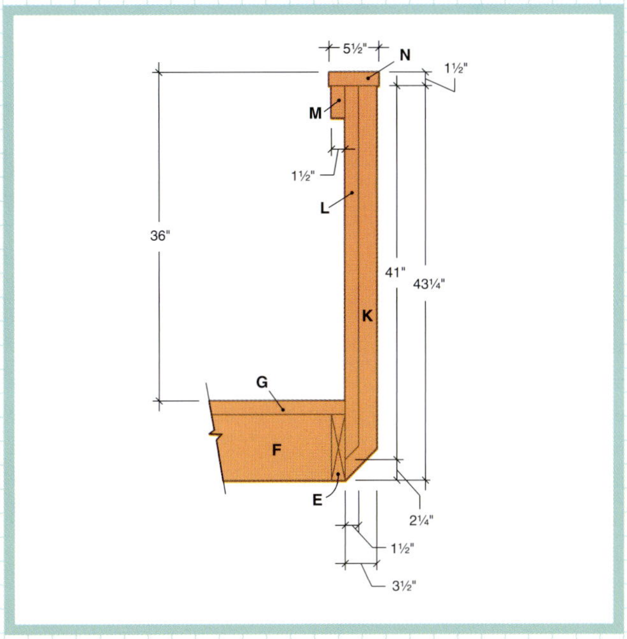

" = pouce

' = pied

Construction : Terrasse rectangulaire

POSEZ LA LAMBOURDE

Dessinez sur le parement un profil de niveau indiquant les endroits où la lambourde et les solives extérieures seront fixées. Installez la lambourde de manière que la surface du platelage se trouve à 1 po sous le niveau du plancher intérieur. Cette différence de niveau empêchera l'eau et la neige fondue de s'infiltrer dans la maison.

Avec une scie circulaire, découpez le parement de la maison le long du profil. Pour éviter d'entamer le revêtement situé sous le parement, réglez la lame à une profondeur de coupe égale à l'épaisseur du parement. Finissez la découpe avec un ciseau dont vous orienterez le côté biseauté vers l'intérieur, afin que la découpe soit droite.

Avec une cisaille, coupez un solin métallique à la même longueur que la découpe. Glissez le solin sous le parement, au-dessus de la découpe.

Dans une pièce de bois traité sous pression, mesurez la lambourde (A) et coupez-la. Centrez la lambourde dans la découpe en laissant à chaque extrémité l'espace requis par les solives extérieures.

Étayez la lambourde sous le solin et fixez-la provisoirement avec des vis à plancher galvanisées.

Le long de la lambourde, jusque dans la solive de rive de la maison, pratiquez tous les 16 po deux avant-trous de ¼ po. Chambrez-les à une profondeur de ½ po avec un foret à trois pointes de 1 po. À l'aide d'une clé à douille à cliquet, fixez la lambourde avec des tire-fonds de ⅜ po x 4 po munis de rondelles.

Appliquez un épais cordon de scellant à la silicone entre le parement et le solin. Appliquez-en aussi sur la tête des tire-fonds et dans les joints des extrémités de la lambourde.

COULEZ LES SEMELLES

En vous basant sur les mesures indiquées dans le Plan de charpente de la p. 244, marquez sur la lambourde les lignes centrales des deux semelles de coin et plantez un clou à ces endroits.

Installez temporairement des chaises et tendez des cordeaux entre ces chaises et les deux clous plantés dans la lambourde. Veillez à ce que les cordeaux soient perpendiculaires à la lambourde ; en prenant une mesure sur les cordeaux, déterminez le point central de chaque poteau.

Installez deux autres chaises et tendez entre les points centraux des poteaux un cordeau parallèle à la lambourde.

Assurez-vous que les cordeaux sont d'équerre en mesurant les diagonales ; modifiez la position des cordeaux jusqu'à ce que les diagonales soient de longueur égale.

En prenant une mesure sur le cordeau parallèle à la lambourde, marquez avec du ruban la position du poteau du milieu.

Utilisez un plomb pour transposer sur le sol les points centraux des trois poteaux, et enfoncez un pieu à chacun de ces endroits.

Enlevez les cordeaux et creusez les trous destinés aux semelles avec une tarière manuelle ou motorisée. Pour le drainage, déposez dans chaque trou une couche de gravier de 2 po à 3 po d'épaisseur. **NOTE :** Lorsque vous déterminez le diamètre et la profondeur des semelles, respectez les exigences du code du bâtiment de votre localité ; il est parfois exigé que la base de la semelle soit évasée.

Avec une scie alternative ou une égoïne, coupez les coffrages tubulaires à la bonne longueur et insérez-les dans les trous de manière qu'ils dépassent du sol sur 2 po. Foulez de la terre autour des coffrages pour qu'ils se tiennent. Remplissez-les avec du béton que vous piquerez avec une tige pour en chasser les poches d'air.

Égalisez la surface du béton avec une pièce de bois droite de 2 x 4. Insérez dans le centre de chaque semelle un boulon en J, en laissant dépasser de la surface de ¾ po à 1 po de filets. Retendez les cordeaux et placez les boulons en J exactement au centre des poteaux, en vous guidant sur un plomb. Nettoyez les filets des boulons avant que le béton sèche.

Après avoir marqué la position de la lambourde et découpé le parement à la scie circulaire, utilisez un ciseau pour détacher les coins.

Une fois les poteaux mis en place et étayés d'aplomb, utilisez une pièce de bois droite de 2 x 4 ainsi qu'un niveau pour marquer sur chaque poteau la ligne de sommet de la poutre.

INSTALLEZ LES POTEAUX

Déposez à plat sur les semelles une longue pièce de bois droite de 2 x 4, parallèlement au mur de la maison. Appuyez l'un des bords de la pièce de bois contre les boulons, puis tracez sur les semelles une ligne de repère.

Placez une base métallique sur chaque semelle ; centrez ces bases sur les boulons en J et alignez-les sur la ligne de repère. Fixez les bases en vissant sur chaque boulon un écrou que vous serrerez avec une clé à douille à cliquet.

Coupez les poteaux à une longueur de 6 po supérieure à leur longueur finale. Insérez les poteaux dans les bases et immobilisez-les avec un clou.

En vous servant d'un niveau, mettez les poteaux d'aplomb et retenez-les dans leur position à l'aide de pieux et d'étais. Finissez de clouer les poteaux sur les bases.

Déterminez la hauteur de la poutre à l'aide d'une pièce de bois droite de 2 x 4 placée sous le bord inférieur de la lambourde et sur la face d'un poteau. Mettez la pièce de bois de niveau et tracez une ligne sur le poteau.

Tracez sur le poteau, à 7 ¼ po de cette ligne, une autre ligne qui indiquera le bord inférieur de la poutre. Avec un niveau, reportez cette ligne sur les autres poteaux.

Servez-vous d'une équerre combinée pour prolonger tout autour des poteaux les lignes de niveau. Avec une scie alternative ou une égoïne, coupez les poteaux à cette hauteur finale.

INSTALLEZ LA POUTRE

Coupez les planches de poutre (C) en laissant plusieurs pouces de jeu à chaque extrémité en vue de la coupe finale.

Joignez les planches avec des vis à plancher galvanisées de 2 ½ po. En vous aidant d'une équerre combinée, marquez la position des poteaux sur le bord supérieur et les côtés de la poutre.

Fixez les brides faîtières sur le sommet des poteaux avec des vis à plancher galvanisées de 1 ¼ po enfoncées dans des avant-trous.

Posez la poutre dans les brides faîtières, le côté bombé orienté vers le haut. Alignez sur les brides les lignes de repère faites sur la poutre. **NOTE :** Pour installer une poutre de ces dimensions, vous devez vous faire aider par au moins deux personnes.

Attachez des deux côtés les brides faîtières à la poutre à l'aide de vis à plancher galvanisées de 1 ¼ po enfoncées dans des avant-trous.

INSTALLEZ LE CADRE

Mesurez les solives extérieures et coupez-les à la scie circulaire.

Attachez les solives extérieures aux extrémités de la lambourde à l'aide de vis à plancher galvanisées de 2 ½ po.

Mesurez la solive de rive (E) et coupez-la à la scie circulaire. Attachez-la aux extrémités des solives extérieures à l'aide de clous galvanisés de 16d.

Mettez le cadre d'équerre en mesurant les diagonales et en ajustant les éléments jusqu'à ce que les angles soient droits. Fixez les solives extérieures sur le dessus de la poutre à l'aide de clous enfoncés en biais. Coupez la poutre à la bonne longueur.

Renforcez chacun des coins intérieurs du cadre à l'aide d'une cornière d'assemblage fixée avec des vis à plancher de 1 ¼ po.

Insérez les solives dans les étriers en en orientant vers le haut le côté bombé.

(Suite à la page suivante)

Pour trouver la position des semelles, servez-vous des mesures du Plan de charpente ; faites dépasser de la terrasse (perpendiculairement à la solive de rive) une pièce de bois de 2 x 4 et pendez-y un plomb pour transposer sur le sol le point central de chaque semelle.

INSTALLEZ LES SOLIVES

En vous servant d'un ruban à mesurer et d'une équerre combinée, tracez le profil des solives intérieures (F) sur la lambourde, la poutre et la solive de rive (voir le Plan de charpente, p. 244).

Attachez les étriers à solive à la lambourde avec des vis galvanisées de 1 ¼ po. Utilisez une pièce d'écartement de 2 x 8 pour uniformiser l'espacement des étriers.

Mesurez, marquez et coupez à la scie circulaire les solives intérieures. Placez les solives dans les étriers, côté bombé orienté vers le haut, et fixez-en les deux extrémités avec des vis galvanisées de 1 ¼ po (dans chacun des trous des étriers).

Alignez les solives sur les marques faites sur le dessus de la poutre et fixez-les à l'aide de clous enfoncés en biais.

POSEZ LE PLATELAGE

Coupez la première planche de platelage (G) à la bonne longueur ; placez-la contre la maison et fixez-la à chaque solive au moyen de deux vis à plancher galvanisées de 2 ½ po.

Placez les autres planches en en laissant les extrémités déborder des solives extérieures. Pour le drainage, laissez entre les planches un écart de ⅛ po et attachez-les à chaque solive au moyen de deux vis à plancher.

Tous les trois ou quatre rangs, mesurez la distance séparant le platelage installé du bord de la terrasse. Si la division de cette distance par 5 ⅝ donne un chiffre rond, le dernier rang de planches sera parfaitement aligné sur le bord de la terrasse. Si ce n'est pas le cas, modifiez un peu l'écartement des rangs restants.

Si le platelage déborde des solives extérieures, faites une ligne avec le cordeau à tracer le long des bords de la terrasse et coupez l'excédent des planches avec une scie circulaire. Au besoin, terminez la coupe avec une scie sauteuse ou une égoïne dans les endroits que ne peut atteindre la scie circulaire.

CONSTRUISEZ L'ESCALIER

Reportez-vous au Plan de charpente (p. 244) pour connaître la position des semelles de l'escalier.

Trouvez la position des semelles en faisant dépasser de la terrasse une pièce de bois de 2 x 4 et en y pendant un plomb. Marquez avec un pieu le point central de chaque semelle.

Creusez les trous destinés aux semelles avec une tarière manuelle ou motorisée et coulez le béton de la même manière que pour les semelles de la terrasse.

Fixez une base de poteau sur la semelle ; insérez-y le poteau (H), mais ne le coupez pas encore à sa longueur finale.

Coupez les limons (I) à la bonne longueur et servez-vous d'une équerre de charpente pour tracer la hauteur et le giron de chaque marche (voir le Détail de l'escalier, p. 245). Coupez à la scie circulaire les angles des extrémités des limons. (Pour avoir de plus amples renseignements sur la construction des escaliers, consultez les p. 120-137.)

Après avoir fixé les limons sur la terrasse, attachez-les aux poteaux. Pratiquez deux avant-trous chambrés dans les limons, jusque dans les poteaux, et fixez les limons avec des tire-fonds.

Alignez une cornière d'assemblage de 1 ½ po x 10 po sur la ligne inférieure de chaque marche et fixez-la avec des tire-fonds de 1 ¼ po.

Avec des tire-fonds de 1 ¼ po, attachez des cornières d'assemblage alignées sur le bord supérieur découpé des limons. Placez contre la terrasse l'extrémité supérieure des limons en veillant à ce que la pointe de ceux-ci soit alignée sur la surface du platelage.

Fixez les limons en enfonçant des vis galvanisées de 1 ¼ po dans la cornière d'assemblage jusque dans la solive de rive, et en pratiquant des avant-trous de ¼ po, de l'intérieur de la solive jusque dans les limons, dans lesquels vous insérerez des tire-fonds de ⅜ po x 4 po.

Pour raccorder les limons aux poteaux d'escalier, pratiquez deux avant-trous de ¼ po et chambrez-les sur une profondeur de ½ po avec un foret à trois pointes de 1 po. À l'aide d'une clé à douille à cliquet, attachez les limons aux poteaux avec des tire-fonds de 4 po munis de rondelles.

Mesurez la longueur des marches (J) et coupez pour chacune deux planches de 2 x 6. Pour chaque marche, placez la planche avant sur la cornière de manière que le bord avant de celle-ci soit aligné sur le tracé de marche fait sur les limons. Fixez la planche sur les cornières à l'aide de tire-fonds de ¼ po x 1 ¼ po.

Placez une planche arrière sur chacune des cornières, en laissant un écart de ⅛ po entre les planches avant et arrière. Fixez les planches à l'aide de tire-fonds de 1 ¼ po.

Attachez les planches de la marche la plus basse en enfonçant des vis à plancher dans les limons.

INSTALLEZ LE GARDE-CORPS

Avec une scie à onglet ou une scie circulaire, coupez les poteaux (K) et les balustres (L) à la bonne longueur (voir le Détail du garde-corps, p. 245) ; les extrémités supérieures seront coupées à angle droit, et les inférieures à 45°.

Marquez et pratiquez à 4 po l'un de l'autre deux avant-trous de ¼ po près de l'extrémité inférieure des poteaux. Chambrez les avant-trous à une profondeur de ½ po avec un foret à trois pointes de 1 po.

Pratiquez à 4 po l'un de l'autre deux avant-trous de ⅛ po près de l'extrémité inférieure des balustres et, près de l'extrémité supérieure de ceux-ci, à 1 ½ po d'écart, deux autres avant-trous identiques.

Avec une équerre combinée, marquez la position des poteaux sur la face extérieure de la terrasse. **NOTE :** Placez les poteaux de coin à 4 po l'un de l'autre maximum.

Attachez les poteaux avec des serre-joints. Les poteaux doivent être d'aplomb, et leur extrémité biseautée alignée sur le bord inférieur de la terrasse. Avec un poinçon, marquez sur le côté de la terrasse la position des avant-trous. Enlevez les poteaux. Pratiquez sur les marques des avant-trous de ¼ po. Fixez sur le côté de la terrasse les poteaux du garde-corps à l'aide de tire-fonds de ⅜ po x 5 po munis de rondelles.

Coupez les lisses (M) à la bonne longueur ; les extrémités qui se joignent dans les coins seront coupées à 45°. Fixez la lisse du garde-corps aux poteaux avec des vis à plancher de 2 ½ po, en alignant le bord supérieur de la lisse sur le sommet des poteaux. Joignez les éléments de la lisse en en coupant les extrémités à 45°.

Placez l'appui sur les poteaux et les balustres. Serrez bien les joints à onglet des coins et fixez-les avec des vis à plancher.

Fixez provisoirement les lisses de l'escalier avec des vis galvanisées de 3 po. Tracez sur la face arrière de ces lisses les profils du poteau et des lisses du garde-corps. Marquez sur les poteaux d'escalier la position des lisses. À l'aide d'un niveau, tracez sur l'extrémité inférieure de la lisse une ligne de coupe d'aplomb. Enlevez la lisse.

Coupez sur la ligne diagonale les poteaux d'escalier à leur longueur finale et coupez la lisse d'escalier le long des tracés. Posez la lisse d'escalier et fixez-la avec des vis à plancher.

Avec des vis à plancher, fixez les balustres entre les poteaux de garde-corps à intervalles réguliers de 4 po ou moins. Gardez l'extrémité supérieure de chaque balustre alignée sur la lisse. Dans l'escalier, placez les balustres contre le limon et la lisse et mettez-les d'aplomb. Tracez une ligne de coupe diagonale au sommet des balustres et, avec une scie à onglet, coupez-les à leur longueur finale.

Vérifiez vos mesures, puis coupez à la bonne longueur les sections d'appui (N). Placez l'appui de manière que son bord intérieur déborde de ¼ po de celui de la lisse. Fixez l'appui sur la lisse à l'aide de vis à plancher. Dans les coins, faites des joints à onglet et fixez aux poteaux les extrémités des sections d'appui.

Coupez à la bonne longueur l'appui de la rampe d'escalier. Sur le côté de l'appui, marquez l'angle du poteau du garde-corps. Coupez en biseau les extrémités de l'appui et fixez-le à la lisse et aux poteaux avec des vis à plancher. **NOTE :** Certains codes exigent qu'un escalier comptant plus de quatre marches soit muni d'une main courante. Consultez l'inspecteur en bâtiment de votre localité.

Terrasse à l'étage

Cette terrasse rectangulaire toute simple constitue un lieu propice aux activités extérieures, pratique et sécuritaire. Comme elle n'a pas d'escalier, les bambins y sont en sécurité, et les visiteurs indésirables ne peuvent y accéder. En outre, l'absence d'escalier en simplifie la construction.

Imaginez comme il serait commode pour vous de disposer de cet espace extérieur supplémentaire à un pas seulement de votre salle à manger ou de votre salon. Vous n'auriez plus à descendre d'escalier pour recevoir vos invités en plein air, y prendre un repas ou vous y détendre.

Si vous souhaitez ajouter un escalier à la terrasse, consultez les instructions de la page 119.

La simplicité, la sécurité et la commodité caractérisent cette terrasse surélevée.

Vue en coupe

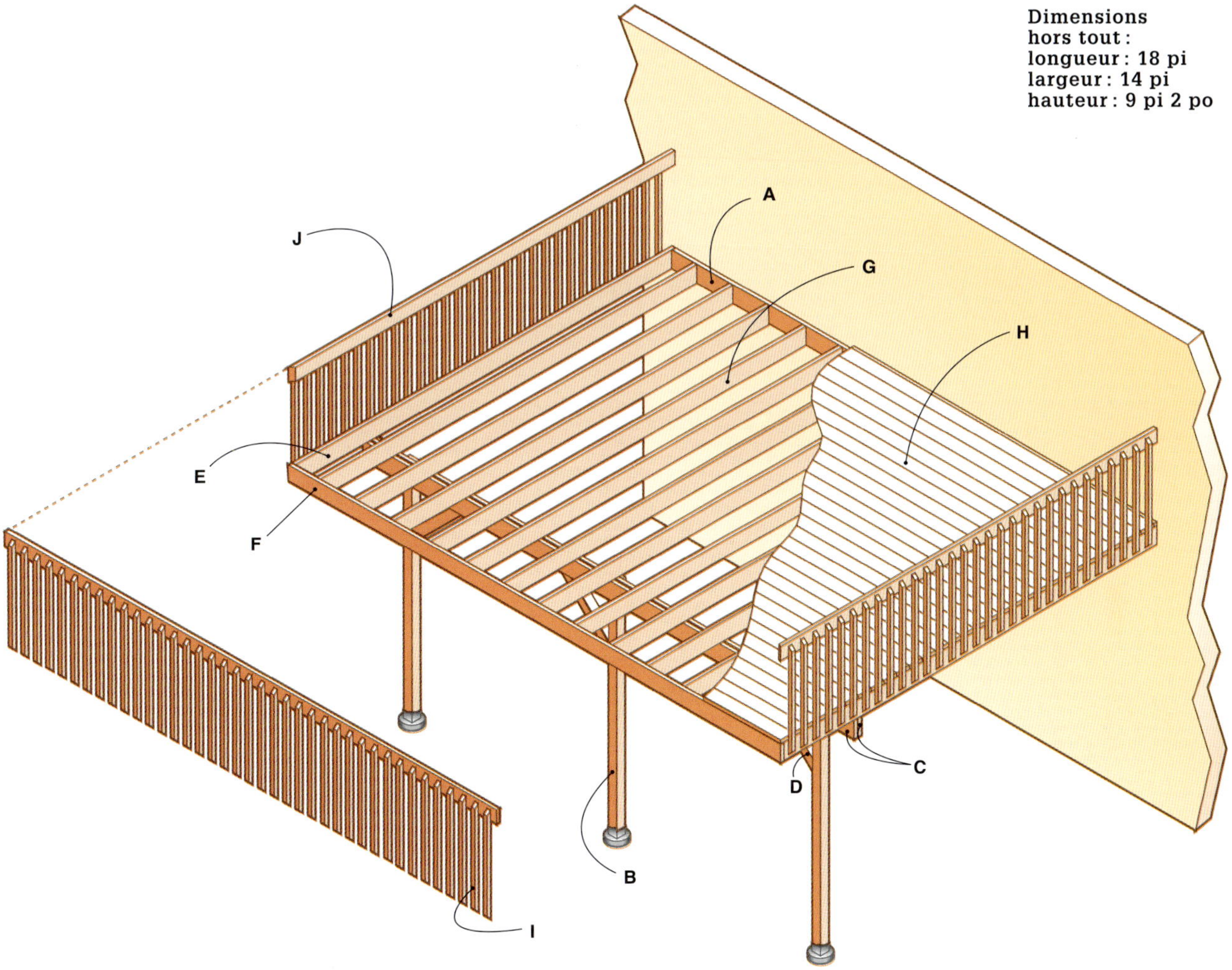

Fournitures

Coffrages à béton tubulaires de 12 po de diamètre (3)
Boulons en J (3)
Bases métalliques pour poteaux de 6 po x 6 po (3)
Étriers à solive de 2 po x 10 po (26)
Vis à plancher galvanisées (1 ¼ po, 2 ½ po et 3 po)
Clous pour étrier à solive
Tire-fonds de ⅜ po x 4 po avec rondelles (28)
Tire-fonds de ¼ po x 5 po avec rondelles (16)
Boulons de carrosserie de 5⁄16 po x 7 po avec rondelles et écrous (6)
Clous galvanisés de 16d
Solin métallique (18 pi)
Scellant à la silicone (3 tubes)
Béton

Liste dimensionnelle

Qté	Dimensions	Fournitures	Éléments
2	2 × 12 po × 20 pi	Bois traité	Planches pour poutre (C)
2	2 × 10 po × 18 pi	Bois traité	Lambourde (A), Solives de rive (F)
15	2 × 10 po × 14 pi	Bois traité	Solives (G), Solives extérieures (E)
3	6 × 6 po × 10 pi	Bois traité	Poteaux de terrasse (B)
2	4 × 4 po × 8 pi	Bois traité	Entretoises (D)
32	2 × 6 po × 18 pi	Cèdre	Platelage (H), Lisse (J)
2	2 × 6 po × 16 pi	Cèdre	Lisse (J)
50	2 × 2 po × 8 pi	Cedre	Balustres (I)

Plan de charpente

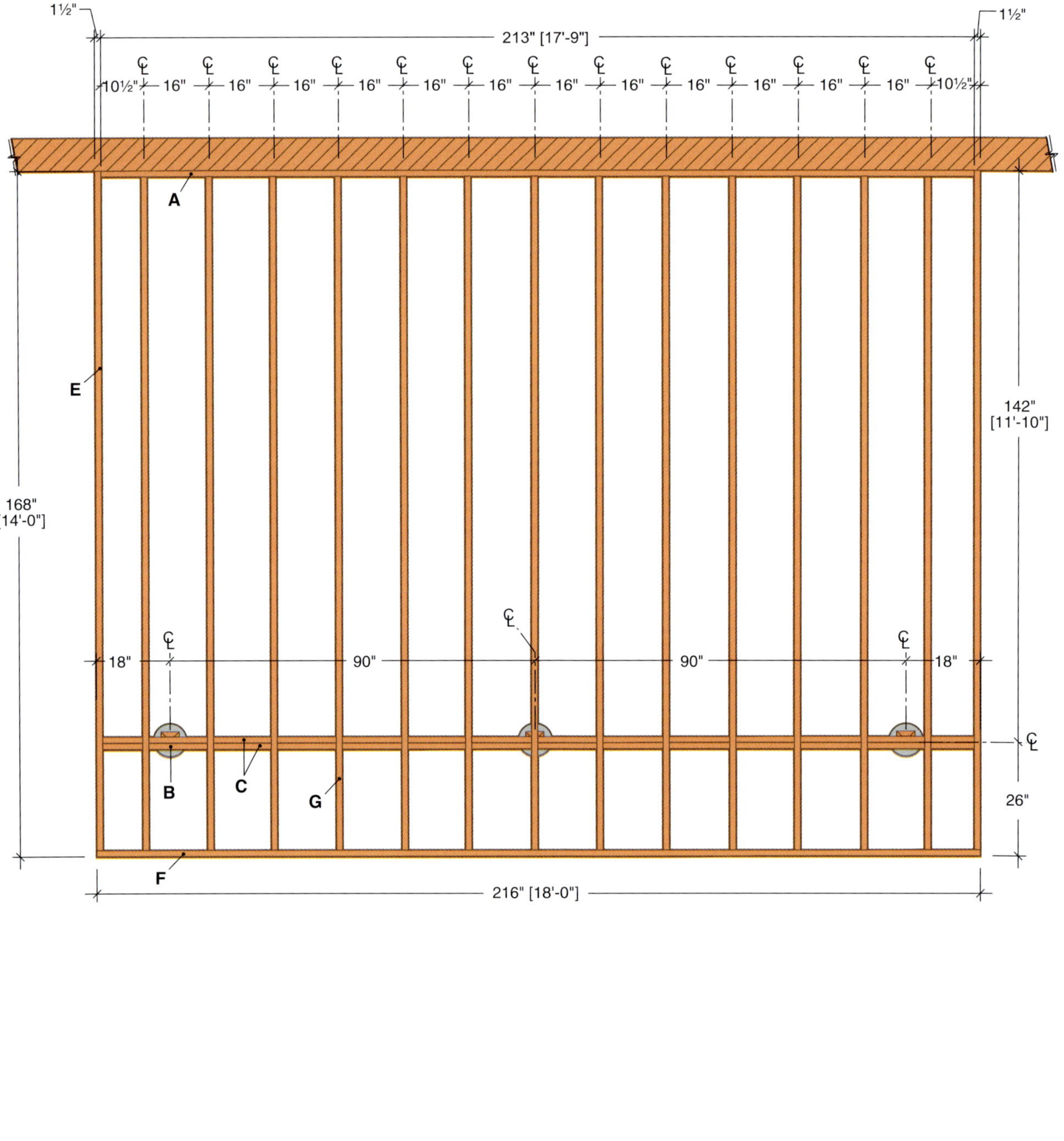

" = pouce
' = pied

Élévation

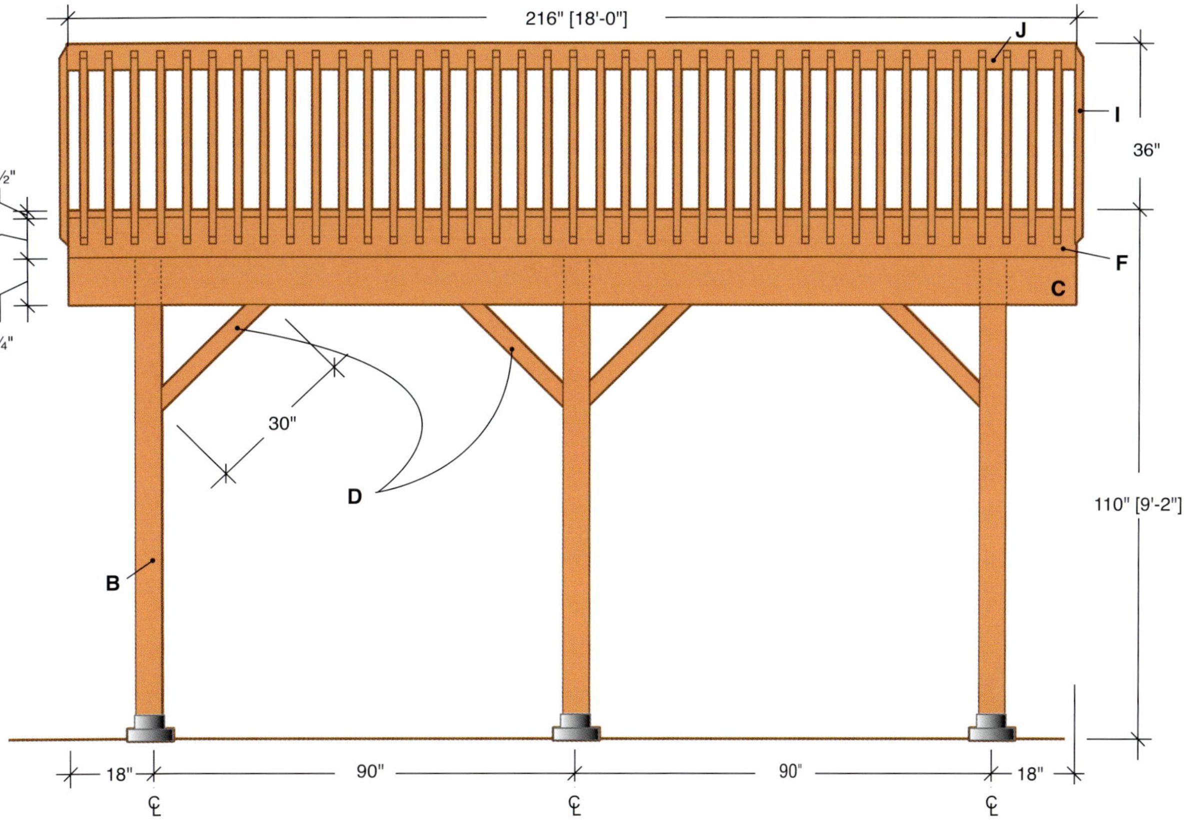

Détail du garde-corps

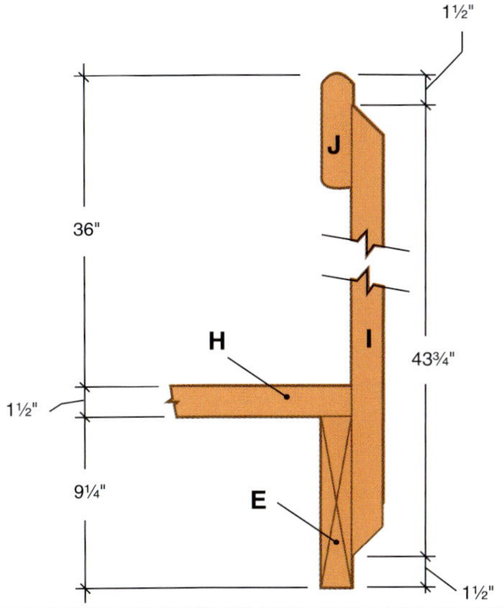

Détail des balustres et du platelage

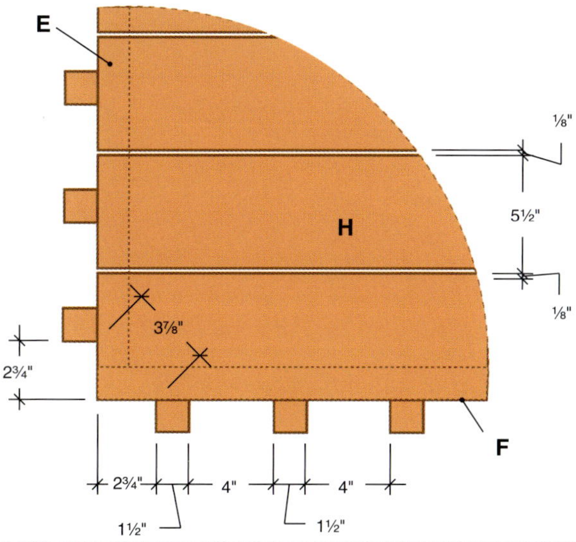

" = pouce
' = pied

Construction : Terrasse rectangulaire élevée

POSEZ LA LAMBOURDE

Dessinez sur le mur un profil de niveau indiquant les endroits où la lambourde et les solives extérieures seront fixées au mur. Installez la lambourde de manière que la surface du pontage se trouve à 1 po sous le niveau du plancher de la maison. Cette différence de niveau empêchera l'eau et la neige fondue de s'infiltrer dans la maison.

Avec une scie circulaire, découpez le parement de la maison le long du profil. Pour ne pas entamer le revêtement situé sous le parement, réglez la lame à une profondeur de coupe égale à l'épaisseur du parement. Finissez la découpe avec un ciseau dont vous orienterez le côté biseauté vers l'intérieur, afin que la découpe soit droite.

Avec une cisaille, coupez un solin galvanisé à la même longueur que la découpe. Glissez le solin sous le parement, au-dessus de la découpe.

Dans une pièce de bois traité sous pression, mesurez la lambourde (A) et coupez-la. Centrez la lambourde dans la découpe en laissant à chaque extrémité l'espace requis par les solives extérieures.

Étayez la lambourde sous le solin et fixez-la provisoirement avec des clous galvanisés.

Le long de la lambourde, jusque dans la solive de rive de la maison, pratiquez à intervalles de 16 po des avant-trous de ¼ po. Chambrez les trous à une profondeur de ½ po avec un foret à trois pointes de 1 po. Avec une clé à douille à cliquet, fixez la lambourde avec des tire-fonds de ⅜ po x 4 po munis de rondelles.

Appliquez un cordon de scellant à la silicone entre le parement et le solin. Appliquez-en aussi sur la tête des tire-fonds et dans les joints des extrémités de la lambourde.

Utilisez un gabarit fait de pièces de 2 x 4 pour situer sur le sol la position des semelles des poteaux, que vous marquerez avec des pieux.

COULEZ LES SEMELLES

Pour établir un point de repère en vue de la localisation des semelles, faites pendre un plomb à chacune des extrémités de la lambourde.

Placez une pièce de bois droite de 2 x 4 po x 14 pi perpendiculairement à la maison, à partir du point de repère indiqué par le plomb. **NOTE :** Si vous construisez sur un terrain en pente ou inégal, mieux vaut utiliser la méthode du cordeau pour déterminer l'emplacement des semelles (voir p. 46-51).

Assurez-vous que les pièces sont d'équerre en appliquant la méthode du triangle 3-4-5. Faites sur le mur une marque à 3 pi de la pièce de 2 x 4. Sur cette pièce, faites une marque à 4 pi de la maison. Si la pièce de bois est bien perpendiculaire à la maison, la diagonale reliant les deux marques devrait mesurer 5 pi. Si ce n'est pas le cas, modifiez la position de la pièce de bois. Gardez-la ensuite en place à l'aide de pieux.

Placez une autre pièce de bois droite à l'autre extrémité de la lambourde et, pour qu'elle soit perpendiculaire à la maison, procédez de la même manière que pour la première pièce.

Mesurez et marquez sur les deux pièces de bois le point central des semelles (voir le Plan de charpente, p. 252).

Placez une pièce de bois droite de 2 x 4 entre ces marques de point central ; enfoncez des pieux pour marquer la position des semelles.

Enlevez les pièces de bois et creusez les trous destinés aux semelles avec une tarière manuelle ou motorisée. Pour le drainage, déposez dans chaque trou une couche de gravier de 2 po à 3 po d'épaisseur. **NOTE :** Lorsque vous déterminez le diamètre et la profondeur des semelles, respectez les exigences du code du bâtiment de votre localité ; il est parfois obligatoire que la base de la semelle soit évasée à 18 po.

Avec un niveau, mettez les poteaux d'aplomb. Maintenez-les en place à l'aide de pieux et d'étais jusqu'à ce que la poutre et les solives soient installées.

Avec une scie alternative ou une égoïne, coupez les coffrages tubulaires à la bonne longueur et insérez-les dans les trous de manière qu'ils dépassent du sol sur 2 po. Foulez de la terre autour des coffrages pour qu'ils se tiennent. Remplissez-les avec du béton que vous piquerez avec une tige pour en chasser les poches d'air.

Égalisez la surface du béton avec une pièce de bois droite de 2 x 4. Insérez dans le centre de chaque semelle un boulon en J de 3 po, en laissant dépasser de la surface de ¾ po à 1 po de filets. Nettoyez les filets des boulons avant que le béton sèche.

INSTALLEZ LES POTEAUX

Déposez à plat sur les semelles une longue pièce de bois droite de 2 x 4, parallèlement au mur de la maison. Appuyez l'un des bords de la pièce de bois contre les boulons, puis tracez sur les semelles une ligne de repère qui vous aidera à orienter les bases de poteau.

Placez une base métallique sur chaque semelle ; centrez-les sur les boulons en J et alignez-les sur la ligne de repère. Fixez les bases en vissant sur chaque boulon un écrou que vous serrerez avec une clé à douille à cliquet.

Le sommet des poteaux (B) sera plus tard de niveau avec le bord inférieur de la lambourde, mais, pour le moment, coupez les poteaux à une longueur de plusieurs pouces supérieure à la longueur finale. Placez les poteaux dans les bases et immobilisez-les avec un seul clou.

En vous servant d'un niveau, mettez les poteaux d'aplomb et retenez-les dans la bonne position à l'aide de pieux et d'étais.

Déterminez la hauteur de la poutre à l'aide d'un cordeau à tracer et d'un niveau de ligne. Tendez le cordeau à partir du bord inférieur de la lambourde ; assurez-vous qu'il est de niveau, puis faites-le claquer pour laisser une marque sur la face de l'un des poteaux. Servez-vous du cordeau et du niveau de ligne pour reporter la marque sur les autres poteaux.

ENTAILLEZ LES POTEAUX

Enlevez les poteaux de leur base et coupez-les à leur longueur finale.

Au sommet de chaque poteau, sur la face extérieure, mesurez et tracez une entaille de 3 po x 11 ¼ po. Avec une équerre de charpente, prolongez les lignes sur toutes les faces du poteau. Faites grossièrement les entailles avec une scie circulaire, puis finissez-les avec une scie alternative ou une égoïne.

Replacez les poteaux dans leur base, les entailles étant orientées du côté opposé à la maison.

INSTALLEZ LA POUTRE

Coupez les planches de poutre (C) en laissant plusieurs pouces de jeu à chaque extrémité en vue d'une dernière coupe une fois la charpente de la terrasse mise d'équerre.

Joignez les planches avec des vis à plancher galvanisées de 2 ½ po. En vous aidant d'une équerre combinée, marquez la position des poteaux sur le bord supérieur et les côtés de la poutre.

Hissez et posez la poutre dans les entailles des poteaux, une extrémité à la fois, le côté bombé orienté vers le haut. Alignez la poutre et attachez-la aux poteaux avec des serre-joints. **NOTE :** L'installation d'une poutre de ces dimensions à une telle hauteur requiert beaucoup de prudence. Au moins deux personnes devraient vous aider.

Pratiquez deux trous de ½ po de profondeur avec un foret à trois pointes de 1 po, puis pratiquez-y des avant-trous de 5⁄16 po traversant la poutre et le poteau.

Insérez un boulon de carrosserie dans chacun des avant-trous. Ajoutez une rondelle et un écrou du côté chambré et serrez l'écrou avec une clé à douille à cliquet. Enduisez de scellant à la silicone les deux extrémités des boulons.

Avec une scie alternative ou une égoïne, coupez le sommet des poteaux à la hauteur du bord supérieur de la poutre.

(Suite à la page suivante)

INSTALLEZ LE CADRE

Mesurez les solives extérieures (E) et coupez-les à la scie circulaire.

Attachez les solives extérieures aux extrémités de la lambourde à l'aide de clous galvanisés de 16d.

Mesurez la solive de rive (F) et coupez-la à la scie circulaire. Attachez-la aux extrémités des solives extérieures à l'aide de clous de 16d.

Mettez le cadre d'équerre en mesurant les diagonales et en ajustant les éléments jusqu'à ce que les angles soient droits. Une fois le cadre d'équerre, fixez les solives extérieures sur la poutre à l'aide de clous enfoncés en biais.

Avec une scie alternative ou une égoïne, coupez les extrémités de la poutre le long de la face des solives extérieures.

INSTALLEZ LES ENTRETOISES

Coupez les entretoises (D) à la bonne longueur (voir le Plan d'élévation, p. 253) avec une scie circulaire ou une scie à onglet. Biseautez-en les deux extrémités à 45°.

Installez les entretoises en les plaçant contre la poutre et les poteaux. Veillez à ce que la face extérieure des entretoises soit de niveau avec celle de la poutre et des poteaux. Fixez provisoirement les entretoises avec des vis à plancher.

Fixez les entretoises aux poteaux avec des tire-fonds de 5 po. Pratiquez deux avant-trous de ¼ po dans l'extrémité supérieure de chaque entretoise, jusque dans la poutre. Chambrez les avant-trous à une profondeur de ½ po à l'aide d'un foret à trois pointes de 1 po. Serrez les tire-fonds avec une clé à douille à cliquet. Répétez le travail sur l'extrémité inférieure des entretoises.

Avec le cordeau à tracer, faites une marque le long du bord extérieur de la terrasse et coupez à la scie circulaire les planches qui débordent de la solive extérieure.

Après avoir coupé les balustres, groupez-les et pratiquez-y à chaque extrémité deux avant-trous de ⅛ po.

INSTALLEZ LES SOLIVES

Mesurez et marquez la position des solives (voir le Plan de charpente, p. 252) sur la lambourde, la solive de rive et la poutre. Avec une équerre combinée, dessinez le profil de chaque solive sur la lambourde et la solive de rive.

Installez un étrier à chaque emplacement de solive. Attachez avec des clous pour étrier à solive l'une des brides de l'étrier sur l'un des côtés du profil tracé. Utilisez une pièce d'écartement découpée dans une planche de 2 x 8 pour obtenir l'espacement des étriers, puis fixez la seconde bride de l'étrier avec des clous pour étrier à solive. Enlevez la pièce d'écartement et répétez le travail pour chacun des étriers.

Mesurez les solives, marquez-les et coupez-les à la scie circulaire (G). Placez-les dans les étriers, le côté bombé orienté vers le haut, et fixez-les avec des clous pour étrier à solive. Alignez les solives sur les profils tracés sur le dessus de la poutre et fixez-les avec des clous enfoncés en biais.

POSEZ LE PLATELAGE

Mesurez, marquez et coupez à la bonne longueur les planches du platelage (H).

Placez le premier rang de planches contre la maison, en les fixant à toutes les solives avec deux vis à plancher galvanisées.

Posez les rangs de planches suivants en laissant entre eux un écart de ⅛ po pour faciliter l'évacuation de l'eau. Fixez les planches à toutes les solives avec des vis à plancher.

Tous les trois ou quatre rangs, mesurez la distance séparant le platelage installé du bord de la terrasse. Si la division de cette distance par 5 ⅝ po donne un chiffre rond, le dernier rang de planches sera parfaitement aligné sur le bord de la terrasse, comme il se doit. Si ce n'est pas le cas, modifiez un peu l'écartement des rangs restants.

Si le platelage déborde de la solive extérieure, faites une ligne avec le cordeau à tracer pour marquer le bord de la solive, et coupez l'excédent des planches avec une scie circulaire dont vous aurez réglé la lame à une profondeur de coupe de 1 ½ po. Au besoin, terminez la coupe avec une scie sauteuse ou une égoïne dans les endroits que ne peut atteindre la scie circulaire.

Pour réaliser un joint dans la lisse, coupez-en les extrémités à 45° et pratiquez-y deux avant-trous. Joignez les extrémités à l'aide de vis à plancher.

INSTALLEZ LES BALUSTRES

Mesurez, marquez et coupez les balustres (I) en en biseautant les deux extrémités à 45°.

Groupez les balustres et pratiquez-y à chaque extrémité deux avant-trous de ⅛ po.

Attachez une bande guide de 1 ½ po alignée sur le bord inférieur de la terrasse pour établir la hauteur des balustres (voir le Détail du garde-corps, p. 253).

Pour que les balustres soient posés à intervalles réguliers, fabriquez-vous une pièce d'écartement d'une largeur maximale de 4 po.

Fixez d'abord les balustres des coins (voir le Détail des balustres et du platelage, p. 253), en vous servant d'un niveau pour les mettre d'aplomb. Utilisez la pièce d'écartement pour poser les balustres restants que vous fixerez à la terrasse avec des vis à plancher de 3 po.

Mesurez, marquez et coupez les éléments de la lisse (J). Arrondissez-en trois des quatre côtés avec une toupie munie d'une fraise à arrondi (voir le Détail du garde-corps, p. 253). Coupez à 45° les extrémités de lisse qui se joignent dans les coins.

Tenez la lisse en position, ou attachez-la avec un serre-joint, et fixez-la sur les balustres avec des vis à plancher de 2 ½ po.

Si vous devez réaliser un joint droit dans la lisse, coupez à 45° les extrémités à joindre. Pratiquez-y en biais des avant-trous de ⅛ po et joignez les pièces avec des vis à plancher.

Terrasse de coin intérieur

Avec son platelage élégamment losangé, cette terrasse de coin intérieur constitue un centre d'attraction pour les loisirs et les rencontres d'amis. En outre, du fait qu'elle est située dans l'angle de deux murs, elle offre à ses occupants intimité, ombre et protection contre le vent.

Notre modèle fait appel à des solives jumelées et à des renforts pour plus de solidité et de stabilité aux endroits où se joignent les planches de platelage. Vu que le platelage est losangé, l'écart entre les solives est de 12 po de centre à centre.

Le découpage des planches et l'assemblage à onglet du platelage losangé prennent plus de temps que ceux du platelage ordinaire, mais le résultat spectaculaire vaut largement les efforts supplémentaires consentis.

Le motif losangé du platelage rehausse l'attrait de cette terrasse.

Vue en coupe

Dimensions hors tout :
longueur 14 pi 5 po
largeur 13 pi
hauteur 4 pi 1 po

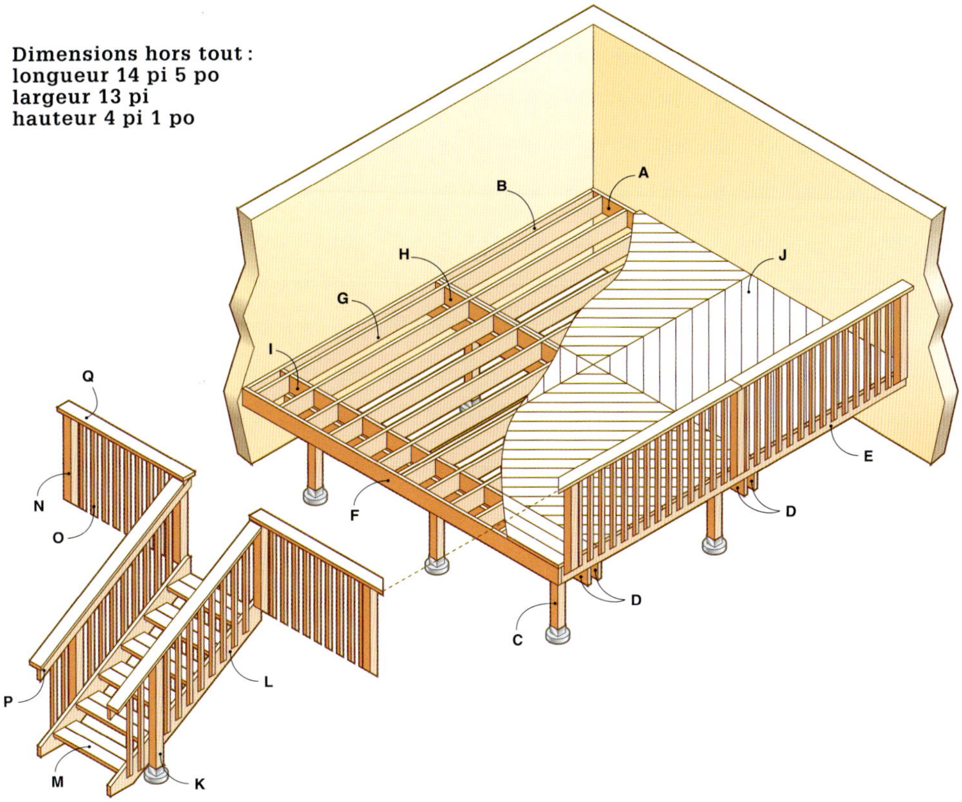

Fournitures

Coffrages tubulaires de 10 po de diamètre (6)
Coffrages tubulaires de 8 po de diamètre (2)
Boulons en J (8)
Bases métalliques pour poteaux de 6 x 6 (6)
Bases métalliques pour poteaux de 4 x 4 (2)
Étriers à solive simple de 2 x 8 (50)
Étriers à solive double de 2 x 8 (30)
Cornières d'assemblage
de 1 ½ po x 10 po (12)
Vis à plancher galvanisées de 2 ½ po et 3 po
Clous galvanisés de 16d
Clous pour étrier à solive
Tire-fonds de ⅜ po x 4 po avec rondelles (78)
Tire-fonds de ¼ po x 1 ¼ po (96)
Boulons de carrosserie de ½ po x 7 po
avec rondelles et écrous (12)
Scellant à la silicone pour usage extérieur (6 tubes)
Béton

Liste dimensionnelle

Qté	Dimensions	Fournitures	Éléments
6	2 × 8 po × 14 pi	Bois traité	Lambourde courte (A), Lambourde longue (B), Planches pour poutre (D)
14	2 × 8 po × 16 pi	Bois traité	Solives (G), Renforts simples (I)
3	2 × 8 po × 8 pi	Bois traité	Renforts doubles (H)
3	6 × 6 po × 8 pi	Bois traité	Poteaux de terrasse (C)
1	2 × 8 po × 16 pi	Cèdre	Solive extérieure (E)
1	2 × 8 po × 14 pi	Cèdre	Solive de rive (F)
42	2 × 6 po × 8 pi	Cèdre	Platelage (J), Appuis (Q)
16	2 × 6 po × 14 pi	Cèdre	Platelage (J)
1	4 × 4 po × 10 pi	Cèdre	Poteaux d'escalier (K)
6	2 × 6 po × 8 pi	Cèdre	Marches (M)
4	4 × 4 po × 8 pi	Cèdre	Poteaux de garde-corps (N)
2	2 × 10 po × 8 pi	Cèdre	Limons (L)
33	2 × 2 po × 8 pi	Cèdre	Balustres (O)
6	2 × 4 po × 8 pi	Cèdre	Lisses (P)

Plan de charpente

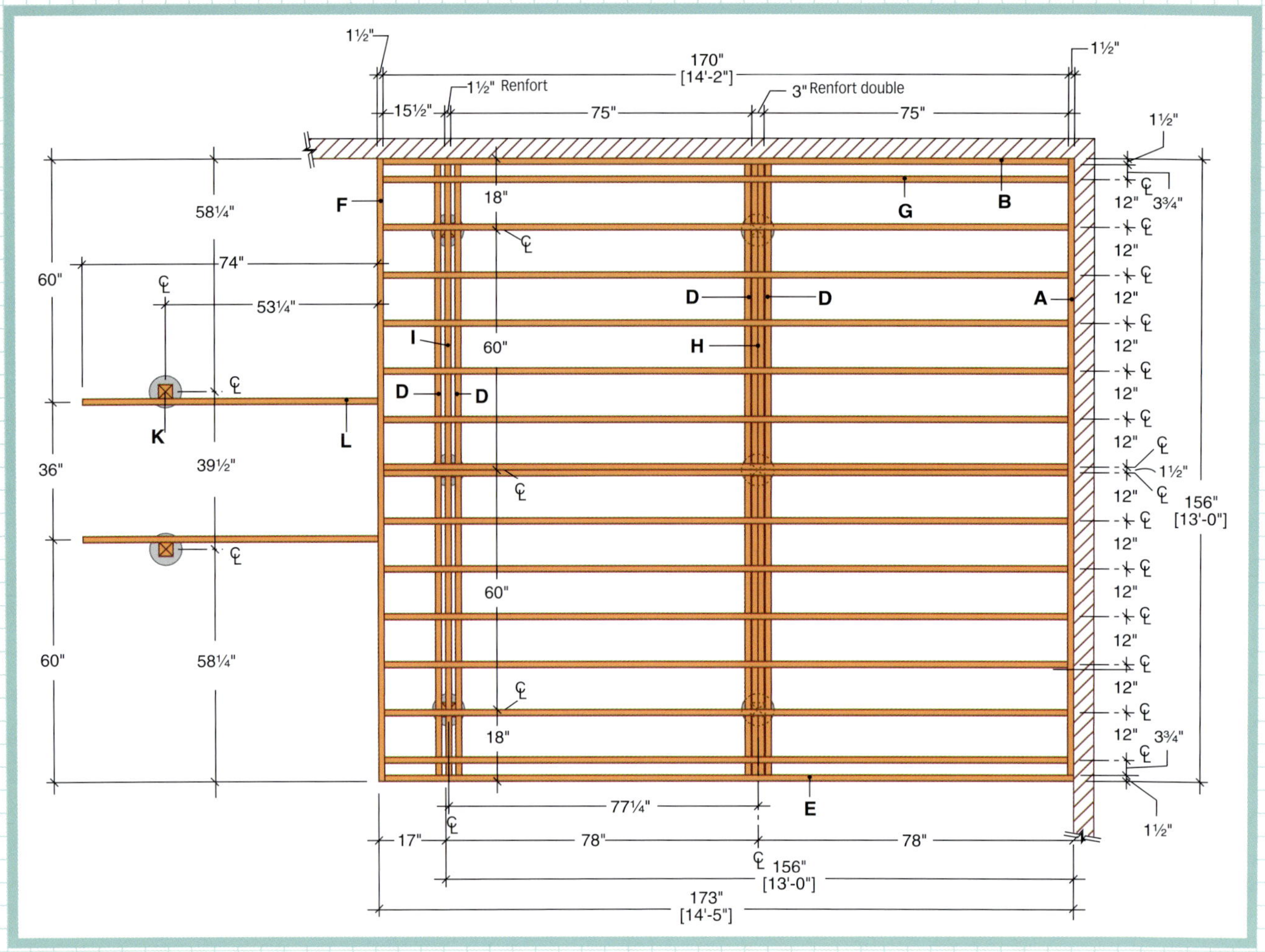

Élévation

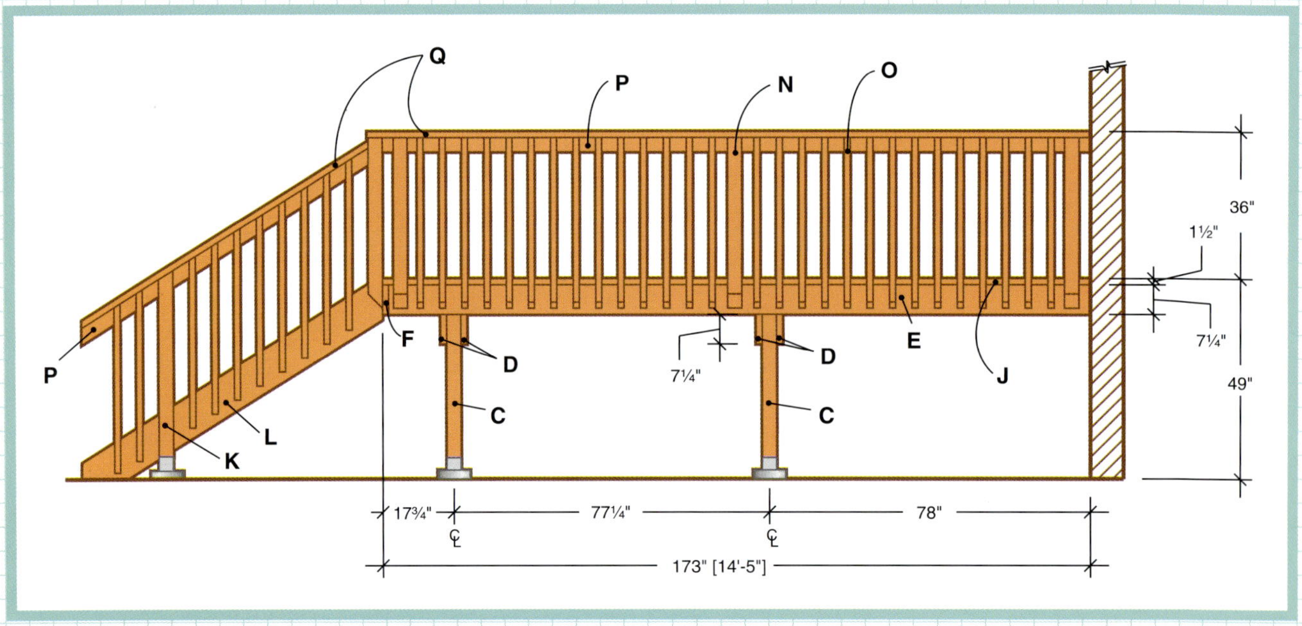

" = pouce ' = pied

Détail du garde-corps

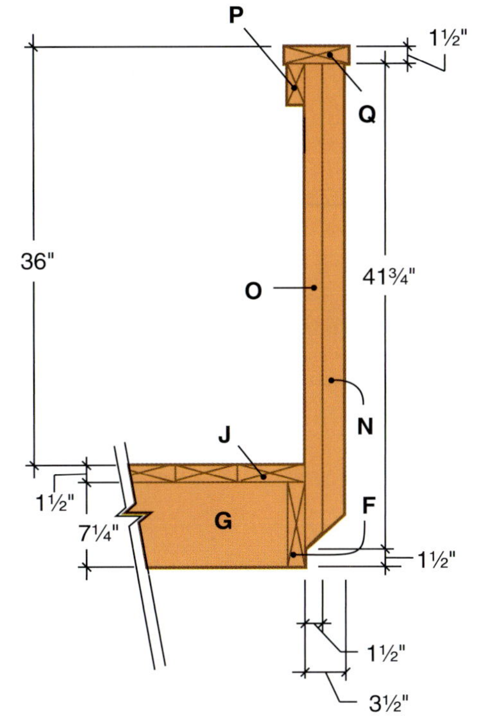

Détail de l'escalier

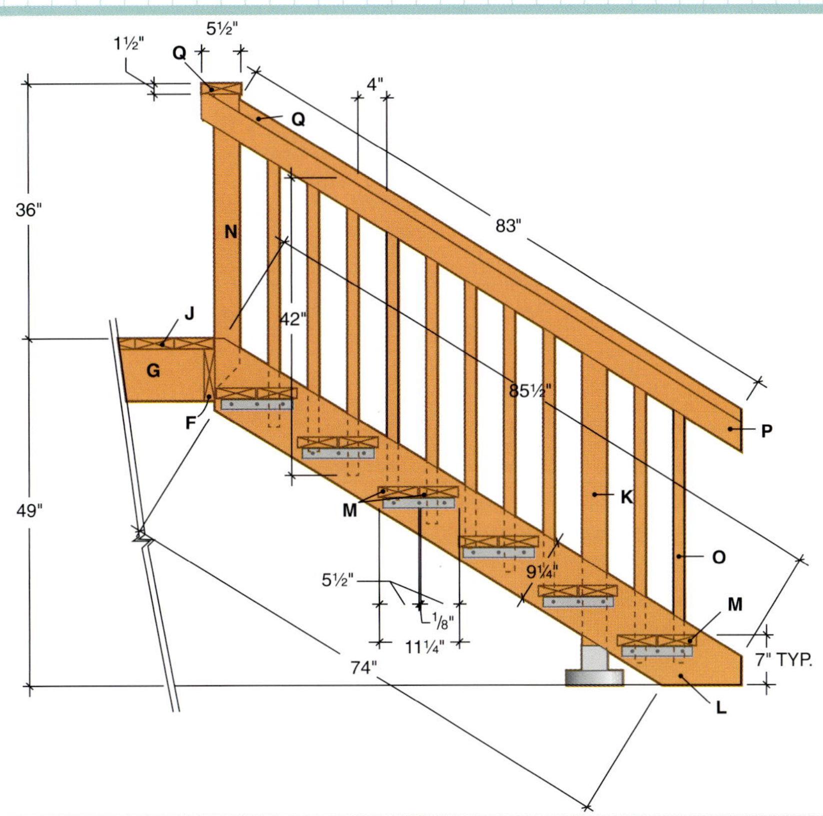

" = pouce ' = pied

Construction : Terrasse de coin intérieur

POSEZ LA LAMBOURDE

Les deux murs de la maison devraient former un angle droit. Si l'angle ne l'est pas tout à fait, installez des cales derrière la lambourde pour qu'il le devienne.

Pour indiquer la position des lambourdes sur le mur, tracez-en le profil en vous aidant d'un niveau. Situez le bord supérieur des lambourdes à une distance du plancher intérieur égale à 1 po plus l'épaisseur du platelage. Cette différence de niveau empêchera l'eau et la neige fondue de s'infiltrer dans la maison.

Mesurez et coupez les lambourdes à la bonne longueur. Elles seront plus courtes que les profils tracés sur le mur, car il faut tenir compte de l'épaisseur de la solive de rive et de la solive extérieure.

À intervalles de 16 po le long des lambourdes, pratiquez des paires d'avant-trous de ¼ po que vous chambrerez sur une profondeur de ½ po à l'aide d'un foret à trois pointes de 1 po.

Étayez la lambourde courte (A) dans sa position finale ; insérez un clou ou un poinçon dans les avant-trous pour marquer sur le mur la position de ceux-ci.

Faites ensuite le même marquage avec la lambourde longue (B).

Enlevez les lambourdes et, avec un foret à maçonnerie de ⅜ po, pratiquez dans le stuc les avant-trous. Utilisez ensuite un foret de ¼ po pour prolonger les avant-trous à travers le revêtement jusque dans la solive de rive de la maison.

Placez les lambourdes contre le mur et étayez-les. Avec une clé à douille à cliquet, fixez les lambourdes au mur à l'aide de tire-fonds de ⅜ po x 4 po munis de rondelles. Recouvrez de scellant à la silicone les têtes des tire-fonds ainsi que les joints entre le mur et les lambourdes.

COULEZ LES SEMELLES

Pour trouver la position des semelles, tendez des cordeaux entre les lambourdes et des supports de bois appelés « chaises ».

En vous basant sur les mesures indiquées dans le Plan de charpente (p. 260), marquez sur les lambourdes les lignes centrales des semelles et plantez un clou à ces endroits.

Installez temporairement des chaises et tendez des cordeaux entre ces chaises et les clous plantés dans la lambourde. Veillez à ce que les cordeaux soient perpendiculaires à la lambourde.

Assurez-vous que les cordeaux sont d'équerre en appliquant la méthode du triangle 3-4-5. À partir du point où chacun des cordeaux est attaché à la lambourde, mesurez une distance de 3 pi et faites une marque sur la lambourde. Sur les cordeaux, attachez ensuite un ruban à 4 pi de la maison. La diagonale reliant les marques faites sur la lambourde et les rubans devrait mesurer 5 pi. Si ce n'est pas le cas, modifiez la position des cordeaux sur les chaises.

Utilisez un plomb pour transposer sur le sol les points centraux des semelles, et enfoncez des pieux à ces endroits. Enlevez les cordeaux.

Placez la poutre contre les poteaux ; fixez-la provisoirement avec des vis à plancher. **NOTE :** Certains règlements locaux interdisent cette méthode de liaison ; consultez votre service du bâtiment.

Creusez les trous destinés aux semelles avec une tarière manuelle ou motorisée. Pour le drainage, déposez dans chaque trou une couche de gravier de 2 po à 3 po d'épaisseur. **NOTE :** Lorsque vous déterminez le diamètre et la profondeur des semelles, respectez les exigences du code du bâtiment de votre localité ; il est parfois exigé que la base de la semelle soit évasée. Certains règlements locaux interdisent cette méthode de liaison. Consultez votre service du bâtiment.

Avec une scie alternative ou une égoïne, coupez les coffrages tubulaires à la bonne longueur et insérez-les dans les trous en les laissant dépasser du sol sur 2 po. Foulez de la terre autour des coffrages pour qu'ils se tiennent. Remplissez-les de béton que vous piquerez avec une longue tige pour en chasser les poches d'air.

Égalisez la surface du béton avec une pièce de bois droite de 2 x 4. Insérez dans le centre de chaque semelle un boulon en J en faisant en sorte que les filets dépassent de ¾ po à 1 po de la surface. Retendez les cordeaux et placez les boulons en J exactement au centre des semelles, en vous guidant sur un plomb. Nettoyez les filets des boulons avant que le béton sèche.

INSTALLEZ LES POTEAUX

Déposez à plat sur chaque rangée de semelles une longue pièce de bois droite de 2 x 4, parallèlement à la lambourde courte. Appuyez l'un des bords de la pièce de bois contre les boulons, puis tracez sur les semelles une ligne de repère.

Centrez une base métallique sur le boulon en J de chaque semelle, en l'alignant sur la ligne de repère. Fixez les bases en vissant sur chaque boulon un écrou que vous serrerez avec une clé à douille à cliquet.

En vous tenant sur une plate-forme de contreplaqué, installez les renforts doubles qui soutiendront les extrémités des planches de platelage. Fixez les renforts en recourant, en alternance, au clouage en bout et à la pose d'étriers.

Coupez les poteaux à une longueur de 6 po supérieure à leur longueur finale. Placez les poteaux dans les bases et immobilisez-les avec un clou.

En vous servant d'un niveau, mettez les poteaux d'aplomb et retenez-les dans leur position à l'aide de pieux et d'étais. Finissez de clouer les poteaux sur les bases.

Déterminez la hauteur de la poutre intérieure à l'aide d'une pièce de bois droite de 2 x 4 placée sous le bord inférieur de la lambourde longue et contre la rangée de poteaux. Mettez la pièce de bois de niveau et tracez une ligne sur les poteaux. Recourez à la même méthode pour déterminer la hauteur de la poutre extérieure.

INSTALLEZ LES POUTRES

Coupez les planches de poutre (D) en laissant plusieurs pouces de jeu à chaque extrémité en vue de la coupe finale.

Placez l'une des planches, le côté bombé orienté vers le haut, contre la rangée de poteaux et fixez-la avec des vis à plancher.

De la même manière, fixez sur les poteaux les planches restantes.

Pratiquez deux avant-trous de ½ po dans les planches et dans les poteaux ; chambrez les avant-trous sur une profondeur de ½ po à l'aide d'un foret à trois pointes de 1 po. Attachez les planches de poutre aux poteaux avec des boulons de carrosserie serrés à l'aide d'une clé à douille à cliquet.

Avec une scie alternative ou une égoïne, coupez les poteaux à la hauteur du bord supérieur des poutres.

INSTALLEZ LES SOLIVES

Des solives jumelées au centre de la terrasse soutiennent les extrémités des planches de platelage.

Mesurez, marquez et coupez avec une scie circulaire la solive extérieure (E) et la solive de rive (F).

Avec des clous galvanisés de 16d, fixez la solive extérieure sur la lambourde courte, et la solive de rive sur la lambourde longue.

Clouez la solive de rive sur la solive extérieure.

Clouez en biais la solive extérieure sur le dessus des poutres ; coupez les extrémités des poutres sur la ligne créée par la solive extérieure.

Mesurez, marquez et installez exactement au centre de la terrasse les solives jumelées centrales ; utilisez des étriers à solive double.

Mesurez des deux côtés des solives jumelées pour marquer, à intervalles de 12 po, les lignes centrales des solives restantes. Avec une équerre combinée, tracez le profil des solives sur la lambourde, les poutres et la solive de rive.

Clouez les étriers à solive sur la lambourde courte et sur la solive de rive. Utilisez comme pièce d'écartement une pièce de bois de 2 x 8 pour maintenir un intervalle régulier entre les étriers.

Coupez les solives (G) à la bonne longueur et insérez-les dans les étriers, le côté bombé vers le haut. Fixez-les avec des clous pour étrier à solive. Alignez les solives sur les marques faites sur les poutres et clouez-les en biais.

INSTALLEZ LES RENFORTS

Dans un motif losangé, les extrémités des planches du platelage sont soutenues par une rangée de renforts doubles au centre du motif, et par une rangée de renforts simples sur le périmètre du motif.

Pour trouver la position des rangées de renforts, prenez sur la lambourde longue une mesure à partir du coin intérieur de la maison (voir le Plan de charpente, p. 260). Enfoncez un clou ou une vis à une distance de 78 po et un autre à une distance de 156 po. Faites des marques correspondantes sur la solive extérieure.

Faites claquer le cordeau à tracer sur les solives, entre la lambourde et la solive extérieure. La ligne des 78 po constitue la ligne centrale des renforts doubles ; celle des 156 po représente le bord extérieur des renforts simples. Ne vous en faites pas si les renforts ne se trouvent pas exactement au-dessus des poutres.

Coupez les renforts doubles dans deux pièces de bois de 2 x 8 assemblées avec des clous galvanisés de 16d.

Installez les renforts en recourant, en alternance, au clouage en bout et à la pose d'étriers à solive galvanisés.

Pour d'obtenir le meilleur ajustement possible, mesurez la longueur réelle que doit avoir la dernière planche de chaque rang avant de la couper.

POSEZ LE PLATELAGE

Sauf pour les trois rangées de planches de platelage se trouvant en haut de l'escalier, le platelage est composé de motifs losangés.

Commencez au centre du motif losangé, à l'intersection des solives jumelées et des renforts doubles. Découpez quatre triangles identiques, les plus grands possible, dans une pièce de cèdre de 2 x 6.

Pratiquez des avant-trous de ⅛ po dans les extrémités des triangles que vous disposerez selon l'illustration et fixerez avec des vis à plancher de 3 po.

Pour installer les rangées suivantes, mesurez, découpez, perforez et fixez les trois premières planches de chaque rangée. Mesurez ensuite la longueur réelle que doit avoir la dernière planche pour que l'ajustement soit optimal. Pour obtenir de meilleurs résultats, installez le platelage rangée par rangée. Maintenez un écart de ⅛ po entre les rangées.

Une fois le motif losangé complet, coupez et installez les trois longues planches du bord.

Attachez l'escalier à la terrasse à l'aide de tire-fonds de 4 po vissés avec une clé à douille à cliquet.

CONSTRUISEZ L'ESCALIER

Reportez-vous au Plan de charpente (p. 260) pour connaître la position des semelles de l'escalier. Déterminez leur position en faisant dépasser de la terrasse une pièce de bois de 2 x 4, perpendiculairement à la solive de rive, et en y pendant un plomb. Marquez avec un pieu le point central de chaque semelle.

Creusez les trous destinés aux semelles avec une tarière manuelle ou motorisée et coulez le béton de la manière habituelle. Insérez les boulons en J en laissant dépasser du béton de ¾ po à 1 po de filets. Laissez le béton durcir. Fixez les bases métalliques pour poteaux.

Coupez les poteaux d'escalier (K) à une longueur d'environ 6 po supérieure à leur longueur finale. Placez les poteaux dans les bases métalliques.

Avec un niveau, assurez-vous que les poteaux sont d'aplomb. Fixez-les aux bases à l'aide de clous galvanisés de 16d.

Coupez les limons (L) à la bonne longueur en vous servant d'une équerre de charpente pour tracer la hauteur et le giron de chaque marche (voir le Détail de l'escalier, p. 261). Sur chacun des girons, tracez le profil de la marche. Coupez à la scie circulaire les angles des extrémités des limons. (Pour obtenir une description plus détaillée de la construction d'un escalier, lisez la rubrique « Modification de la hauteur d'un escalier », p. 138-147.)

Pratiquez des avant-trous, puis fixez les marches sur les limons avec des tire-fonds de 1 ¼ po et des cornières d'assemblage.

Alignez une cornière d'assemblage sur la ligne inférieure de chaque profil de marche. Pratiquez dans les limons des avant-trous de ⅛ po et fixez les cornières avec des tire-fonds de 1 ¼ po.

Les marches (M) s'insèrent entre les limons, et les limons entre les poteaux d'escalier. Mesurez et coupez les marches (M) ; elles mesureront 3 po de moins que la distance séparant les poteaux d'escalier.

Assemblez l'escalier sens dessus dessous sur des chevalets. Marquez et pratiquez des avant-trous de ⅛ po aux extrémités des marches. Placez chacune des planches avant des marches en en alignant le bord avant sur le tracé de la marche. Fixez ces planches sur les cornières avec des tire-fonds de ¼ po x 1 ¼ po.

Fixez de la même manière les planches arrière des marches, en laissant un écart de ⅛ po entre les marches avant et arrière.

Placez l'escalier contre le bord de la terrasse en veillant à ce que l'extrémité supérieure des limons soit de niveau avec la surface du platelage. En travaillant sous la terrasse, pratiquez des avant-trous de ¼ po dans la solive de rive, jusque dans les limons. Fixez les limons à la solive de rive avec des tire-fonds de 4 po serrés avec une clé à douille à cliquet.

Pour raccorder l'escalier aux poteaux d'escalier, pratiquez dans chaque limon, jusque dans le poteau, deux avant-trous de ¼ po que vous chambrerez sur une profondeur de ½ po avec un foret à trois pointes de 1 po. À l'aide d'une clé à douille à cliquet, attachez l'escalier aux poteaux avec des tire-fonds de 4 po munis de rondelles. Appliquez un scellant à la silicone sur les têtes de tire-fonds.

INSTALLEZ LE GARDE-CORPS DE LA TERRASSE

Avec une scie à onglet ou une scie circulaire, coupez à la bonne longueur les poteaux (N) et les balustres (O) du garde-corps (voir le Détail du garde-corps, p. 261) ; les extrémités supérieures seront coupées à angle droit, et les inférieures à 45°.

Dans l'extrémité inférieure de chacun des poteaux de garde-corps, pratiquez deux avant-trous de ¼ po de manière que les tire-fonds qui y passeront s'attachent à la solive de rive, et chambrez-les à ½ po de profondeur avec un foret à trois pointes de 1 po.

Pratiquez deux avant-trous de ⅛ po, à 4 po l'un de l'autre, dans l'extrémité inférieure de chacun des balustres. À leur sommet, pratiquez-en deux de ⅛ po, à 1 ½ po l'un de l'autre.

En vous aidant d'une équerre combinée, tracez sur le périmètre de la terrasse les profils des poteaux de garde-corps. L'écart entre les poteaux du coin doit être inférieur à 4 po.

Placez chaque poteau dans la bonne position, en veillant à ce que son extrémité inférieure se trouve à 1 ½ po au-dessus du bord inférieur de la terrasse (voir le Détail du garde-corps, p. 261). Mettez les poteaux d'aplomb. Passez un poinçon dans les avant-trous des poteaux pour marquer sur la terrasse la position des avant-trous à y pratiquer.

Enlevez les poteaux et pratiquez des avant-trous de ¼ po sur les marques faites sur la terrasse. Fixez les poteaux sur la terrasse avec des tire-fonds de ⅜ po x 4 po munis de rondelles. Appliquez un scellant à la silicone sur les têtes de tire-fonds.

Coupez les lisses (P) à la bonne longueur ; pour le joint du coin, biseautez à 45° les extrémités des pièces. Fixez les lisses sur les poteaux à l'aide de vis à plancher de 3 po, en alignant le bord supérieur des lisses sur le sommet des poteaux.

Pour placer les balustres, mesurez la distance séparant deux poteaux et marquez-en le milieu sur la lisse. Les deux sections de garde-corps du côté long de la terrasse présenteront un balustre au centre, tandis que celles du côté court y présenteront un vide. **NOTE :** Si les dimensions de votre terrasse diffèrent de celles de notre modèle, effectuez un calcul pour déterminer si c'est un vide ou un balustre qui se trouvera au centre de chaque section de garde-corps.

Coupez une pièce d'écartement mesurant un peu moins de 4 po de largeur. En commençant au milieu de chaque section de garde-corps, placez un balustre sur la marque ou laissez-y un vide. Prenez des mesures de part et d'autre de ce point et marquez sur la lisse la position des balustres. Même si les derniers espaces sont plus étroits que les autres, ils seront symétriques.

Une fois la lisse et les balustres installés, posez l'appui de manière que son bord intérieur dépasse d'environ ¼ po la face intérieure de la lisse.

Une fois la lisse d'escalier découpée et installée, attachez-y l'appui à l'aide de vis à plancher.

Commencez à installer les balustres près d'un poteau, en veillant à ce que le premier installé soit d'aplomb. Installez les autres balustres en les appuyant contre la pièce d'écartement et en en alignant le sommet sur le bord supérieur de la lisse. Fixez les balustres avec des vis à plancher de 2 ½ po.

Coupez l'appui (Q) du garde-corps à la bonne longueur ; les extrémités formant le coin seront coupées à 45°. Placez l'appui de manière que son bord intérieur déborde d'environ ½ po du bord intérieur de la lisse. Fixez l'appui avec des vis à plancher de 3 po.

INSTALLEZ LA RAMPE D'ESCALIER

Déterminez les dimensions et la forme exactes de la lisse d'escalier. Avec des clous galvanisés de 10d, fixez provisoirement sur les faces du poteau de garde-corps et du poteau d'escalier une lisse de cèdre de 2 x 4. L'angle formé par cette lisse doit être identique à celui du limon.

Sur la face arrière de la lisse d'escalier de 2 x 4, tracez le profil du poteau de garde-corps et celui de l'extrémité de la lisse de garde-corps. Sur le poteau d'escalier, tracez une ligne de coupe diagonale suivant le bord supérieur de la lisse d'escalier. À l'extrémité inférieure de la lisse, guidez-vous sur un plomb pour tracer une ligne de coupe correspondant à l'extrémité du limon.

Enlevez la lisse et faites les coupes.

Pratiquez des avant-trous de ⅛ po dans la lisse de l'escalier. Mettez la lisse dans la bonne position et fixez-la à l'aide de vis à plancher de 2 ½ po.

Pour couper les extrémités supérieures des balustres, placez un balustre contre le côté du poteau d'escalier et tracez une ligne de coupe diagonale qui suit le bord supérieur de la lisse. Coupez le balustre et servez-vous-en pour marquer et couper les autres.

Fixez les balustres d'escalier à l'aide de vis à plancher de 2 ½ po, en suivant la méthode expliquée pour les balustres de garde-corps.

Mesurez les appuis d'escalier. Coupez-les à la bonne longueur. Les extrémités supérieures des appuis seront biseautées pour qu'elles reposent contre les poteaux de garde-corps, tandis que les extrémités inférieures seront alignées sur les extrémités des lisses. Pratiquez des avant-trous de ⅛ po dans les appuis, que vous fixerez à l'aide de vis à plancher de 2 ½ po.

Terrasse en îlot

Une terrasse en îlot peut transformer en oasis à peu près n'importe quelle partie de votre jardin. Du fait qu'elle est autonome, vous pouvez la construire où vous voulez, par exemple pour tirer parti d'un panorama exceptionnel ou d'un vallon ombragé. Facile d'accès et invitante en raison de son palier à trois escaliers, cette terrasse deviendra l'un des coins les plus charmants de votre terrain.

La terrasse en îlot est l'endoit idéal pour se relaxer.

Vue en coupe

NOTE : Certains règlements locaux interdisent la liaison de type sandwich d'une poutre et d'un poteau. Consultez votre service du bâtiment.

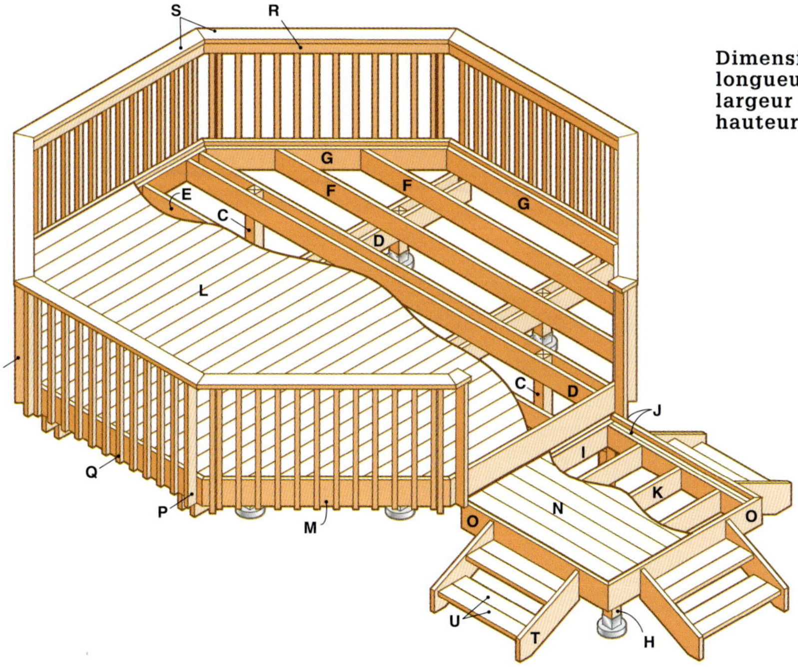

Dimensions hors tout : longueur 14 pi 1 ½ po largeur 14 pi 1 ½ po hauteur 2 pi 4 po

Fournitures

Coffrages tubulaires de 10 po de diamètres (8)
Coffrages tubulaires de 8 po de diamètre (4)
Boulons en J (12)
Bases métalliques pour poteaux de 6 x 6 (8)
Bases métalliques pour poteaux de 4 x 4 (4)
Étriers à solive de 2 x 8 à 90° (10)
Étriers à solive de 2 x 8 à 45° (8)
Attaches à solive (16)
Brides faîtières (4)
Clous pour étrier à solive
Cornières d'assemblage de 1 ½ x 10 (12)
Vis à plancher galvanisées de 3 po
Tire-fonds galvanisés de ¼ po x 1 ¼ po avec rondelles (96)
Clous à tête bâtarde de 16d
Boulons de carrosserie de ½ po x 7 po avec rondelles et écrous (16)
Tire-fonds de ⅜ po x 5 po avec rondelles (32)
Béton

Liste dimensionnelle

Qté	Dimensions	Fournitures	Éléments
4	2 × 4 po × 16 pi	Pin	Côtés du gabarit d'essai (A)
2	2 × 4 po × 12 pi	Pin	Supports diagonaux du gabarit d'essai (B)
3	6 × 6 po × 8 pi	Bois traité	Poteaux de la terrasse (C)
1	4 × 4 po × 8 pi	Bois traité	Poteaux du palier (H)
10	2 × 8 po × 14 pi	Bois traité	Planches de poutre (D), Solives longues (E)
2	2 × 8 po × 12 pi	Bois traité	Solives à onglet (F)
6	2 × 8 po × 10 pi	Bois traité	Solives à onglet (F), Solives de rive intérieures (I), Solives de rive extérieures (J), Solives du palier (K)
9	2 × 8 po × 6 pi	Bois traité	Solives de rive de la terrasse (G), Solives du palier (K)
25*	2 × 6 po × 14 pi	Cèdre	Platelage de la terrasse (L), Appui du garde-corps (S)

Qté	Dimensions	Fournitures	Éléments
23	2 × 6 po × 14 pi	Cèdre	Platelage de la terrasse (L), Appui du garde-corps (S)
7	2 × 6 po × 12 pi	Cèdre	Platelage de la terrasse (L)
13	2 × 6 po × 10 pi	Cèdre	Platelage de la terrasse (L), Platelage du palier (N), Marches (U)
4	2 × 6 po × 8 pi	Cèdre	Platelage de la terrasse (L)
11	2 × 10 po × 6 pi	Cèdre	Parement de la terrasse (M), Parement du palier (O)
8	2 × 4 po × 8 pi	Cèdre	Poteaux du garde-corps (P)
42	2 × 2 po × 8 pi	Cèdre	Balustres (Q)
7	2 × 4 po × 6 pi	Cèdre	Lisse supérieure (R)
3	2 × 10 po × 6 pi	Cèdre	Limons (T)

Plan de charpente

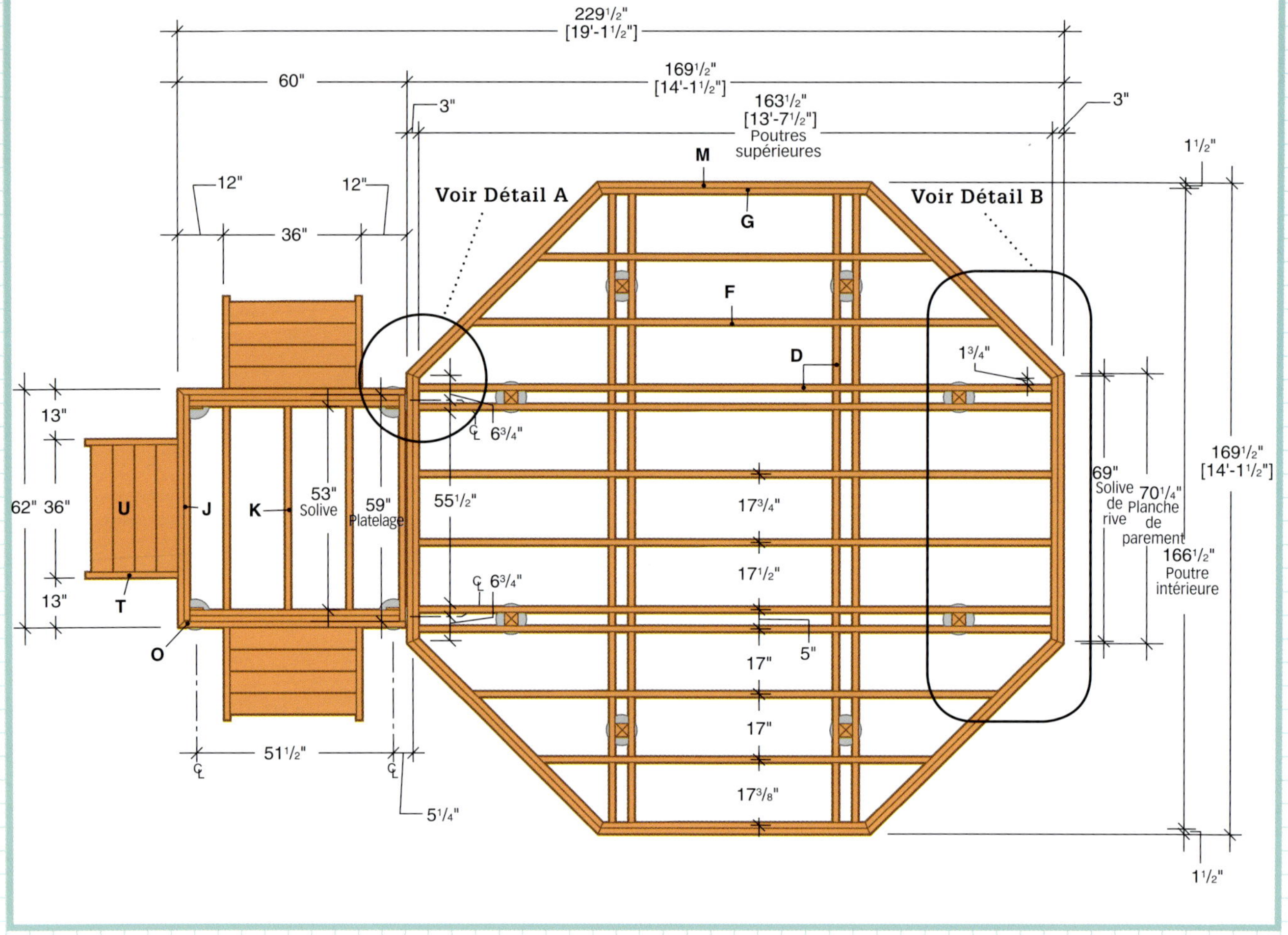

Élévation

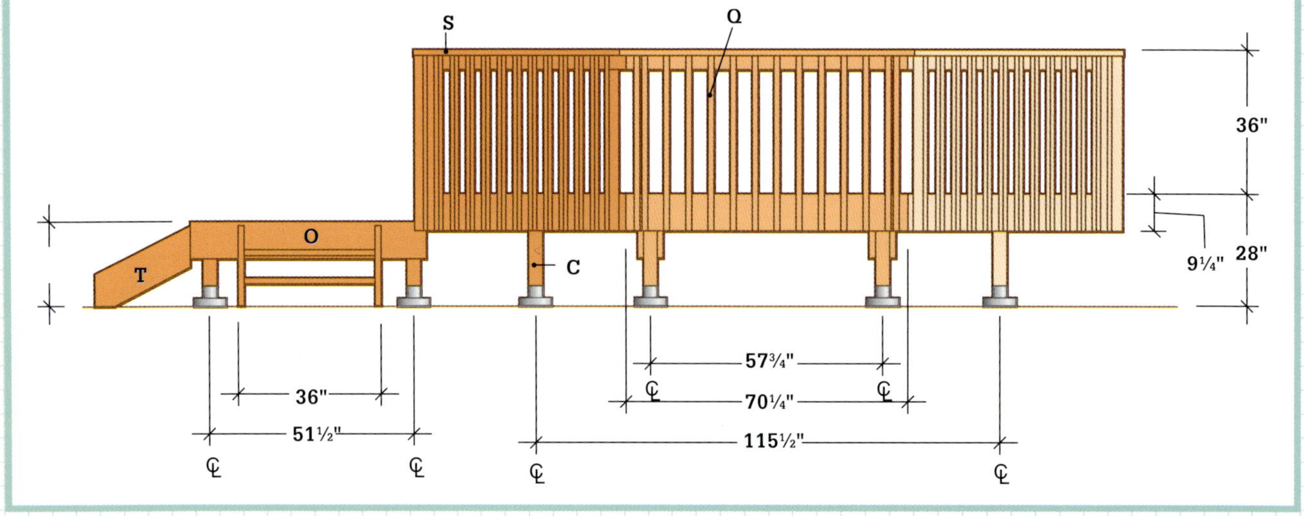

" = pouce
' = pied

Détail A

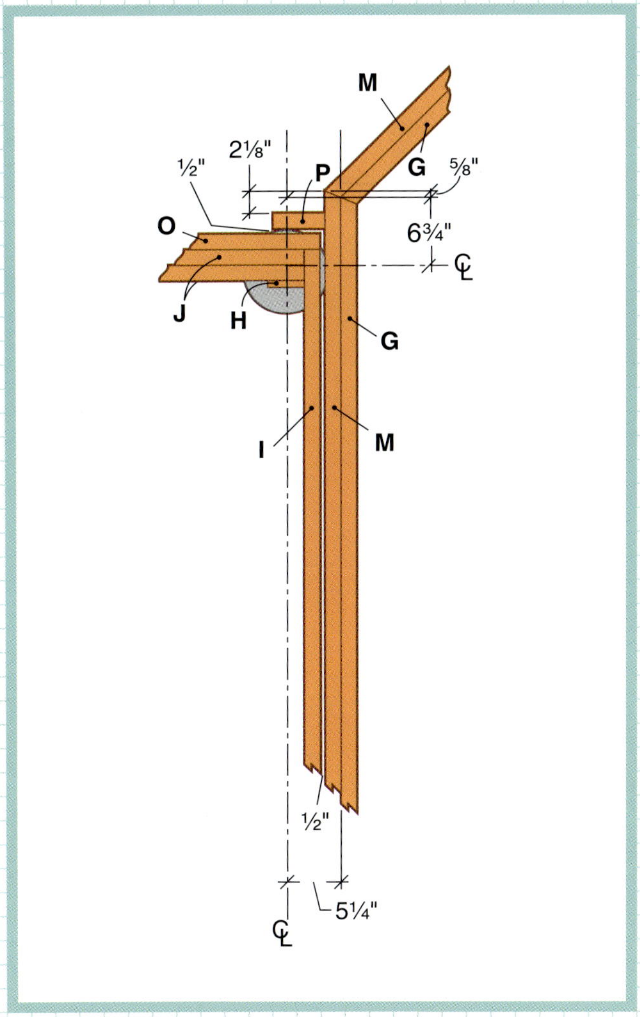

Détail B

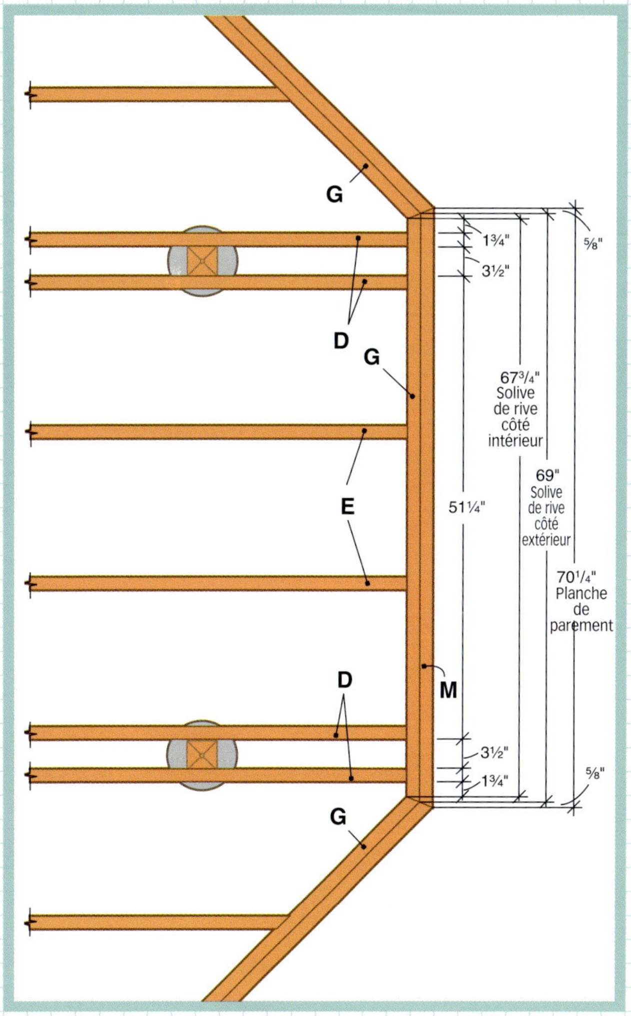

Détail du palier et de l'escalier

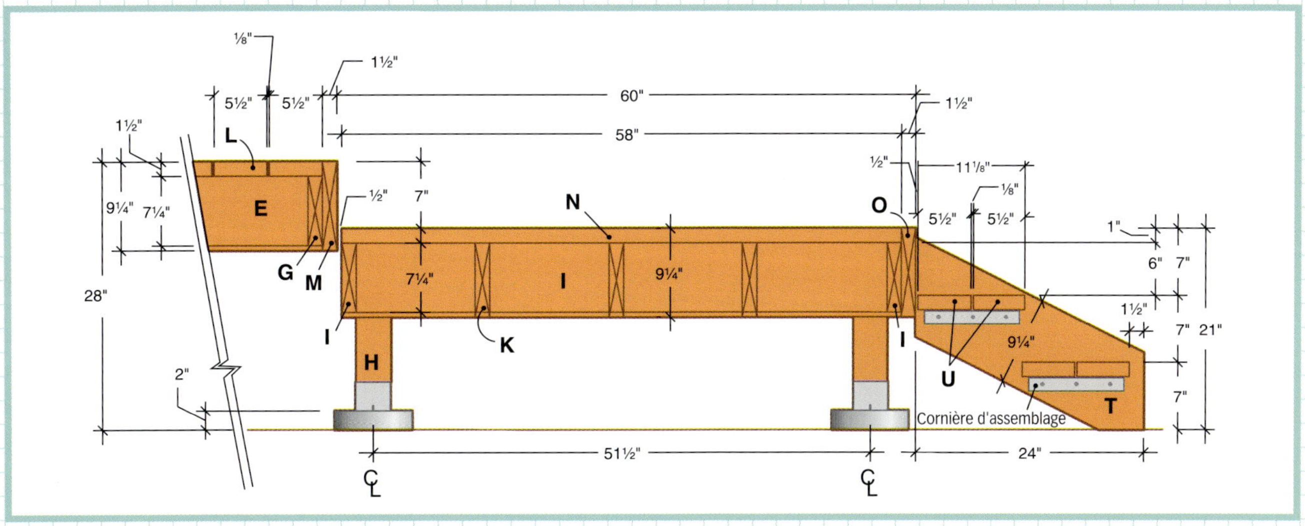

" = pouce
' = pied

Détail du cadre d'essai

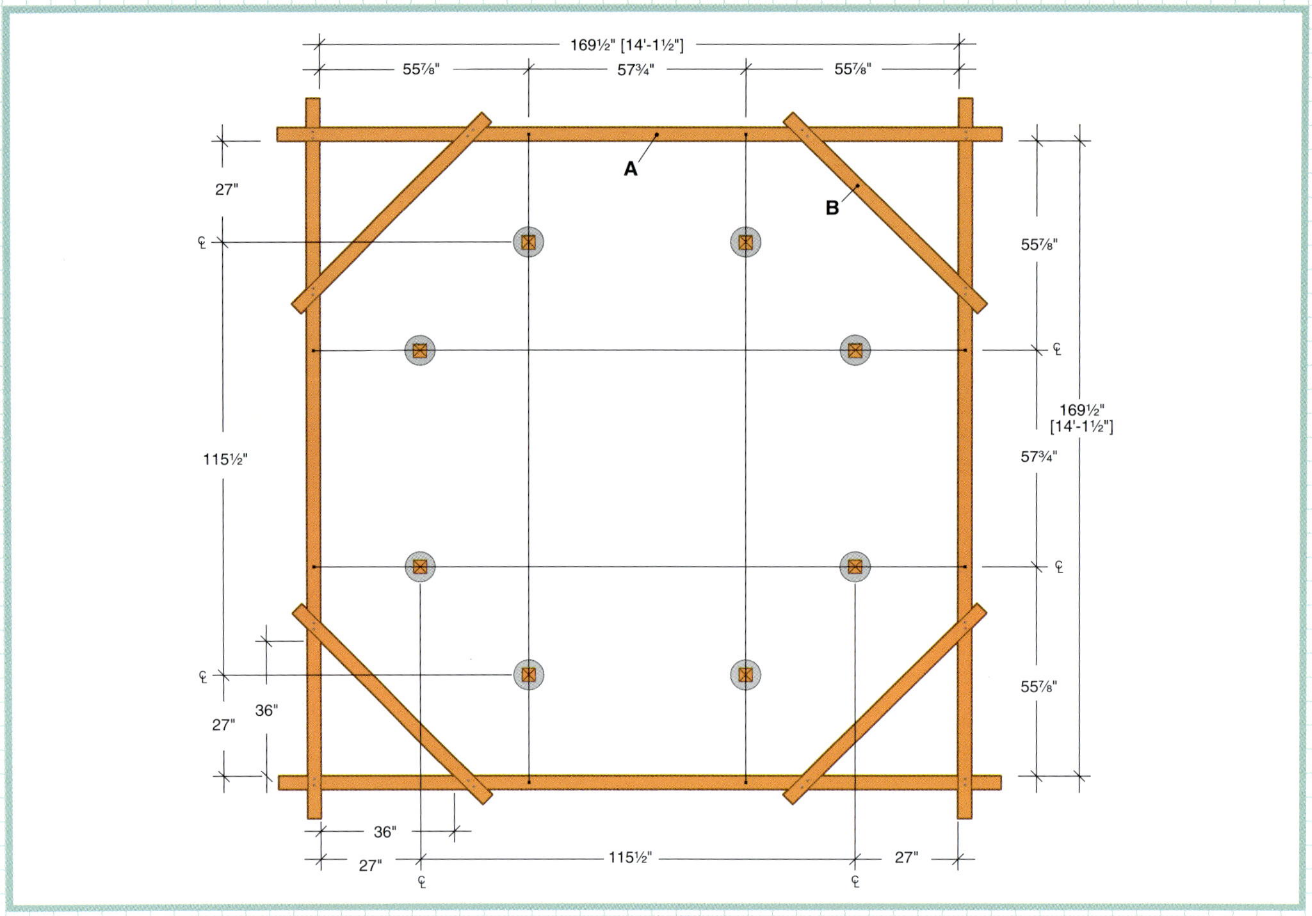

Détail du garde-corps

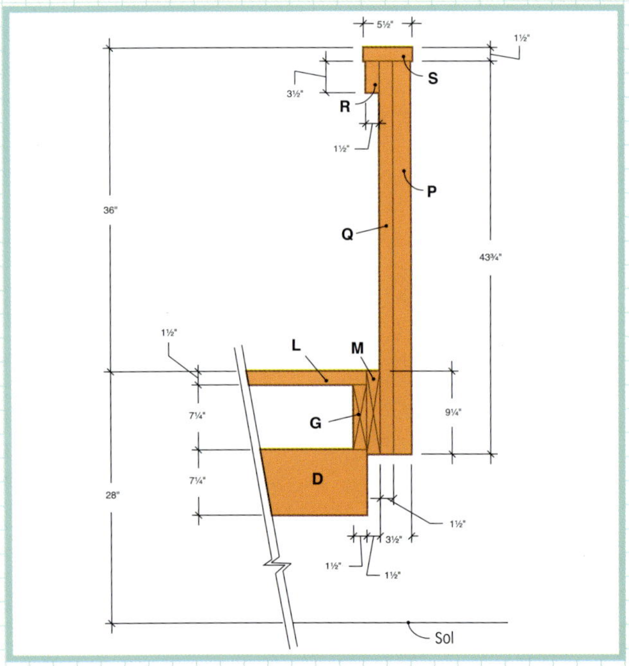

Détail du parement

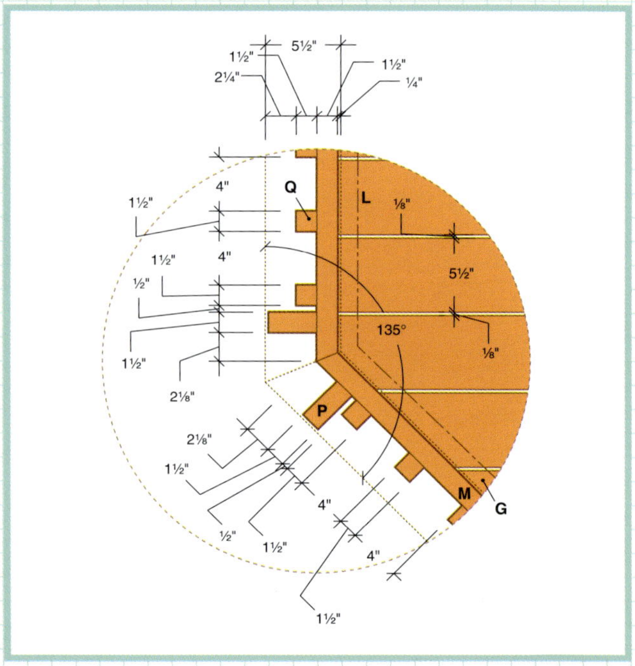

" = pouce
' = pied

Construction : Terrasse en îlot

CHOISISSEZ L'EMPLACEMENT

Mesurez, marquez et coupez les côtés (A) et les supports diagonaux (B) du cadre d'essai (Détail du cadre d'essai, p. 270).

Assemblez le cadre avec des vis à plancher de 3 po ; assurez-vous qu'il est d'équerre en en mesurant les diagonales. Ajustez le cadre de sorte que les deux diagonales soient de longueur égale, puis fixez les supports diagonaux à l'aide de vis à plancher.

En vous faisant aider, déplacez le cadre d'essai pour choisir l'emplacement de la terrasse.

Une fois l'endroit choisi, déposez et fixez (clous ou serre-joints) le cadre sur des tréteaux, afin de trouver aisément la position des semelles.

TROUVEZ LA POSITION DES SEMELLES

Marquez le centre de chacune des semelles sur les côtés du cadre, puis tendez des cordeaux entre ces marques. Sur les cordeaux, mesurez et marquez avec du ruban la position des semelles.

Suspendez un plomb à chaque endroit marqué ; enfoncez un pieu dans le sol à chacun de ces endroits pour indiquer le centre des semelles de la terrasse.

COULEZ LES SEMELLES

Enlevez les cordeaux et creusez les trous destinés aux semelles avec une tarière manuelle ou motorisée.

Pour le drainage, déposez dans chaque trou une couche de gravier de 2 po à 3 po d'épaisseur. Respectez les exigences du code du bâtiment de votre localité en ce qui concerne les dimensions des trous ; il est parfois obligatoire que la base de la semelle soit évasée à 12 po.

Avec une scie alternative ou une égoïne, coupez les coffrages tubulaires à la bonne longueur et insérez-les dans les trous de manière qu'ils dépassent du sol sur 2 po.

Foulez de la terre autour des coffrages pour qu'ils se tiennent bien. Remplissez-les avec du béton que vous piquerez à l'aide d'une longue tige pour en chasser les poches d'air.

Égalisez la surface du béton avec une pièce de bois droite de 2 x 4. Insérez dans le centre de chaque semelle un boulon en J, en laissant dépasser de la surface de ¾ po à 1 po de filets. Retendez les cordeaux et placez les boulons en J exactement au centre des semelles, en vous guidant sur un plomb. Nettoyez les filets des boulons avant que le béton sèche.

INSTALLEZ LES POTEAUX

Déposez à plat sur chaque paire de semelles une longue pièce de bois droite de 2 x 4, dont l'un des bords s'appuiera contre les boulons. Tracez sur les semelles une ligne de repère qui servira à orienter les bases des poteaux.

Placez une base métallique sur chaque semelle ; centrez ces bases sur les boulons en J et alignez-les sur la ligne de repère. Fixez les bases en serrant bien un écrou sur chaque boulon.

Coupez les poteaux (C) de la terrasse à une longueur de plusieurs pouces supérieure à leur longueur finale. Insérez les poteaux dans les bases et immobilisez-les avec un clou.

Déterminez la hauteur des poteaux longs en faisant sur l'un d'eux une marque à 26 ½ po du sol. À l'aide d'un cordeau et d'un niveau de ligne, transposez cette marque sur les autres poteaux longs.

Déterminez la hauteur des poteaux courts en faisant une marque à 7 ¼ po sous la première marque ; transposez cette marque sur les quatre autres poteaux courts.

POSEZ LES POUTRES

Cette terrasse comporte deux ensembles de poutres. Les poutres inférieures sont de 3 po plus longues que les poutres supérieures, du fait que les solives de rive y reposent. Les poutres inférieures supportent les poutres supérieures ainsi que la plate-forme de la terrasse.

Mesurez, marquez et coupez les quatre planches composant les poutres inférieures (D).

Marquez la position de chacun des poteaux sur les dessus et les côtés des poutres inférieures, en vous aidant d'une équerre combinée.

Placez les poutres inférieures, le côté bombé orienté en haut, sur les poteaux. Assurez-vous que les poutres sont de niveau ; fixez-les avec des vis à plancher.

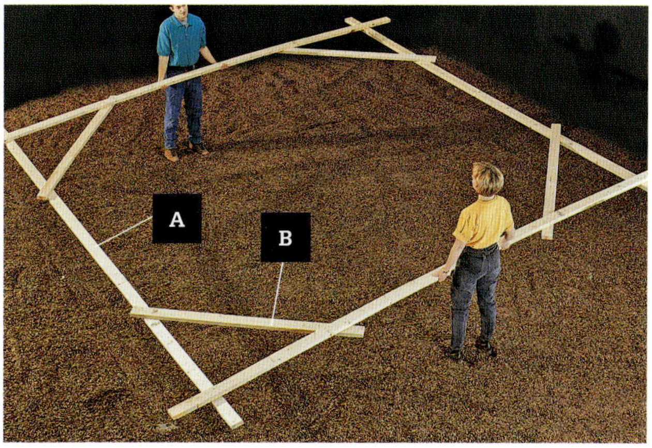

Placez le gabarit d'essai à divers endroits afin de choisir l'emplacement que vous préférez pour la terrasse.

Trouvez la position de chacune des semelles de la terrasse en tendant des cordeaux entre les côtés du cadre d'essai. Marquez ces positions sur les cordeaux avec du ruban, puis suspendez un plomb à chaque marque.

Avec une scie alternative ou une égoïne, coupez le sommet des poteaux au niveau des poutres.

Pratiquez deux trous de ½ po dans les poutres, vis-à-vis de chacun des poteaux. Fixez bien les poutres inférieures avec des attaches à solive, des boulons de carrosserie et des rondelles, serrés à l'aide d'une clé à douille à cliquet.

Mesurez, marquez et coupez à la bonne longueur les poutres supérieures (D). Marquez-y la position des poteaux et fixez-les de la même manière que les poutres inférieures.

INSTALLEZ LES SOLIVES DE RIVE

Avec une scie circulaire, coupez quatre des huit solives de rive (G) à la bonne longueur (Détail B, p. 269). Les extrémités seront coupées à un angle de 22,5°.

Fixez une solive de rive à chacune des extrémités des poutres supérieures (Détail B, p. 269) à l'aide de clous à tête bâtarde enfoncés dans la solive. Fixez les deux autres solives de rive sur le dessus des poutres inférieures avec des clous enfoncés en biais.

Vérifiez les mesures des solives de rive restantes, coupez-les à la bonne longueur, biseautez-en les extrémités à 22,5° et posez-les. Dans les coins, pratiquez dans les solives des paires d'avant-trous de ⅛ po, afin de les attacher ensemble avec des vis à plancher.

COULEZ LES SEMELLES ET INSTALLEZ LES POTEAUX DU PALIER

Déterminez la position de chaque semelle en tendant un cordeau entre la solive et une chaise, selon les mesures indiquées dans le Plan de charpente (p. 268) et dans le Détail A (p. 269). Veillez à ce que les cordeaux soient perpendiculaires à la solive de rive et parallèles entre eux.

Avec du ruban, marquez la position de chaque semelle. Servez-vous d'un plomb et de pieux pour transposer ces positions sur le sol.

Enlevez les cordeaux et creusez les trous destinés aux semelles avec une tarière manuelle ou motorisée. Pour le drainage, déposez dans chaque trou une couche de gravier de 2 po à 3 po d'épaisseur.

Avec une scie alternative ou une égoïne, coupez les coffrages tubulaires à la bonne longueur et insérez-les dans les trous de manière qu'ils dépassent du sol sur 2 po. Foulez de la terre autour pour qu'ils se tiennent bien et remplissez-les avec du béton que vous piquerez à l'aide d'une longue tige pour en chasser les poches d'air.

Égalisez la surface du béton. Insérez dans le centre de chaque semelle un boulon en J, en laissant dépasser de la surface de ¾ po à 1 po de filets. Retendez les cordeaux et placez les boulons en J exactement au centre des semelles, en vous guidant sur un plomb. Nettoyez les filets des boulons avant que le béton sèche.

Installez les bases, coupez les poteaux du palier à la bonne longueur (Détail, p. 269) et fixez-les sur leurs bases.

INSTALLEZ LES POUTRES ET LES SOLIVES DE RIVE DU PALIER

Fixez une bride faîtière sur le sommet de chacun des poteaux du palier.

Vérifiez les dimensions des planches de poutres (J) et des solives de rive (I), marquez-les et coupez-les à la bonne longueur.

Retenez ensemble deux planches de poutre et, en vous aidant d'une équerre combinée, marquez sur le dessus et les côtés de celles-ci la position de chacune des brides faîtières. Faites de même avec les deux autres planches.

Placez les paires de planches, le côté bombé en haut, dans les brides faîtières et alignez-les. Après avoir pratiqué des avant-trous, fixez les brides sur les poutres avec des vis à plancher.

Alignez sur les poutres le dessus et le côté des solives de rive (Détail A, p. 269), pratiquez des avant-trous de ⅛ po dans les solives et fixez-les avec des vis à plancher.

INSTALLEZ LES SOLIVES DE LA TERRASSE ET DU PALIER

Pour la terrasse, les solives intérieures sont attachées avec des étriers ainsi qu'avec des clous enfoncés en biais dans les poutres inférieures. Nous utiliserons des étriers à 90° pour les solives du palier et pour les deux solives de la terrasse situées entre les poutres supérieures. Pour les solives obliques de la terrasse, nous utiliserons des étriers à 45°.

En consultant le plan, mesurez et marquez la position de chaque solive sur les solives de rive et les poutres inférieures de la terrasse. Tracez sur les poutres le profil de chaque solive en vous aidant d'une équerre combinée.

Mesurez, marquez et coupez à la scie circulaire les solives longues (E) et les solives à onglet (F). Avec une équerre à chevrons, tracez sur les extrémités des solives à onglet un angle de 22,5° et coupez-les en conséquence.

Clouez les solives dans les étriers, le côté bombé en haut. Alignez les solives sur les profils tracés sur le dessus des poutres inférieures ; fixez-les avec des clous enfoncés en biais.

Mesurez et marquez sur les poutres du palier la position de chacune des solives du palier (K). Clouez les étriers dans leurs positions respectives. Clouez les solives dans les étriers.

POSEZ LE PLATELAGE DE LA TERRASSE

Mesurez, coupez et posez la première rangée de planches de platelage (L) près du palier. Fixez chaque planche sur les solives au moyen de deux vis à plancher par solive.

Posez les autres planches, en laissant entre elles un écart de ⅛ po pour le drainage, de sorte que leurs extrémités débordent des solives de rive. Fixez les planches sur les solives avec deux vis à plancher par solive.

Toutes les deux ou trois rangées de planches, mesurez la distance séparant le bord du platelage du bord de la terrasse. Au besoin, modifiez l'écartement des rangées de sorte que la dernière soit faite de planches pleine largeur.

Faites claquer le cordeau à tracer sur le platelage afin d'y faire une ligne le long du bord extérieur de la terrasse. Avec une scie circulaire, découpez les planches sur la ligne.

POSEZ LES PLANCHES DE PAREMENT

Mesurez, marquez et coupez les planches de parement (M) de la terrasse. Faites des coupes à onglet de 22,5°. Alignez les planches sur le dessus du platelage et fixez-les sur les solives de rive à l'aide de vis à plancher.

Vérifiez les mesures, marquez et coupez les planches de parement (O) du palier. Alignez-en les bords supérieurs sur le dessus du platelage. Avec des vis à plancher, fixez les planches sur les poutres et sur la solive de rive avant du palier.

CONSTRUISEZ LE GARDE-CORPS

Mesurez, marquez et coupez les poteaux du garde-corps (P) à la bonne longueur (Détail du garde-corps, p. 270).

Sur la base de chaque poteau, pratiquez deux trous de ½ po de profondeur avec un foret à trois pointes dont le diamètre sera légèrement supérieur à celui des rondelles.

Sur la base de chaque poteau, pratiquez deux avant-trous de ¼ po. Placez les poteaux (Détail du parement, p. 270), marquez et pratiquez deux avant-trous dans la terrasse, puis fixez chaque poteau sur la planche de parement et sur la solive de rive avec des tire-fonds.

Coupez chaque partie de lisse supérieure (R) à la même longueur que la planche de parement correspondante et biseautez-en les extrémités à un angle de 22,5°.

Fixez la lisse supérieure sur les poteaux avec des vis.

Mesurez, marquez et coupez les balustres du garde-corps (Q). Pratiquez des avant-trous de ⅛ po dans les balustres. Fixez-les sur les planches de parement et sur la lisse supérieure à l'aide de vis. Pour consolider les coins, pratiquez dans les parties de lisse supérieure des avant-trous obliques de ⅛ po et vissez-les ensemble.

Vérifiez les mesures des parties de l'appui (S), coupez-les à la bonne longueur et biseautez-en les extrémités selon un angle de 22,5°. Fixez l'appui sur les poteaux et sur la lisse supérieure à l'aide de vis.

CONSTRUISEZ L'ESCALIER

Mesurez, marquez et coupez les limons (T) selon le Détail du palier et de l'escalier (p. 270).

À l'aide d'une équerre de charpente, dessinez sur le limon la marche supérieure qui sera d'une hauteur de 6 po (le sommet du limon se trouvant à 1 po sous la surface du platelage) et d'un giron de 12 po. Prolongez la ligne de hauteur sur les deux bords du limon ; coupez-le sur cette ligne.

Dessinez sur le limon la marche inférieure qui sera d'une hauteur de 7 po et d'un giron de 12 ¾ po. Au bout de la ligne du giron, tracez une perpendiculaire de 7 po de longueur et faites une marque. Tracez une autre perpendiculaire vers la base du limon, puis coupez celui-ci.

Placez les cornières d'assemblage dans la bonne position, puis fixez-les sur les limons à l'aide de tire-fonds de 1 ¼ po.

Mesurez, marquez et coupez les marches (U). Fixez-les sur les limons à l'aide de tire-fonds traversant les cornières. Laissez un écart de ⅛ po entre les planches des marches.

Installez l'escalier en le posant contre le palier. Pratiquez des avant-trous de ¼ po dans les solives de rive et dans les planches de parement, jusque dans le sommet des limons. Pour fixer l'escalier, utilisez deux tire-fonds par limon.

Après avoir installé les escaliers, coupez à la bonne longueur les planches de platelage (N) du palier et fixez-les avec des vis à plancher.

Trouvez la position des semelles du palier à l'aide d'un cordeau et d'un plomb.

Pratiquez des avant-trous de ⅛ po, puis vissez ensemble les parties de lisse supérieure qui se rencontrent dans les coins.

Mesurez, marquez et coupez les poutres du palier ; fixez-les sur les poteaux du palier à l'aide de brides faîtières.

Après avoir fixé des cornières d'assemblage sur les limons, renversez-les et installez-y les marches à l'aide de tire-fonds de 1 ¼ po.

Terrasse enveloppante

Cette terrasse, installée autour d'un coin extérieur de votre maison, augmentera l'espace habitable de celle-ci et vous permettra de profiter de la vue dans plusieurs directions. Notre plan prévoit la création de deux aires symétriques distinctes que vous pourrez consacrer à des activités différentes. Un escalier donne un accès facile au jardin ou à la cour. Le garde-corps à lisses multiples et à poteaux entaillés, en plus d'être décoratif, protège jusqu'à un certain point l'intimité des occupants de la terrasse.

Plusieurs dispositions des sièges sont possibles sur cette terrasse, qui offre une vue élargie sur le paysage.

Vue en coupe

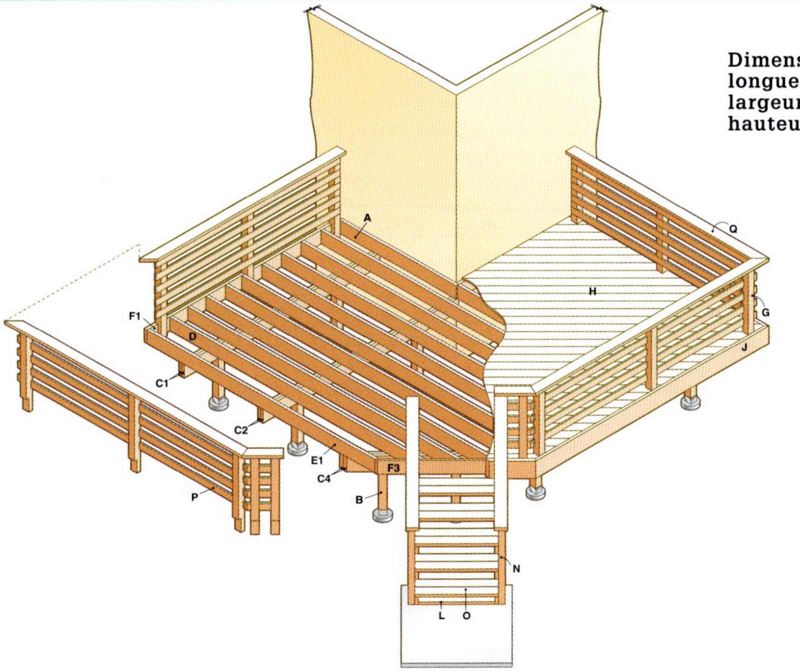

Fournitures

Coffrages tubulaires de 10 po de diamètre (8)
Boulons en J (8),
Bases métalliques pour poteaux de 6 x 6 (8)
Brides faîtières (8)
Étriers à solive de 2 x 8 à 90° (26)
Étriers à solive de 2 x 8 à 45° (3)
Cornières d'assemblage galvanisées de 1 ½ po x 1 ½ po (26)
Clous pour étrier à solive
Tire-fonds de ⅜ po x 4 po avec rondelles (20)
Tire-fonds de ⅜ po x 3 po avec rondelles (32)
Plaque d'attache de 6 po x 30 po (1)
Scellant à la silicone (3 tubes)
Vis à maçonnerie de 3 po
Vis à plancher galvanisées de 1 ½ po et de 3 po
Vis galvanisées de ⅝ po
Béton

Liste dimensionnelle

Qté	Dimensions	Fournitures	Éléments
9	2 × 8 po × 16 pi	Bois traité	Solives (D)
6	2 × 8 po × 12 pi	Bois traité	Lambourdes (A), Planches de poutre (C), Solive extérieure (E), Solives de rive (F)
13	2 × 8 po × 10 pi	Bois traité	Planches de poutre (C), Solives (D), Solive extérieure (E), Solives de rive (F), Gousset inférieur (L)
1	2 × 6 po × 4 pi	Bois traité	Fond de clouage de l'escalier (I)
1	2 × 4 po × 4 pi	Bois traité	Gousset supérieur (L)
3	6 × 6 po × 8 pi	Bois traité	Poteaux de terrasse (B)
9	4 × 4 po × 8 pi	Cèdre	Poteaux de garde-corps (G), Poteaux de rampe (N)
28	5⁄4 × 6 po × 16 pi	Cèdre	Platelage (H)
2	2 × 10 po × 12 pi	Cèdre	Planches de parement (J)
2	2 × 10 po × 10 pi	Cèdre	Planches de parement (J)
1	2 × 10 po × 6 pi	Cèdre	Planches de parement (J)
1	2 × 12 po × 12 pi	Cèdre	Limons (K)
5	2 × 6 po × 12 pi	Cèdre	Appui (Q)
5	2 × 6 po × 8 pi	Cèdre	Marches (O)
10	1 × 4 po × 12 pi	Cèdre	Lisses (P)
11	1 × 4 po × 10 pi	Cèdre	Lisses (P)
8	1 × 4 po × 6 pi	Cèdre	Lisses (P)

Plan de charpente

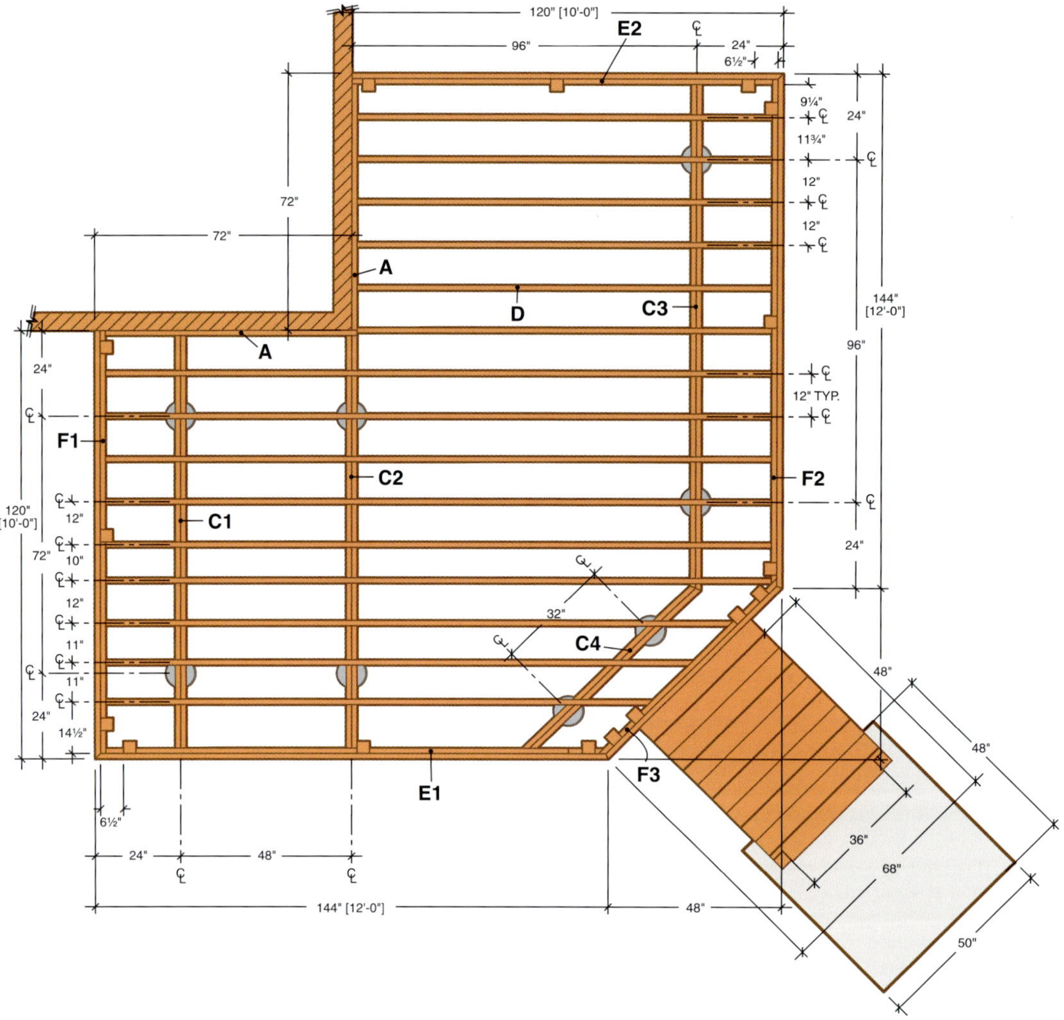

Élévation

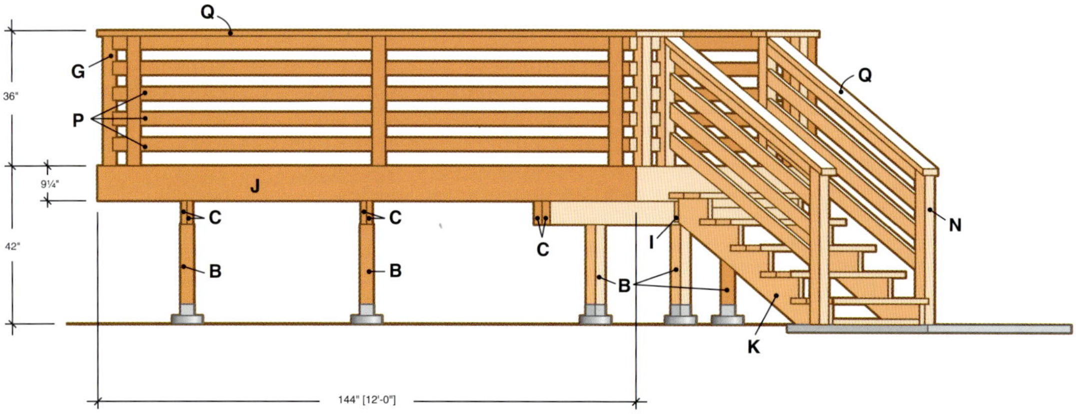

" = pouce

' = pied

Détail du garde-corps

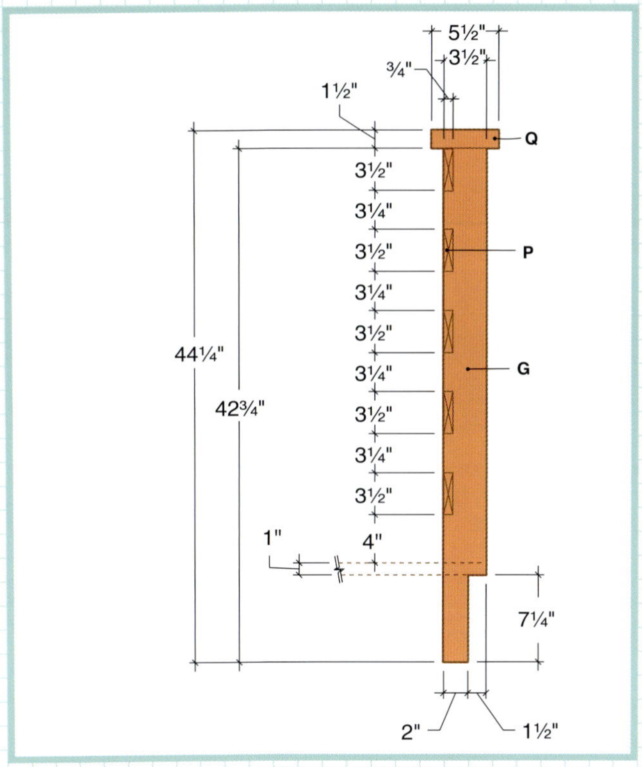

Détail de l'escalier

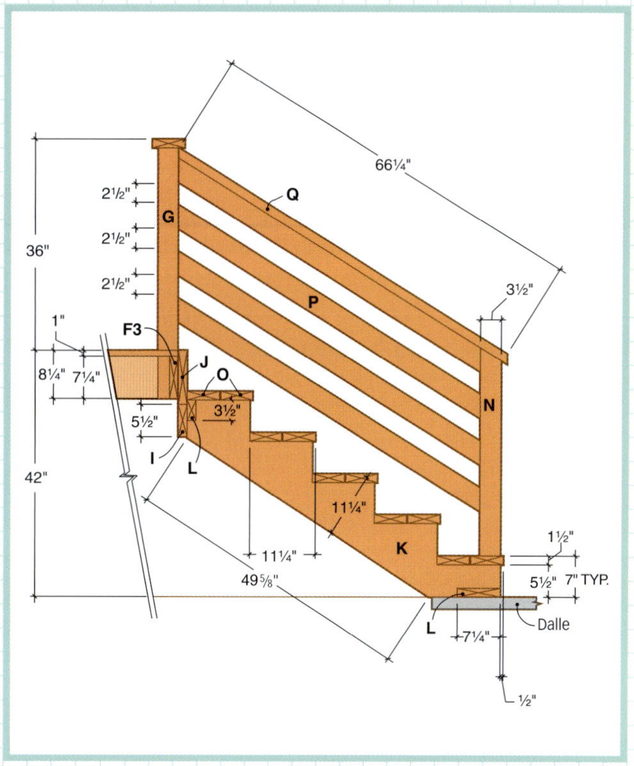

Position des semelles

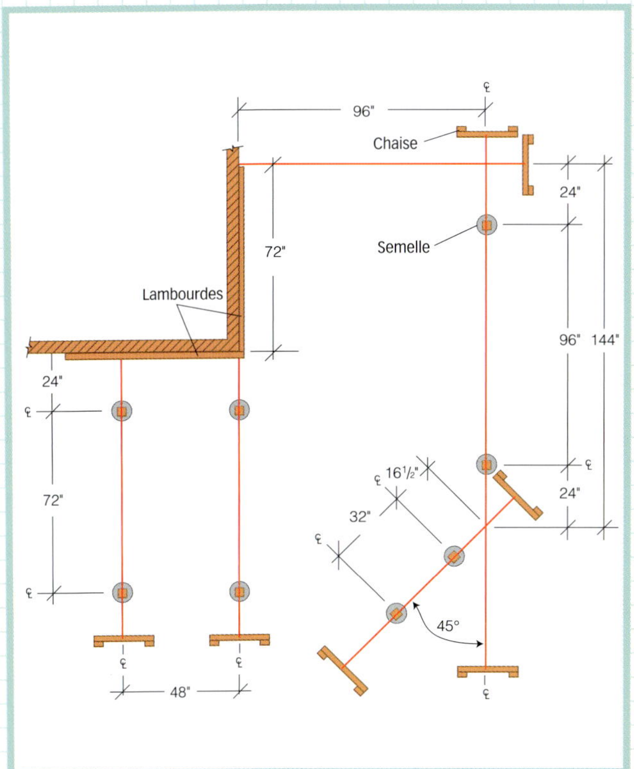

Détail des poteaux de coin

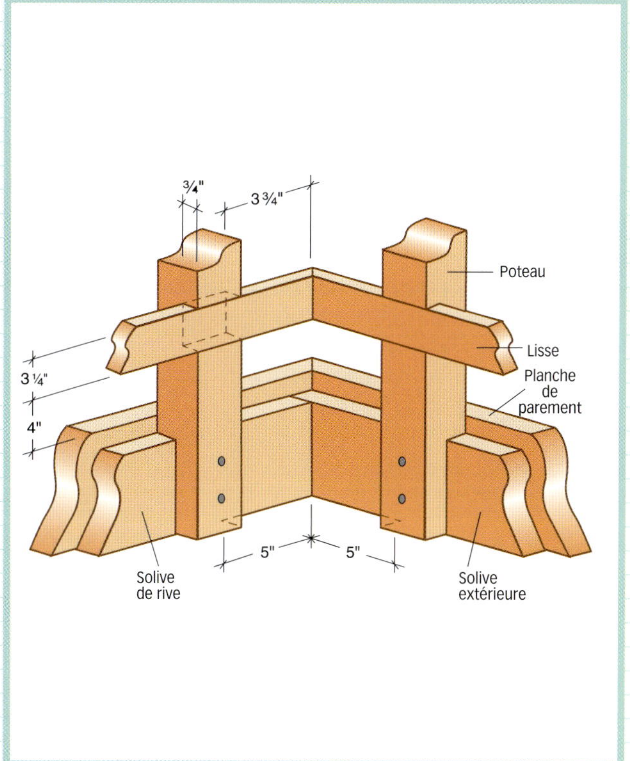

" = pouce

' = pied

Construction : Terrasse enveloppante

POSEZ LES LAMBOURDES

Pour indiquer sur le mur la position des lambourdes, de la solive extérieure et de la solive de rive, tracez-y le profil de celles-ci en vous aidant d'un niveau.

Situez le bord supérieur des lambourdes de manière que la surface du platelage se trouve à 1 po sous le niveau du plancher intérieur. Cette différence de niveau empêchera l'eau et la neige fondue de s'infiltrer dans la maison. La longueur du tracé doit tenir compte de l'épaisseur de la solive de rive F1 et de la solive extérieure E2.

Avec une scie circulaire, découpez le parement du mur le long du tracé. Réglez la profondeur de coupe selon l'épaisseur du parement, de manière à ne pas entamer le revêtement du mur. Servez-vous d'un ciseau pour terminer le découpage dans les coins ; orientez la face biseautée du ciseau vers l'intérieur pour que la coupe soit droite.

Avec une cisaille, découpez à la même longueur que la découpe du mur un solin galvanisé que vous glisserez sous le parement du mur.

Mesurez et, avec une scie circulaire, coupez les lambourdes de bois traité (A) à la bonne longueur. Elles doivent être plus courtes que les profils tracés sur le mur.

Centrez les lambourdes dans les découpes, sous le solin, et étayez-les pour les retenir en place. Fixez-les provisoirement avec des vis à plancher.

À intervalles de 2 pi le long des lambourdes, pratiquez jusque dans la solive de rive de la maison des paires d'avant-trous de ¼ po que vous chambrerez sur une profondeur de ½ po à l'aide d'un foret à trois pointes de 1 po. Avec une clé à douille à cliquet, fixez les lambourdes sur le mur en utilisant des tire-fonds de ⅜ po x 4 po munis de rondelles.

Appliquez un large cordon de scellant à la silicone entre le parement et le solin. Appliquez-en aussi sur les têtes de tire-fonds ainsi que dans tous les vides laissés entre le mur et les lambourdes.

Servez-vous d'une équerre à chevrons pour tracer la ligne de coupe à 22,5° à l'endroit où s'unissent les extrémités des poutres C3 et C4.

COULEZ LES SEMELLES

En vous basant sur le diagramme p. 277, tendez des cordeaux entre les lambourdes et des chaises faites de pièces de bois de 2 x 4. Assurez-vous que les cordeaux sont d'équerre en appliquant la méthode du triangle 3-4-5. À partir du point où chacun des cordeaux est attaché à la lambourde, mesurez une distance de 3 pi et faites une marque sur la lambourde. Sur chacun des cordeaux, attachez ensuite un ruban à 4 pi de la maison. La diagonale reliant les marques faites sur la lambourde et les rubans devrait mesurer 5 pi. Si ce n'est pas le cas, modifiez la position des cordeaux sur les chaises. Prenez ensuite des mesures sur les cordeaux pour situer les points centraux des semelles. Sur les cordeaux, marquez ensuite ces points avec du ruban.

Utilisez un plomb et des pieux pour transposer sur le sol la position des rubans. Enlevez les cordeaux. Creusez les trous destinés aux semelles avec une tarière manuelle ou motorisée. Pour le drainage, déposez dans chaque trou une couche de gravier de 2 po à 3 po d'épaisseur. En ce qui concerne les dimensions des trous, respectez les exigences du code du bâtiment de votre localité, qui exige peut-être que la base de la semelle soit évasée.

Avec une scie alternative ou une égoïne, coupez les coffrages tubulaires à la bonne longueur et insérez-les dans les trous de manière qu'ils dépassent du sol sur 2 po. Foulez de la terre autour des coffrages.

Remplissez les coffrages avec du béton que vous piquerez à l'aide une longue tige pour en chasser les poches d'air. Égalisez la surface du béton avec une pièce de bois droite de 2 x 4. Insérez dans le centre de chaque semelle un boulon en J, de manière que les filets dépassent de la surface de ¾ po à 1 po.

Retendez les cordeaux et, en vous guidant sur un plomb, placez les boulons en J exactement au centre des semelles. Nettoyez les filets des boulons avant que le béton sèche.

INSTALLEZ LES POTEAUX DE LA TERRASSE

Déposez à plat sur chaque paire de semelles une longue pièce de bois droite de 2 x 4. Appuyez l'un des bords de la pièce de bois contre les boulons, puis tracez sur chaque semelle une ligne de repère.

Centrez une base métallique sur le boulon en J de chaque semelle, en la plaçant à angle droit par rapport à la ligne de repère. Fixez les bases en serrant un écrou sur chaque boulon.

Coupez les poteaux (C) à une longueur supérieure de quelques pouces à leur longueur finale. Placez les poteaux dans les bases et immobilisez-les avec un clou.

En vous servant d'un niveau, de pieux et d'étais, mettez les poteaux d'aplomb. Finissez ensuite de les clouer sur les bases.

Pour déterminer la hauteur des poteaux, faites une marque sur la maison, à 7 ¼ po sous le bord inférieur de la lambourde. Servez-vous d'une pièce de bois droite de 2 x 4 et d'un niveau pour reporter cette marque sur l'un des poteaux. Reportez ensuite cette marque sur tous les autres poteaux.

Avec une scie alternative ou une égoïne, coupez les poteaux. À l'aide de clous de 8d, fixez des brides faîtières sur leurs sommets.

INSTALLEZ LES POUTRES

Coupez les planches de poutre (C) de 2 x 10 en laissant plusieurs pouces supplémentaires à chaque extrémité en vue d'une coupe finale. Assemblez les deux planches, leurs côtés bombés orientés dans la même direction, à l'aide de clous galvanisés de 10d enfoncés tous les 16 po.

Placez les poutres C1 et C2 dans leurs brides faîtières et clouez-les. Marquez et coupez l'extrémité de la poutre C3 à un angle de 22,5° et placez-la dans les brides faîtières.

Faites une coupe à 22,5° dans l'une des extrémités de la poutre C4, de manière qu'elle forme avec la poutre C3 un angle de 45°. N'en sciez pas l'autre extrémité. Placez la poutre C4 dans les brides faîtières.

Serrez bien les poutres l'une contre l'autre et fixez-les avec des vis à plancher de 3 po. Fixez-les aussi sur les brides faîtières avec des clous de 8d.

INSTALLEZ LES SOLIVES

En vous reportant au Plan de charpente de la p. 276, coupez la solive de rive F1 à sa longueur finale. Coupez la solive extérieure E1 en y laissant plusieurs pouces supplémentaires en vue d'une coupe finale.

Attachez à la lambourde l'une des extrémités de la solive de rive F1 à l'aide de clous galvanisés de 16d. Déposez la solive extérieure E1 sur les poutres C1 et C2. Attachez ensemble les solives F1 et E1 à l'aide de vis à plancher.

Servez-vous d'une équerre de charpente pour déterminer la position finale de E1 sur les poutres. Marquez et coupez les poutres à la bonne longueur. Fixez la solive E1 sur les poutres à l'aide de clous enfoncés en biais.

Coupez à la bonne longueur la solive extérieure E2. Clouez-la sur l'extrémité de la lambourde ; en vous assurant qu'elle est d'équerre, fixez-la ensuite sur le dessus de la poutre C3 à l'aide de clous enfoncés en biais. Coupez la poutre à la bonne longueur.

Servez-vous d'un ruban à mesurer et d'une équerre combinée pour tracer les profils des solives intérieures (D) sur la lambourde, les poutres et la solive de rive F1 (Plan de charpente, p. 276).

Avec des clous de 1 ¼ po pour étrier à solive, fixez des étriers à solive sur la lambourde et sur la solive de rive F1 ; servez-vous d'une pièce de bois de 2 x 8 pour déterminer l'écartement des étriers. **NOTE :** L'écartement des étriers sera irrégulier, car vous devez tenir compte de l'installation des poteaux de garde-corps.

Placez les solives intérieures, côté bombé orienté vers le haut, dans les étriers de la lambourde et de la solive de rive F1 ; fixez-les avec des clous de 1 ¼ po pour étrier à solive. Enfoncez un clou dans chaque ouverture des étriers. Clouez en biais les solives sur les poutres. Ne coupez pas les solives tout de suite.

Marquez la longueur finale des solives intérieures en traçant sur le dessus de celles-ci une ligne partant de l'extrémité de la solive extérieure E2. Assurez-vous que l'ensemble est d'équerre. Immobilisez les solives intérieures en clouant une planche sur leurs bords. Coupez-les à la bonne longueur avec une scie circulaire.

En attendant la coupe finale, sciez la solive de rive F2 en la laissant plus longue qu'il ne le faut. Fixez-la dans la bonne position avec des clous galvanisés de 16d.

Pour marquer la ligne de coupe à 45° des solives restantes, faites un trait à 139 po du coin à 90° sur la solive extérieure E1. Faites un second trait à 139 po de l'autre coin à 90° sur la solive de rive F2. La distance séparant ces deux traits devrait être d'au moins 70 po (au besoin, reculez la ligne). Quelles que soient les dimensions de votre terrasse, cette distance vous donnera un espace suffisant pour installer les poteaux de garde-corps en haut de l'escalier.

Marquez les trois dernières solives en vue de leur coupe en faisant claquer un cordeau à tracer entre les traits faits sur la solive extérieure E1 et la solive de rive F2. À l'aide d'une équerre combinée, prolongez les marques de coupe sur les faces des solives ; faites les coupes à l'aide d'une scie circulaire.

Mesurez, coupez et fixez la solive de rive F3 à l'aide de vis à plancher.

INSTALLEZ LES POTEAUX DE GARDE-CORPS

Coupez à la bonne longueur les poteaux de garde-corps (G) et faites-y près de leurs extrémités inférieures les entailles destinées aux solives de rive (Détail du garde-corps, p. 277).

Tracez la ligne de coupe des trois solives intérieures restantes en faisant claquer le cordeau à tracer. Étayez les solives et, avec la scie à onglet, coupez-les selon l'angle approprié.

Placez la poutre C4 contre la poutre C3 et fixez-les ensemble avec des vis à plancher.

Pratiquez des avant-trous dans les poteaux jusque dans les solives de rive. Fixez les poteaux avec des tire-fonds. Vous voyez que le poteau d'escalier n'est pas entaillé.

Attachez ensemble tous les poteaux, sauf deux, pour y marquer et y découper les entailles de ¾ po x 3 ½ po dans lesquelles s'encastreront les lisses. **NOTE :** Les deux poteaux situés près de l'escalier ne seront pas entaillés.

Pour entailler les poteaux, faites à la scie circulaire une série de coupes parallèles de ¾ po de profondeur, à ¼ po d'écart, dans chaque espace marqué de 3 ½ po. Entre les coupes, enlevez le bois avec un marteau. Servez-vous d'un ciseau pour lisser le fond des entailles.

Pour déterminer la position des poteaux de garde-corps dans le coin en diagonale, faites une marque au centre de la solive de rive F3 ; de part et d'autre de cette marque, faites un trait à 18 po. Ces traits représenteront la face intérieure des poteaux de garde-corps et la face extérieure des limons. Pratiquez des avant-trous de ¼ po dans les poteaux jusque dans la solive de rive ; fixez les poteaux avec des tire-fonds.

Pour déterminer la position des poteaux de garde-corps dans les coins, faites une marque à 3 po de chaque côté des deux extrémités de la solive de rive F3. Pratiquez d'avance les trous dans les poteaux que vous fixerez aux solives de rive à l'aide de tire-fonds serrés avec une clé à douille à cliquet.

Reportez-vous au Plan de charpente (p. 276) et au Détail des poteaux de coin (p. 277) pour déterminer la position des autres poteaux de garde-corps.

INSTALLEZ LE PLATELAGE

Si possible, achetez des planches de platelage qui feront toute la longueur de la terrasse.

Mesurez, marquez et coupez à la bonne longueur les planches de platelage (H) ; pratiquez-y les entailles destinées aux poteaux de garde-corps. Placez la première planche en haut de l'escalier ; fixez-la en enfonçant deux vis à plancher dans chaque solive.

Placez les autres planches de platelage de manière qu'elles débordent de chaque côté de la terrasse ; pour faciliter l'écoulement de l'eau, laissez entre elles un écart de ⅛ po.

Lorsque deux planches sont requises pour couvrir la longueur de la terrasse, biseautez-en les extrémités à 45° et faites coïncider le joint avec le centre d'une solive.

Faites claquer le cordeau à tracer le long du bord de la terrasse ; avec une scie circulaire dont la lame sera réglée à 1 ½ po, coupez les extrémités des planches qui débordent.

INSTALLEZ LE FOND DE CLOUAGE ET LE PAREMENT

Mesurez, marquez et coupez le fond de clouage (I) de l'escalier ; fixez-le à la solive de rive à l'aide d'une plaque d'attache et de vis à plancher (Détail de l'escalier, p. 277).

Mesurez, marquez et coupez les planches de parement (J) en faisant des coupes à 45° dans les coins à angle droit et des coupes à 22,5° dans les coins situés près de l'escalier. Fixez les planches de parement aux solives de rive et aux solives extérieures en y enfonçant à intervalles de 2 pi deux vis à plancher.

COULEZ LA DALLE DE BÉTON

Déterminez l'emplacement de la dalle. Ajoutez 6 po dans chaque direction et creusez un trou à 8 po de profondeur.

Étendez et foulez dans le trou une couche de gravier compactable de 4 po d'épaisseur.

Avec des pièces de bois de 2 x 6, fabriquez un coffrage (Plan de charpente, p. 276). Mettez le coffrage de niveau à 42 po sous la surface du platelage (pour six marches de 7 po de hauteur). Immobilisez le coffrage à l'aide de pieux.

Remplissez le coffrage de béton ; égalisez la surface du béton avec une pièce de bois de 2 x 4 et laissez-le durcir jusqu'au lendemain.

CONSTRUISEZ L'ESCALIER

Marquez et découpez les limons (K) selon le Détail de l'escalier (p. 277). Avec une équerre de charpente, tracez le profil des marches sur les limons. Découpez les limons avec une scie circulaire ; finissez les coins à l'aide d'une scie alternative ou d'une égoïne.

Mesurez, marquez et coupez les goussets (L). Assemblez la charpente de l'escalier en fixant les goussets entre les limons à l'aide de clous de 16d. Renversez cette charpente pour clouer le limon central sur les goussets.

Placez contre la terrasse la charpente de l'escalier ; fixez-la en enfonçant des vis à plancher qui traverseront le gousset supérieur, la planche de parement et le fond de clouage. Pratiquez des avant-trous dans le gousset inférieur jusque dans la dalle ; utilisez des vis à maçonnerie.

Entaillez la première planche de platelage et placez-la au-dessus de l'escalier.

Pratiquez des avant-trous de ⅛ po dans les marches pour qu'elles ne se fendent pas. À l'aide d'une visseuse, fixez les marches aux limons avec des vis à plancher.

Attachez les longues lisses avec des serre-joints. Tracez les lignes de coupe sur les extrémités des lisses. Avec une équerre combinée, reportez ces lignes sur la face des lisses de sorte que soient formés avec les lisses courtes des joints à 22,5°.

Coupez à la bonne longueur les poteaux de la rampe d'escalier (N). Pour les installer, attachez-les aux limons avec des serre-joints. Pratiquez des avant-trous dans les limons jusque dans les poteaux, et fixez ces derniers avec des tire-fonds de ⅜ po x 4 po.

Mesurez, marquez et coupez les marches (O). Pour la marche inférieure, servez-vous d'un bout de poteau de rampe pour tracer la ligne de découpe de l'entaille. Pratiquez ensuite l'entaille à la scie circulaire. Fixez les marches sur les limons avec des vis à plancher.

CONSTRUISEZ LE GARDE-CORPS

Mesurez et sciez les lisses de 10 pi ; chacune aura une extrémité coupée à un angle de 45°. Installez-les avec des vis à plancher de 1 ½ po. Coupez à 45° l'une des extrémités des lisses longues. Ne coupez pas l'autre extrémité. Avec des serre-joints, attachez dans la bonne position chacune des lisses longues ; avec une règle, marquez la ligne de coupe des extrémités coupées en biais. Transposez cette ligne sur la face de chaque lisse à l'aide d'une équerre combinée. Enlevez les lisses et coupez à un angle de 22,5° les extrémités qui formeront les coins. Remettez les lisses dans la bonne position et fixez-les aux poteaux de garde-corps à l'aide de vis à plancher de 1 ½ po. Mesurez, marquez et sciez les lisses courtes ; l'une de leurs extrémités sera coupée à 22,5°, l'autre à angle droit.

Avec des cornières d'assemblage, attachez les extrémités des lisses courtes aux poteaux de garde-corps situés au-dessus de l'escalier. Utilisez des vis galvanisées de ⅝ po pour fixer les cornières sur les lisses, et des vis à plancher de 1 ½ po pour les fixer sur les poteaux. Avec des vis à plancher 1 ½ po, fixez-les aussi sur les poteaux entaillés.

Mesurez, marquez et sciez l'appui du garde-corps (Q) ; fixez-le avec des vis à plancher de 3 po.

CONSTRUISEZ LA RAMPE D'ESCALIER

Pour marquer les poteaux d'escalier en vue de leur coupe, placez le bord d'une pièce de bois droite de 2 x 4 contre le poteau de garde-corps situé en haut de l'escalier et contre le poteau situé en bas. L'extrémité supérieure de la pièce de

Utilisez des cornières d'assemblage pour fixer les lisses aux poteaux. Fixez les cornières sur les lisses avec des vis galvanisées de ⅝ po.

bois étant placée sous l'appui du garde-corps et la pièce de bois étant parallèle au limon, tracez une ligne de coupe sur le poteau de l'escalier en suivant le bord inférieur de la pièce de bois. Coupez le poteau.

Répétez le travail pour couper à la bonne longueur l'autre poteau de l'escalier.

Mesurez, marquez et sciez les appuis des rampes (Détail de l'escalier, p. 277). Placez une pièce de cèdre de 2 x 6 sur le sommet des poteaux d'escalier ; marquez les angles de coupe des extrémités des appuis et coupez-les en les laissant déborder des poteaux sur 1 po.

Installez les appuis de la rampe à l'aide de vis à plancher de 3 po. Pour couper les lisses de la rampe, placez chacune d'elles contre la face inférieure de l'appui et tracez les lignes de coupe.

Coupez les lisses de sorte que l'ajustement entre les poteaux soit serré. Pour installer les lisses, marquez-en la position sur les poteaux. Fixez-les au moyen de cornières d'assemblage attachées avec des vis de ⅝ po et des vis à plancher de 1 ½ po.

Terrasse asymétrique

Augmentez l'espace habitable de votre maison en y ajoutant une bonne dose de style. Vous tirerez parti d'une géométrie relativement simple pour construire une terrasse non seulement pratique, mais aussi originale.

Un garde-corps, composé de balustres, de lisses et de poteaux façonnés décore l'ensemble, auquel donne accès un escalier droit, ancré dans une dalle de béton.

Même si elle est censée être construite à hauteur moyenne et sur un terrain de niveau, cette terrasse – qui comporte des poteaux, des poutres, des solives et des semelles renforcés – peut être surélevée ou installée sur une pente. Pour ce faire, il suffit d'allonger les poteaux et de modifier l'escalier.

De cette terrasse aux angles surprenants, une vue sans pareille.

Vue en coupe

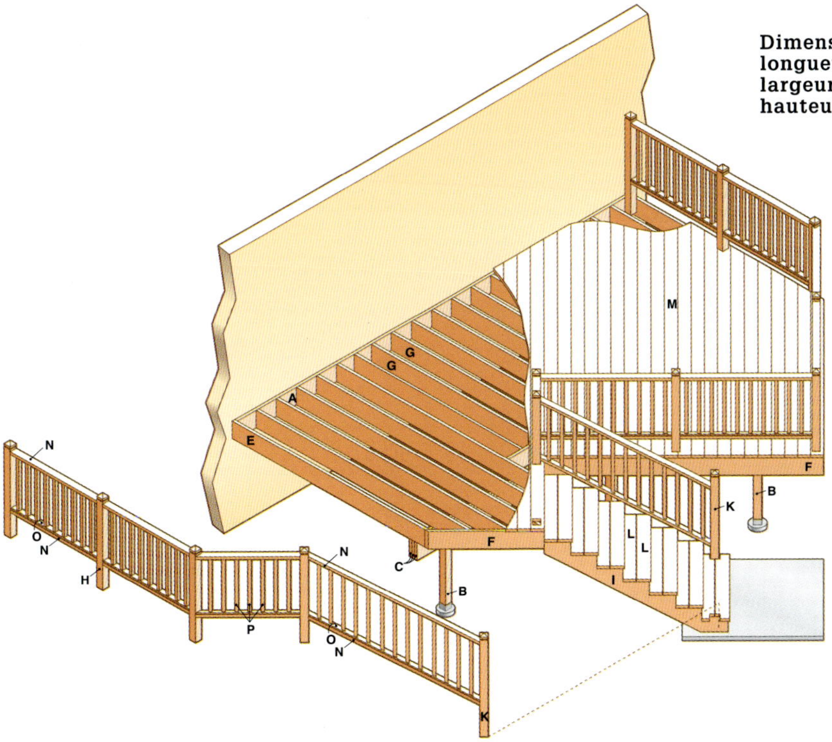

Fournitures

Coffrages tubulaires de 12 po de diamètre (4)
Boulons en J (4)
Bases métalliques pour poteaux de 6 po x 6 po (4)
Étriers à solive de 2 x 10 à 90° (22)
Étriers à solive double de 2 x 10 à 45° (2)
Vis à plancher galvanisées de 1 ¾ po et de 3 po
Vis de maçonnerie de 3 po (4)
Clous pour étrier à solive
Clous à tête conique galvanisés de 16d
Tire-fonds de ⅜ po x 4 po avec rondelles (60)
Boulons de carrosserie de ⅜ po x 5 po avec rondelles et écrous (22)
Scellant à la silicone (3 tubes)
Béton

Liste dimensionnelle

Qté	Dimensions	Fournitures	Éléments
4	2 × 10 po × 20 pi	Bois traité	Lambourde (A), Planches de la poutre principale (C)
1	2 × 10 po × 18 pi	Bois traité	Solives (G)
4	2 × 10 po × 16 pi	Bois traité	Solives (G)
5	2 × 10 po × 14 pi	Bois traité	Solives (G)
8	2 × 10 po × 12 pi	Bois traité	Solives (G)
5	2 × 10 po × 10 pi	Bois traité	Solives (G), Solives extérieures (E), Solives de rive (F)
4	2 × 10 po × 8 pi	Bois traité	Planches des poutres secondaires (D)
2	2 × 10 po × 6 pi	Bois traité	Solives de rive (F)
2	6 × 6 po × 8 pi	Bois traité	Poteaux de la terrasse (B)
1	2 × 6 po × 8 pi	Bois traité	Goussets (J)

Qté	Dimensions	Fournitures	Éléments
6	4 × 4 po × 8 pi	Cèdre	Poteaux du garde-corps (H)
4	4 × 4 po × 10 pi	Cèdre	Poteaux de la rampe d'escalier (K)
3	2 × 12 po × 8 pi	Cèdre	Limons (I)
7	2 × 6 po × 8 pi	Cèdre	Marches (L)
38	2 × 6 po × 16 pi	Cèdre	Platelage (M)
8	2 × 4 po × 10 pi	Cèdre	Lisses supérieures et inférieures (N)
2	2 × 4 po × 8 pi	Cèdre	Lisses supérieures et inférieures (N)
11	1 × 3 po × 10 pi	Cèdre	Lisses supérieures et inférieures intérieures
20	2 × 2 po × 10 pi	Cèdre	Balustres (P)

Plan de charpente

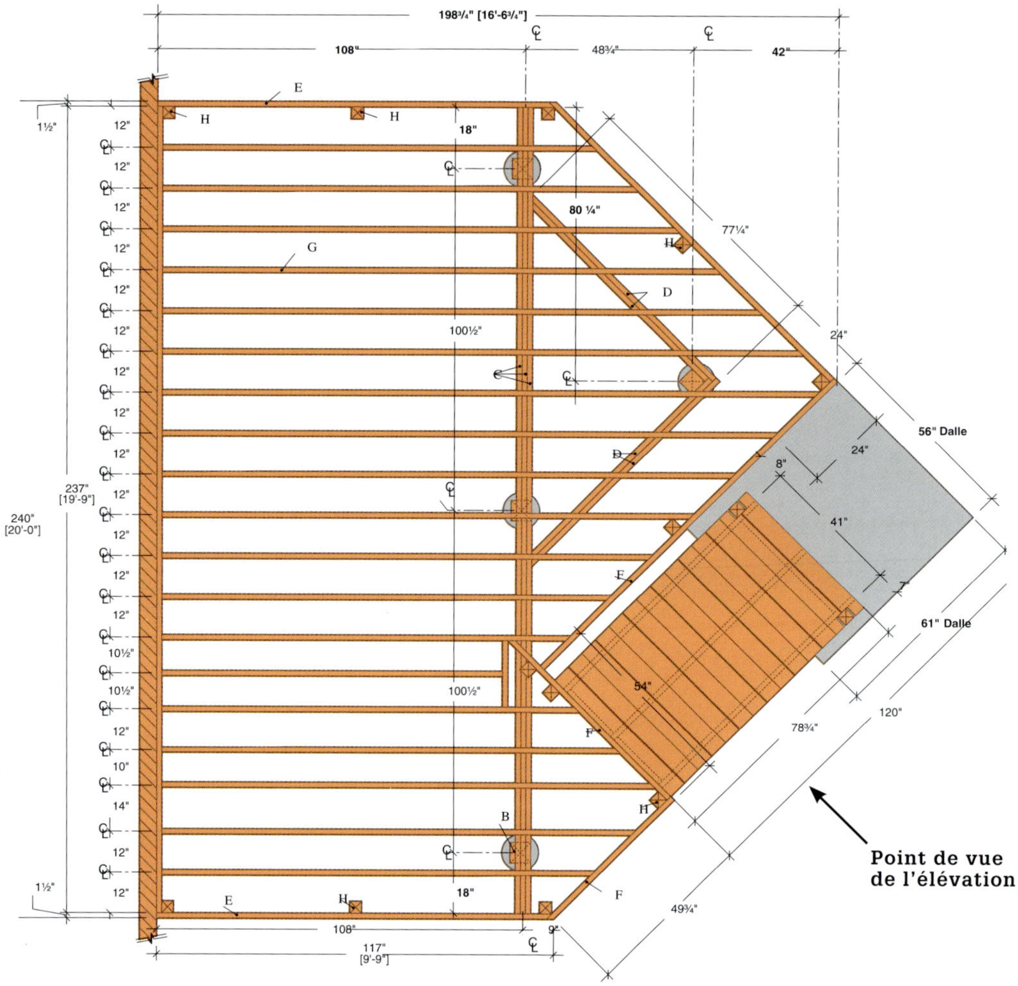

Élévation

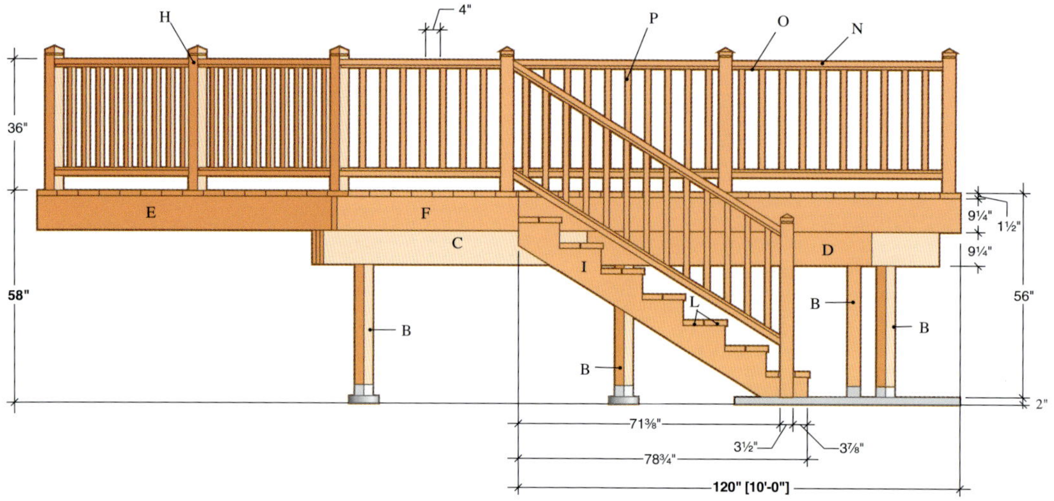

" = pouce

' = pied

Détail d'un poteau

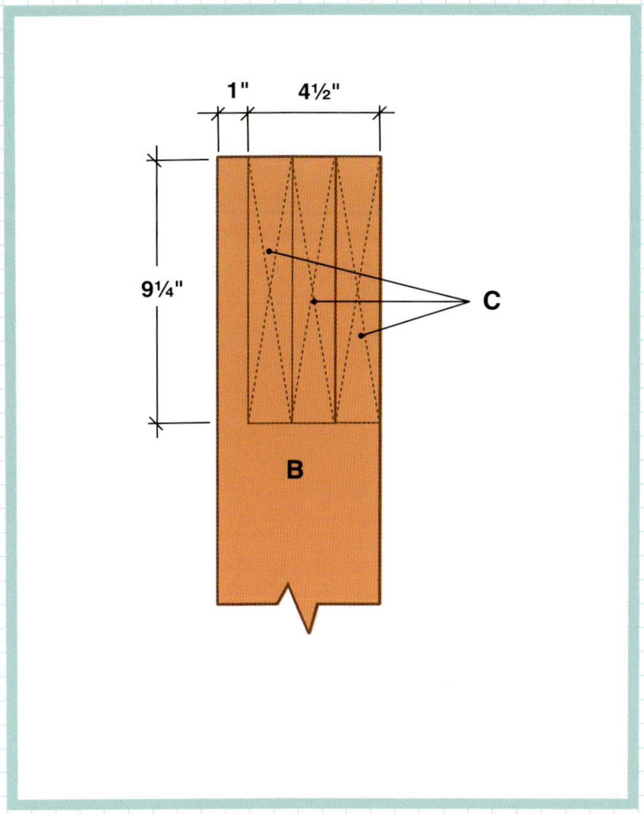

Détail du garde-corps

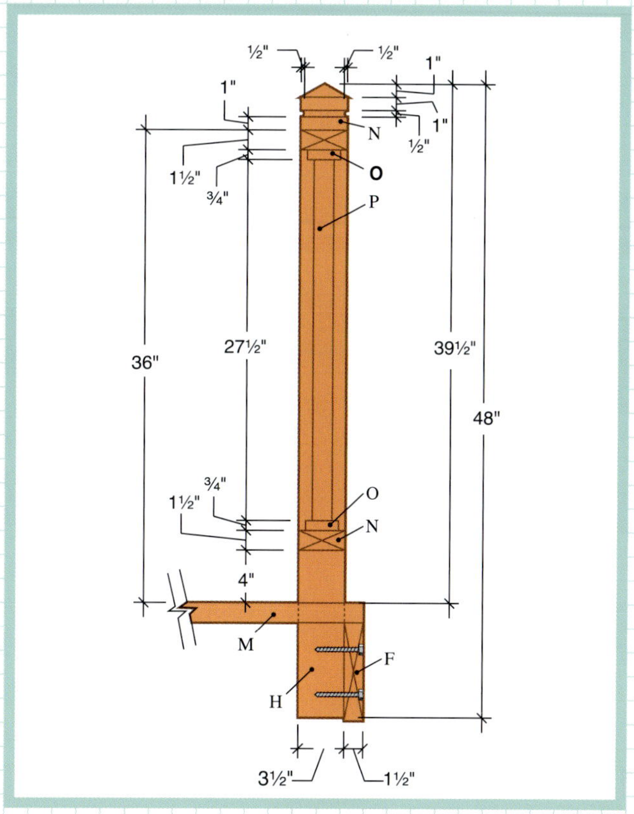

Détail de l'escalier

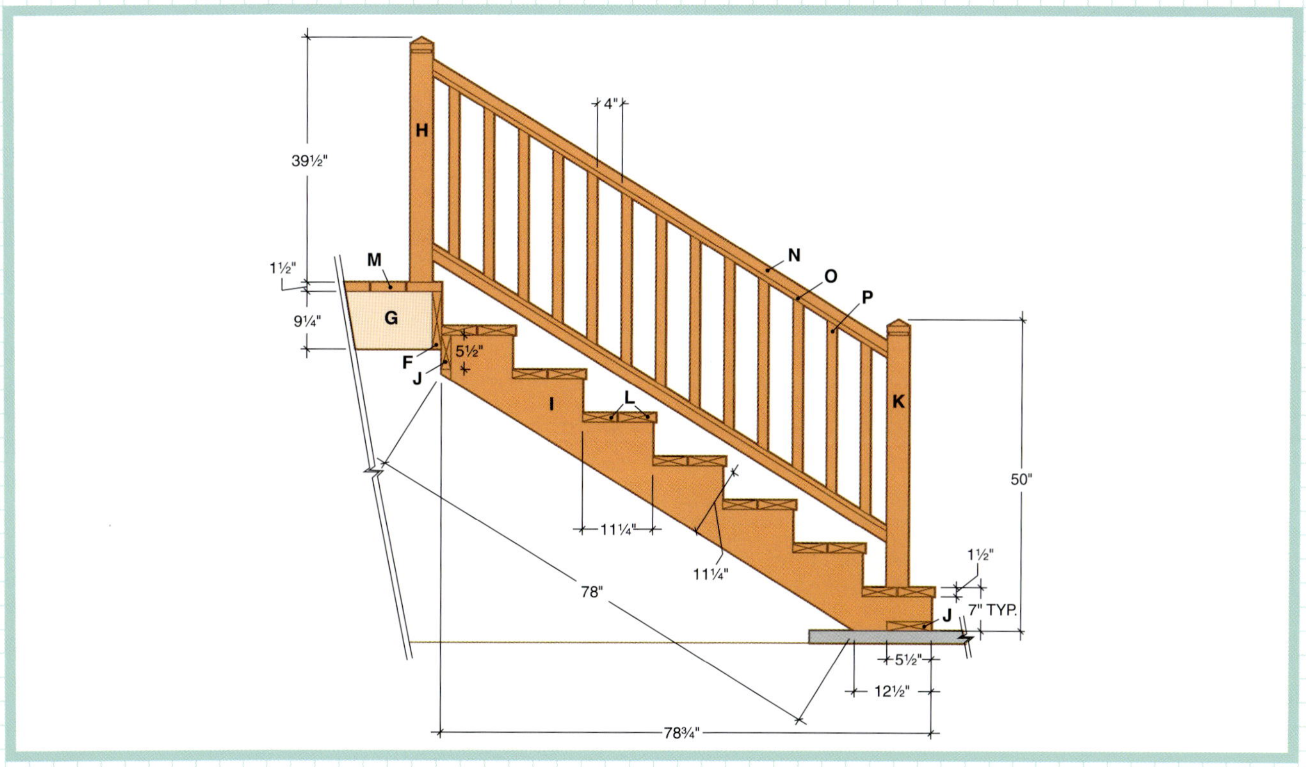

" = pouce
' = pied

Construction : Terrasse asymétrique

FIXEZ LA LAMBOURDE

La lambourde attache la terrasse à la maison et sert de ligne de repère pour la construction d'une terrasse d'équerre et de niveau.

Dessinez sur le parement un profil de niveau qui indiquera les endroits où la lambourde et les solives extérieures seront fixées. Installez la lambourde de manière que la surface du platelage se trouve à 1 po sous le niveau du plancher intérieur. Cette différence de niveau empêchera l'eau et la neige fondue de s'infiltrer dans la maison.

Avec une scie circulaire, découpez le parement de la maison le long du profil. Pour ne pas entamer le revêtement situé sous le parement, réglez la lame à une profondeur de coupe égale à l'épaisseur du parement. Finissez la découpe avec un ciseau dont vous orienterez le côté biseauté vers l'intérieur, afin que la découpe soit droite.

Avec une cisaille, coupez un solin galvanisé à la même longueur que la découpe. Glissez le solin sous le parement, au-dessus de la découpe.

Dans une pièce de bois traité sous pression, mesurez la lambourde (A) et coupez-la. Centrez la lambourde dans la découpe en laissant à chaque extrémité l'espace requis par les solives extérieures.

Étayez la lambourde sous le solin et fixez-la provisoirement avec des clous galvanisés.

Le long de la lambourde, jusque dans la solive de rive de la maison, pratiquez tous les 16 po deux avant-trous de ¼ po. Chambrez-les à une profondeur de ½ po avec un foret à trois pointes de 1 po. À l'aide d'une clé à douille à cliquet, fixez la lambourde avec des tire-fonds munis de rondelles.

Mettez d'équerre les bases des poteaux et les lignes de repère tracées sur les semelles, afin que les poteaux soient alignés les uns sur les autres.

Après avoir fixé la lambourde, suspendez un plomb à une hauteur pratique et tendez des cordeaux. Marquez la position des semelles avec des rubans. Assurez-vous que les cordeaux sont d'équerre en appliquant la méthode du triangle 3-4-5.

Appliquez un épais cordon de scellant à la silicone entre le parement et le solin. Appliquez-en aussi sur la tête des tire-fonds et dans les joints des extrémités de la lambourde.

COULEZ LES SEMELLES

Pour déterminer la position des semelles, suspendez un plomb à l'extrémité de la lambourde jusqu'à un niveau où il sera facile de prendre les mesures et de tendre les cordeaux.

Les mesures relatives aux centres des semelles sont indiquées dans le Plan de charpente de la p. 284. Fabriquez et installez des chaises temporaires faites de pièces de bois de 2 x 4.

Tendez trois cordeaux perpendiculairement à la maison : un à partir de chacune des extrémités de la lambourde, et un troisième à partir d'un point correspondant au centre de la semelle de la poutre secondaire, à 80 ¼ po de l'extrémité droite de la lambourde.

Veillez à ce que les cordeaux soient perpendiculaires à la lambourde en appliquant la méthode du triangle 3-4-5 : faites sur la lambourde une marque à 3 pi du point d'attache du cordeau. Faites sur le cordeau une marque à 4 pi de la lambourde. Si le cordeau est perpendiculaire à la lambourde, la diagonale reliant les deux marques mesurera 5 pi. Au besoin, modifiez la position des cordeaux sur les chaises.

Tendez un quatrième cordeau entre les chaises, parallèlement à la maison, dans l'axe de la poutre principale.

Mesurez et marquez sur le cordeau parallèle les trois centres des semelles de la poutre principale.

Afin de déterminer la position de la semelle de la poutre secondaire, prenez un ruban pour marquer un point sur le cordeau perpendiculaire du milieu, à 48 ¾ po de son point de rencontre avec le cordeau parallèle.

Transposez ces marques sur le sol en suspendant un plomb à chacun des rubans et en enfonçant un pieu dans le sol à chaque endroit.

Enlevez les cordeaux et creusez les trous destinés aux semelles avec une tarière manuelle ou motorisée. Pour le drainage, déposez dans ces trous une couche de gravier de 2 po à 3 po d'épaisseur. **NOTE :** Lorsque vous déterminez le diamètre et la profondeur des semelles, respectez les exigences du code du bâtiment de votre localité ; il est parfois exigé que la base de la semelle soit évasée.

Avec une scie alternative ou une égoïne, coupez les coffrages tubulaires à la bonne longueur et insérez-les dans les trous de manière qu'ils dépassent du sol sur 2 po. Foulez de la terre autour des coffrages pour qu'ils se tiennent bien. Remplissez-les avec du béton que vous piquerez à l'aide d'une longue tige pour en chasser les poches d'air.

Égalisez la surface du béton avec une pièce de bois droite de 2 x 4. Insérez dans le centre de chaque semelle un boulon en J, en laissant dépasser de la surface de ¾ po à 1 po de filets. Retendez les cordeaux et placez les boulons en J exactement au centre des poteaux, en vous guidant sur un plomb. Nettoyez les filets des boulons avant que le béton sèche.

Déterminez la hauteur finale des poteaux à l'aide d'une pièce de bois droite de 2 x 4 placée sous la lambourde et mise de niveau.

Après avoir tracé le profil des entailles destinées à la poutre principale, coupez le sommet des poteaux avec une scie circulaire ou une égoïne.

INSTALLEZ LES POTEAUX

Pour vous donner une ligne de repère avec laquelle orienter les bases métalliques afin que les poteaux soient bien alignés, déposez à plat sur les semelles de la poutre principale une longue pièce de bois droite de 2 x 4, parallèlement à la lambourde. Appuyez l'un des bords de la pièce de bois contre les boulons, puis tracez sur les semelles la ligne de repère.

Pour marquer la position de la base de poteau sur la semelle de la poutre secondaire, tracez sur la semelle un trait formant un angle de 45° avec la poutre principale.

Placez une base métallique sur chaque semelle ; centrez ces bases sur les boulons en J et mettez-les d'équerre par rapport à la ligne de repère. Fixez les bases en vissant un écrou sur chaque boulon.

Estimez la hauteur de chacun des poteaux et coupez-les à une longueur supérieure à leur longueur finale. Insérez-les dans leurs bases et immobilisez-les avec un clou.

En vous servant d'un niveau, mettez les poteaux d'aplomb et retenez-les dans leur position à l'aide de pieux et d'étais.

Déterminez la hauteur des poteaux à l'aide d'une pièce de bois droite de 2 x 4 placée sous la lambourde et contre les poteaux. Mettez la pièce de bois de niveau et tracez sur les poteaux une ligne correspondant au bord inférieur de la lambourde.

Tracez sur les poteaux de la poutre principale le profil d'une encoche de 4 ½ po x 9 ¼ po (Détail d'un poteau, p. 285).

Retirez les poteaux de leurs bases, coupez-les à leur hauteur finale et taillez les encoches à l'aide d'une scie circulaire ou d'une égoïne.

Réinstallez chaque poteau, la face sans encoche orientée du côté de la maison, étayez-le d'aplomb et clouez-le dans sa base.

Avec une clé à douille à cliquet, serrez les tire-fonds retenant la poutre principale sur les poteaux entaillés.

INSTALLATION DES POUTRES

Pour la poutre principale, nous utilisons des planches de 20 pi ; cependant, si vous n'en trouvez pas ou les estimez trop chères, optez pour des planches de 10 pi. Consultez l'inspecteur en bâtiment de votre localité au sujet des pièces et des techniques d'attache acceptables.

Fabriquez la poutre principale en assemblant deux planches (C) de 2 x 10, bords bombés orientés du même côté, avec des clous galvanisés de 16d. Pratiquez dans la poutre, à intervalles de 24 po, des paires d'avant-trous de ⅜ po. Attachez les planches avec des boulons de carrosserie munis de rondelles et d'écrous.

Mesurez, marquez et coupez la poutre à la bonne longueur. Placez-la dans les encoches des poteaux, bord bombé en haut. Assurez-vous que la poutre est d'équerre par rapport à la lambourde en mesurant les diagonales. Au besoin, modifiez la position de la poutre pour que les diagonales soient égales.

Dans chaque poteau, pratiquez deux avant-trous de ¼ po jusque dans la poutre. Fixez la poutre à l'aide de tire-fonds munis de rondelles et serrés avec une clé à douille à cliquet.

Mesurez, marquez et coupez le poteau de la poutre secondaire en le laissant plus long que nécessaire. Installez le poteau dans sa base.

Situez et marquez les endroits où la poutre secondaire s'appuiera contre la poutre principale. Pour ce faire, placez de chaque côté du poteau une pièce de bois de 2 x 4 allant jusqu'à la poutre principale. Tracez le profil des extrémités de la poutre secondaire sur la face de la poutre principale. Posez à ces deux endroits des étriers à solive double de 2 x 10 à 45°.

Mesurez, marquez et coupez à la scie circulaire les planches de la poutre secondaire (D).

Installez les planches une à la fois, en vous assurant qu'elles sont de niveau avant de les fixer avec des vis à plancher.

Pratiquez des avant-trous dans la poutre jusque dans le poteau. Chambrez les avant-trous sur une profondeur de ½ po avec un foret à trois pointes de 1 po. Fixez la poutre secondaire sur les poteaux à l'aide de tire-fonds.

Fixez la poutre secondaire dans les étriers à solive à l'aide de clous galvanisés de 10d.

INSTALLEZ LES SOLIVES

Mesurez et coupez les solives extérieures (E) en les laissant de plusieurs pouces plus longues que nécessaire en vue de la coupe finale. Installez-les sur les extrémités de la lambourde en y enfonçant des clous galvanisés de 16d, et sur le dessus de la poutre principale avec des clous enfoncés en biais.

L'écart n'est pas le même entre toutes les solives. Consultez le Plan de charpente, (p. 284) et utilisez une équerre combinée pour tracer le profil de chaque solive sur la face de la lambourde et le dessus des poutres.

Avec des clous pour étrier à solive, posez un étrier à chaque endroit, en en alignant l'une des brides sur l'un des côtés du profil. Utilisez une pièce d'écartement faite d'un bout de planche de 2 x 10 pour uniformiser l'écartement des étriers, puis clouez la seconde bride de l'étrier. Enlevez la pièce d'écartement et posez de la même manière les étriers restants.

Une fois les planches de la poutre secondaire coupées et assemblées avec des vis à plancher, fixez la poutre sur le poteau à l'aide de tire-fonds.

À l'aide d'une scie circulaire, coupez à 45° les extrémités des solives.

Mesurez les solives, marquez-les et coupez-les à la scie circulaire (G). Laissez-les assez longues pour pouvoir plus tard en biseauter les extrémités. Placez chaque solive dans son étrier, bord bombé en haut, et clouez-la. Alignez les solives sur les profils tracés sur le dessus de la poutre et clouez-les en biais.

Faites claquer le cordeau à tracer sur les bords supérieurs des solives (Plan de charpente, p. 284) pour marquer le périmètre de la terrasse. Tous les angles doivent être de 45° ou de 90°. Tenez compte de l'épaisseur des solives de rive (1 ½ po). Prolongez les lignes de coupe sur la face des solives et coupez les pièces avec une scie circulaire.

Consultez le Plan de charpente, vérifiez les dimensions réelles de votre terrasse, mesurez, marquez et coupez les solives de rive (F) à la bonne longueur. Fixez-les sur les autres solives à l'aide de vis à plancher.

Coulez le béton dans le coffrage de la dalle et égalisez-en la surface à l'aide d'une pièce de bois droite de 2 x 4.

INSTALLEZ LES POTEAUX DU GARDE-CORPS

Posez les poteaux des coins de la terrasse, puis les poteaux intermédiaires (Plan de charpente, p. 284).

Coupez les poteaux du garde-corps (H) à la bonne longueur (Détail du garde-corps, p. 285). Au sommet de chacun, découpez une pyramide à 60°. À 1 po sous celle-ci, sur les quatre côtés du poteau, pratiquez à la toupie une rainure de ½ po x ½ po.

Pour installer les poteaux, attachez-les dans la bonne position, un à la fois, avec des serre-joints. Pratiquez des avant-trous de ¼ po dans la solive de rive, jusque dans le poteau. Chambrez les avant-trous sur une profondeur de ½ po à l'aide d'un foret à trois pointes de 1 po. Fixez les poteaux sur les solives de rive à l'aide de tire-fonds.

Servez-vous d'un fond de clouage pour soutenir la lisse inférieure. Clouez le panneau de balustres. Voyez l'encoche dans laquelle les lisses sont jointes au poteau à un angle de 45°.

COULEZ LA DALLE DE BÉTON

Déterminez l'emplacement de la dalle. Ajoutez 6 po dans toutes les directions et creusez l'aire à environ 8 po de profondeur.

Dans l'aire excavée, foulez une couche de 4 po de gravier compactable.

Fabriquez en pièces de bois de 2 x 6 un coffrage dont vous alignerez les bords intérieurs sur les solives de rive extérieures (Plan de charpente, p. 284).
Mettez le coffrage de niveau, à 56 po sous la surface du platelage (huit fois la hauteur de marche de 7 po). Consolidez le coffrage à l'aide de pieux.

Pratiquez des avant-trous dans le gousset, jusque dans la dalle, sur laquelle vous le fixerez ensuite à l'aide de vis de maçonnerie enfoncées avec une visseuse.

Remplissez le coffrage de béton dont vous égaliserez la surface à l'aide d'une pièce de bois droite de 2 x 4. Laissez le béton durcir jusqu'au lendemain.

INSTALLEZ L'ESCALIER

Préparez les limons (I) selon le Détail de l'escalier (p. 285). Faites en haut et en bas du limon central des encoches qui s'ajusteront sur les goussets. À l'aide d'une équerre de charpente, tracez le profil des marches. Taillez les encoches à la scie circulaire ; finissez-en les coins avec une scie alternative ou une égoïne.

Mesurez, marquez et coupez les goussets (J). Assemblez la charpente de l'escalier en fixant les goussets entre les limons avec des clous de 16d. Renversez cette charpente pour clouer le limon central sur les goussets.

Placez la charpente de l'escalier contre la solive de rive et fixez-la avec des vis à plancher enfoncées dans le gousset supérieur, jusque dans la solive de rive. Pratiquez des avant-trous dans le gousset inférieur, jusque dans la dalle, et fixez-le avec des vis de maçonnerie.

Coupez à la bonne longueur les poteaux (K) de la rampe d'escalier. Façonnez-en les sommets comme ceux des poteaux du garde-corps. Attachez-les dans la bonne position avec des serre-joints. Pratiquez des avant-trous dans les limons, jusque dans les poteaux, et fixez ces derniers avec des tire-fonds munis de rondelles.

Mesurez et coupez les marches (L) à la scie circulaire. Les planches de la marche inférieure ont des encoches destinées aux poteaux.

POSEZ LE PLATELAGE

Si possible, achetez des planches de platelage (M) qui font toute la longueur de la terrasse. Si des joints sont nécessaires, faites-les au centre d'une solive, de sorte que chacune des extrémités des deux planches soit supportée.

Le long de la solive de rive extérieure oblique (45°), placez la première planche et marquez-y la position des poteaux du garde-corps. Taillez-y les encoches destinées aux poteaux à l'aide d'une scie circulaire, d'une égoïne et d'un ciseau. Fixez la planche sur chaque solive avec deux vis.

Coupez et posez les autres planches de platelage en laissant entre elles un écart de ⅛ po pour le drainage.

INSTALLEZ LE GARDE-CORPS

Le garde-corps de cette terrasse est construit et installé par sections. Les balustres sont d'abord attachés entre les lisses intérieures, puis l'ensemble est coupé à la bonne longueur et fixé sur les lisses extérieures.

Vérifiez les distances séparant les poteaux du garde-corps. Mesurez, marquez et coupez à la bonne longueur les lisses inférieures et supérieures (N).

Pour installer les lisses inférieures, pratiquez en biais des avant-trous de ⅛ po dans les poteaux des extrémités, puis fixez les lisses avec des vis à plancher. **NOTE :** Vous devrez faire des encoches dans les extrémités des lisses aux endroits où elles rencontrent les poteaux à un angle de 45°.

Mesurez, marquez et coupez les lisses supérieures et inférieures intérieures (O), en leur laissant plusieurs pouces de plus que nécessaire en vue de la coupe finale.

Mesurez, marquez et coupez les balustres (P) du garde-corps.

Fabriquez chaque panneau de balustres en plaçant des balustres entre les lisses supérieures et inférieures intérieures, en y pratiquant des avant-trous de ⅛ po et en les fixant avec des vis à plancher. Coupez chaque panneau à sa longueur finale en laissant le même espace à chacune de ses extrémités.

Placez et clouez le panneau de balustres sur la lisse inférieure.

Placez la lisse supérieure sur le panneau, pratiquez des avant-trous dans la lisse supérieure intérieure jusque dans la lisse supérieure, puis enfoncez par en dessous des vis à plancher dans ces avant-trous.

Pour déterminer l'angle à donner aux extrémités des lisses et des balustres de la rampe d'escalier, ainsi que la longueur de ses lisses intérieures et extérieures, placez une pièce de bois droite de 2 x 4 contre deux poteaux d'escalier. Alignez le bord supérieur de la pièce sur la rainure pratiquée à la toupie dans chaque poteau et marquez l'angle sur la face arrière de la pièce. **NOTE :** L'angle sera d'environ 32°. Toutefois, vous obtiendrez le meilleur ajustement en utilisant l'angle réel formé par les poteaux de votre escalier.

Mesurez, marquez et coupez les lisses supérieures et inférieures ; biseautez-en les extrémités pour qu'elles s'ajustent bien sur les poteaux. Installez les lisses inférieures.

Coupez les lisses intérieures et les balustres à la bonne longueur, en en biseautant les extrémités.

Construisez les panneaux de balustres de la rampe de la même manière que vous l'avez fait pour ceux du garde-corps, en veillant à laisser un écartement de 4 po maximum entre les balustres.

Posez les panneaux de balustres sur les lisses inférieures ; clouez-les avec des clous à tête conique de 6d.

Sur les panneaux de balustres, placez les lisses supérieures de la rampe, pratiquez des avant-trous dans les lisses supérieures intérieures jusque dans les lisses supérieures, puis enfoncez par en dessous des vis à plancher dans ces avant-trous.

Enfoncez par en dessous des vis à plancher dans la lisse supérieure intérieure pour fixer la lisse supérieure au panneau de balustres.

Terrasse indépendante

Une terrasse indépendante constitue un havre de plein air qui exige peu d'entretien. Comme on peut la construire à peu près n'importe où et lui donner n'importe quelles dimensions, elle s'adapte à presque tous les jardins. Vous pouvez laisser le bois naturel, le teindre ou le peindre pour qu'il s'harmonise avec votre maison ou les autres structures de votre jardin.

Vous arriverez à construire cette terrasse en un seul week-end. Les pièces de bois utilisées sont de longueur standard, ce qui réduit le travail de découpe. De plus, la terrasse s'élève sur des semelles de béton préfabriquées, que l'on peut se procurer dans les maisonneries et les parcs à bois.

Notre terrasse de 12 pi x 12 pi repose sur une base de 10 pi x 10 pi, laquelle est formée de 18 semelles de béton réparties sur trois rangées. Les solives sont retenues dans les fentes des semelles, ce qui simplifie le travail de construction.

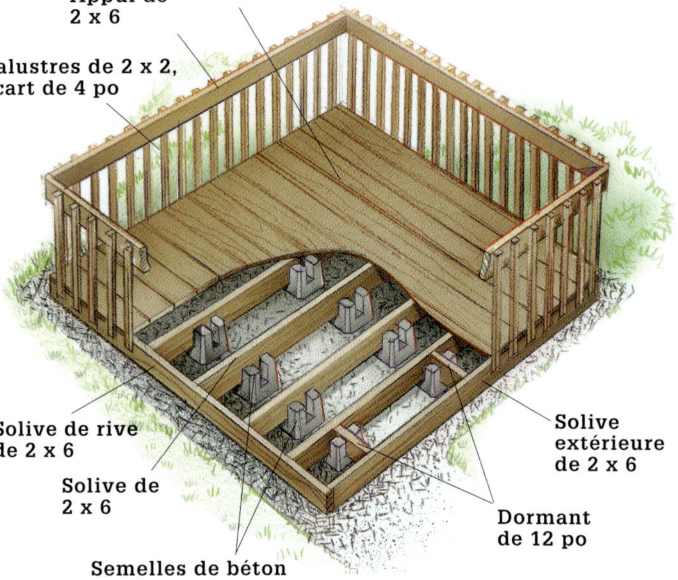

Plan de charpente

Matériel

Semelles de béton préfabriquées (18)
Pièces de 2 x 6 po x 12 pi (38)
Vis à plancher galvanisées de 3 po (2 lb)

Garde-corps (facultatif) :
2 x 2 x 42 po (75)
2 x 6 po x 12 pi (4)

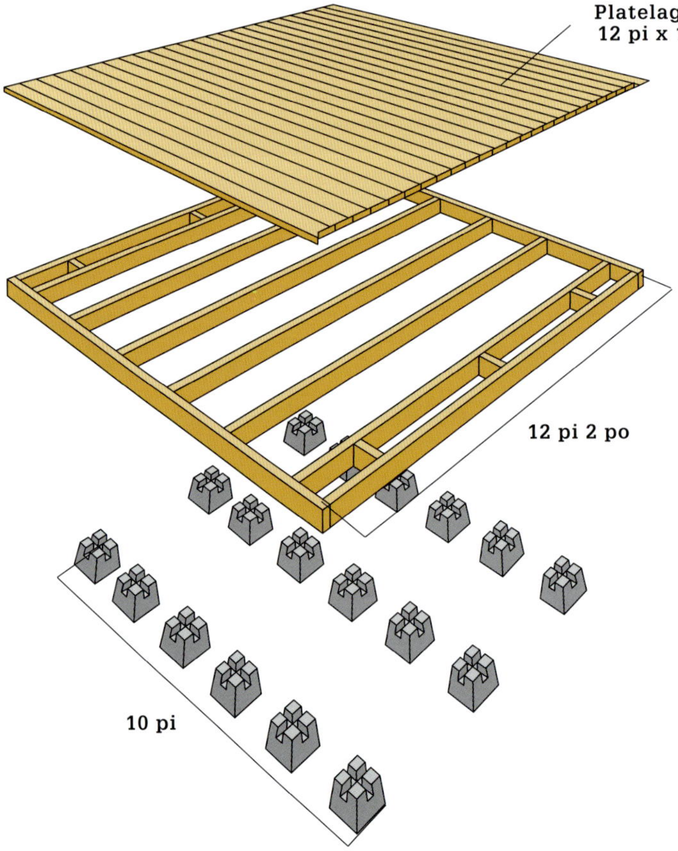

Construction : Terrasse indépendante

INSTALLEZ LES SEMELLES ET METTEZ-LES DE NIVEAU

Mesurez l'aire de 10 pi x 10 pi destinée à la base de la terrasse et marquez-en les coins avec des pieux.

Placez une semelle à chaque coin. À partir du centre des semelles, mesurez les diagonales du carré. Modifiez la position des semelles jusqu'à ce que les diagonales soient égales. Les semelles seront alors d'équerre.

Placez une solive de 2 x 6 dans la fente centrale des semelles de coin de la rangée arrière. Mettez la solive de niveau en enlevant ou en ajoutant de la terre sous les semelles.

Centrez une semelle entre ces semelles de coin. Assurez-vous que la solive est toujours de niveau. Au besoin, ajoutez ou enlevez de la terre sous la semelle centrale. Enlevez la solive.

Répétez ces étapes pour installer et mettre de niveau les semelles de la rangée avant.

Placez les 12 semelles restantes à intervalles réguliers en trois rangées. Placez une solive entre les rangées de semelles avant et arrière. Au besoin, ajoutez ou enlevez de la terre pour que les semelles intérieures soient alignées sur les semelles avant et arrière.

INSTALLEZ LES SOLIVES

Appliquez un enduit protecteur pour bois sur les extrémités des solives et laissez-les sécher.

Centrez une solive de 12 pi sur chaque rangée de semelles. Assurez-vous de nouveau que les solives sont de niveau. Modifiez la hauteur des semelles au besoin.

POSEZ LES SOLIVES EXTÉRIEURES ET LES SOLIVES DE RIVE

Alignez une solive de rive de 2 x 6 sur les extrémités des solives intérieures, du côté gauche de la terrasse, de manière qu'elle dépasse des solives avant et arrière sur la même longueur.

Fixez cette solive de rive à l'aide de deux vis à plancher enfoncées dans chaque solive intérieure.

Répétez le travail pour installer l'autre solive de rive.

À l'avant de la terrasse, placez une solive extérieure de 2 x 6 entre les extrémités des deux solives de rive de manière à former un joint bout à bout.

Fixez la solive extérieure sur les solives de rive à l'aide de deux vis à plancher enfoncées dans la face des solives de rive jusque dans les extrémités de la solive extérieure.

Répétez les deux dernières étapes pour l'autre solive extérieure.

Placez les semelles de coin et la semelle centrale de la solive arrière. Ajoutez ou enlevez de la terre sous les semelles pour les mettre de niveau.

Placez les semelles restantes et insérez-y les solives. Assurez-vous que l'ensemble est de niveau.

PLACEZ LES DORMANTS

Mesurez et coupez six dormants de 2 x 6 qui s'ajusteront entre la solive extérieure et la solive intérieure, de chaque côté de la terrasse. Appliquez un enduit protecteur pour bois sur les extrémités coupées et laissez-les sécher.

Placez un dormant dans chaque rangée de semelles, entre la première solive intérieure et la solive extérieure. Fixez les dormants avec deux vis à plancher galvanisées enfoncées dans chaque solive jusque dans le dormant.

METTEZ LA CHARPENTE D'ÉQUERRE

Une fois la charpente construite, mesurez-en les diagonales, qui doivent être de longueur égale.

Au besoin, mettez la base d'équerre en poussant dessus d'un côté, tandis que, de l'autre, quelqu'un la retiendra.

POSEZ LE PLATELAGE

Appliquez un enduit protecteur pour bois sur les planches de 2 x 6 ainsi que sur tous les éléments de charpente exposés. Laissez-les sécher complètement. Faites de même pour tous les éléments de charpente exposés.

Placez une planche de 2 x 6 sur la terrasse, perpendiculairement aux solives, en l'alignant sur la solive de rive. Fixez la planche avec des vis à plancher. Répétez cette étape pour le reste du platelage. Servez-vous d'une équerre de charpente pour ménager entre les planches un écart de ⅛ po. Au besoin, découpez longitudinalement la dernière planche.

Fixez les solives extérieures avant et arrière entre les extrémités des solives de rive à l'aide de deux vis à plancher.

Placez les dormants dans les fentes des semelles, puis fixez-les aux deux solives à l'aide de deux vis à plancher.

Une fois la charpente terminée, mesurez-en les diagonales. Au besoin, mettez-la d'équerre.

Fixez les planches de platelage en enfonçant deux vis dans chaque solive. Servez-vous d'une équerre de charpente pour laisser un écart de ⅛ po entre les planches.

Variante : Ajout d'un garde-corps ▸

Même si cette terrasse est peu élevée, vous voudrez peut-être y installer un garde-corps sur deux ou trois de ses côtés, surtout si des bambins ou des personnes âgées doivent utiliser la terrasse. Pour chacun des côtés auxquels vous ajouterez un garde-corps, vous aurez besoin de 25 balustres de 2 x 2 x 42 po.

PRÉPAREZ LES BALUSTRES

Groupez les balustres en en alignant les extrémités. Tracez-y deux lignes droites, à 3 po d'écart l'une de l'autre, à 1 ½ po au-dessus des extrémités biseautées. Tracez ensuite une ligne à 2 ¾ po des autres extrémités. En vous guidant sur ces lignes, pratiquez des avant-trous dans les balustres.

Appliquez un enduit protecteur pour bois sur les extrémités des balustres.

POSEZ LES BALUSTRES

Alignez horizontalement un balustre sur le bord inférieur de la solive et attachez-le avec un serre-joint. Il vous guidera dans l'installation des balustres.

Placez les balustres de coin contre les solives de rive, extrémité biseautée en bas, à 4 po du coin. Mettez-les d'aplomb et enfoncez des vis à plancher dans les avant-trous.

Fixez les balustres restants pour chaque côté en laissant entre eux un écart de 4 po.

POSEZ L'APPUI

Placez contre l'arrière des balustres l'appui de 2 x 6 po x 12 pi.

Fixez les balustres sur l'appui en enfonçant des vis à plancher dans les avant-trous.

Fixez avec deux vis à plancher les extrémités des appuis qui se joignent.

Appliquez un enduit protecteur sur l'appui, selon les instructions du fabricant.

Groupez tous les balustres ; pratiquez deux avant-trous dans leurs extrémités biseautées, et un seul dans les extrémités opposées.

Fixez les balustres sur les solives de rive, en laissant entre eux un écart de 4 po.

Mettez l'appui de niveau contre la face arrière des balustres ; fixez-le à l'aide de vis enfoncées dans les avant-trous.

Terrasse multiniveau

Cette terrasse multiniveau est idéale si vous avez besoin d'y accéder par différentes zones et divers niveaux de votre maison. Sa taille et sa forme procurent également plusieurs espaces fonctionnels pour les réceptions, l'intimité ou la relaxation, ainsi qu'un espace de rangement non obstructif pour l'équipement de loisir.

La terrasse inférieure, dans ce plan, a été construite autour d'un patio. Si vous désirez plutôt en faire une zone de la terrasse, vous n'avez qu'à étendre la lambourde tout le long de la maison et à placer des solives entre la lambourde et la poutre centrale. Vous pouvez également supprimer la zone du spa de votre plan et ajuster la forme de la terrasse inférieure, si vous le désirez.

Avec certaines modifications, ce concept peut aussi vous aider à tirer parti d'une pente abrupte qui serait autrement inutilisable. Cependant, il se peut que vous ayez à supprimer ou à rapetisser la zone de rangement et la petite terrasse sous le palier. Il se peut aussi que vous ayez à procéder à des travaux d'excavation dans la pente existante.

Ce concept multiniveau offre une multitude de possibilités.

Vue en coupe : terrasse inférieure et spa

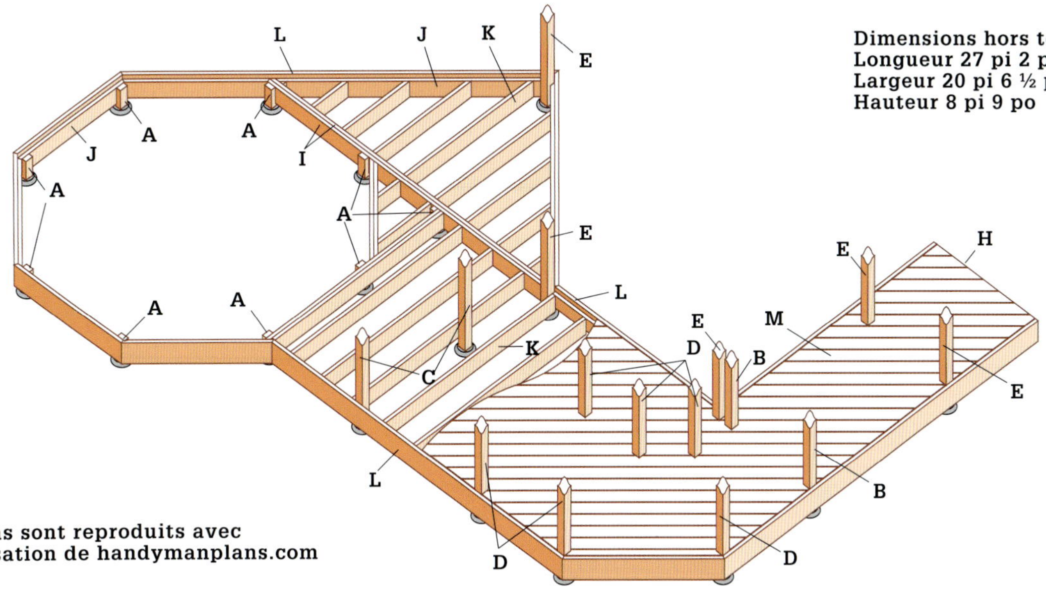

Dimensions hors tout :
Longueur 27 pi 2 po
Largeur 20 pi 6 ½ po
Hauteur 8 pi 9 po

Les plans sont reproduits avec l'autorisation de handymanplans.com

Fournitures

- Étriers à solive en métal de 2 x 6 (138)
- Étriers à solive doubles en métal de 2 x 6 (2)
- Étriers de poteau en métal de 6 x 6 (28)
- Clous galvanisés de 16d (3 ½ po, 25 lb)
- Clous galvanisés de 10d (3 po, 30 lb)
- Vis galvanisées de 3 po (15 lb)
- Béton sec en sacs de 60 lb (62)
- Boulons mécaniques galvanisés de ⅜ po x 6 po, rondelles et écrous (26)
- Tire-fonds galvanisés de ⅜ po x 4 po (26)
- Tire-fonds galvanisés de ⅜ po x 6 po (12)
- Boulons à expansion galvanisés de ⅜ po x 4 po (8)
- Charnières résistant aux intempéries* (4)
- Loquet résistant aux intempéries* (2)
- Solin métallique pour lambourde (34 pi)
- Capuchon de poteau décoratif*(19)

*facultatif

Liste dimensionnelle

Qté	Dimensions	Fournitures	Éléments
18	6 × 6 po × 8 pi	Bois traité	Poteau (A, B, C, D, F, G)
5	6 × 6 po × 10 pi	Bois traité	Poteau (E)
40	2 × 6 po × 4 pi	Bois traité	Solive de rive (J), solive (K)
52	2 × 6 po × 6 pi	Bois traité	Poutre (I), solive de rive (J), solive (K), giron (O), garde-pieds (T)
27	2 × 6 po × 8 pi	Bois traité	Lambourde (H), poutre (I), solive de rive (J), solive (K), contreventement (N)
12	2 × 6 po × 10 pi	Bois traité	Lambourde (H), solive de rive (J), solive (K)
2	2 × 6 po × 12 pi	Bois traité	Poutre (I)
76	2 × 6 po × 16 pi	Bois traité	Platelage (M)
1	2 × 6 po × 18 pi	Bois traité	Solive de rive (J)
6	2 × 8 po × 4 pi	Bois traité	Planche de revêtement (L)
5	2 × 8 po × 8 pi	Bois traité	Planche de revêtement (L)

Qté	Dimensions	Fournitures	Éléments
3	2 × 8 po × 10 pi	Bois traité	Planche de revêtement (L)
1	2 × 10 po × 6 pi	Bois traité	Fond de clouage (U)
2	2 × 12 po × 8 pi	Bois traité	Planche de revêtement (S)
1	2 × 12 po × 10 pi	Bois traité	Planche de revêtement (S)
3		Bois traité	7 limons précoupés (Q)
4		Bois traité	5 limons précoupés (R)
16	2 × 4 po × 4 pi	Bois traité	Traverses supérieures et inférieures (V)
8	2 × 4 po × 6 pi	Bois traité	Traverses supérieures et inférieures (V)
2	2 × 4 po × 8 pi	Bois traité	Traverses supérieures et inférieures (W)
2	2 × 4 po × 10 pi	Bois traité	Traverses supérieures et inférieures (W)
12	1 × 8 po × 6 pi	Bois traité	Contremarche (P)
68	2 × 12 po × 10 pi	Bois traité	Balustres (X)

Vue en coupe : terrasse supérieure et palier

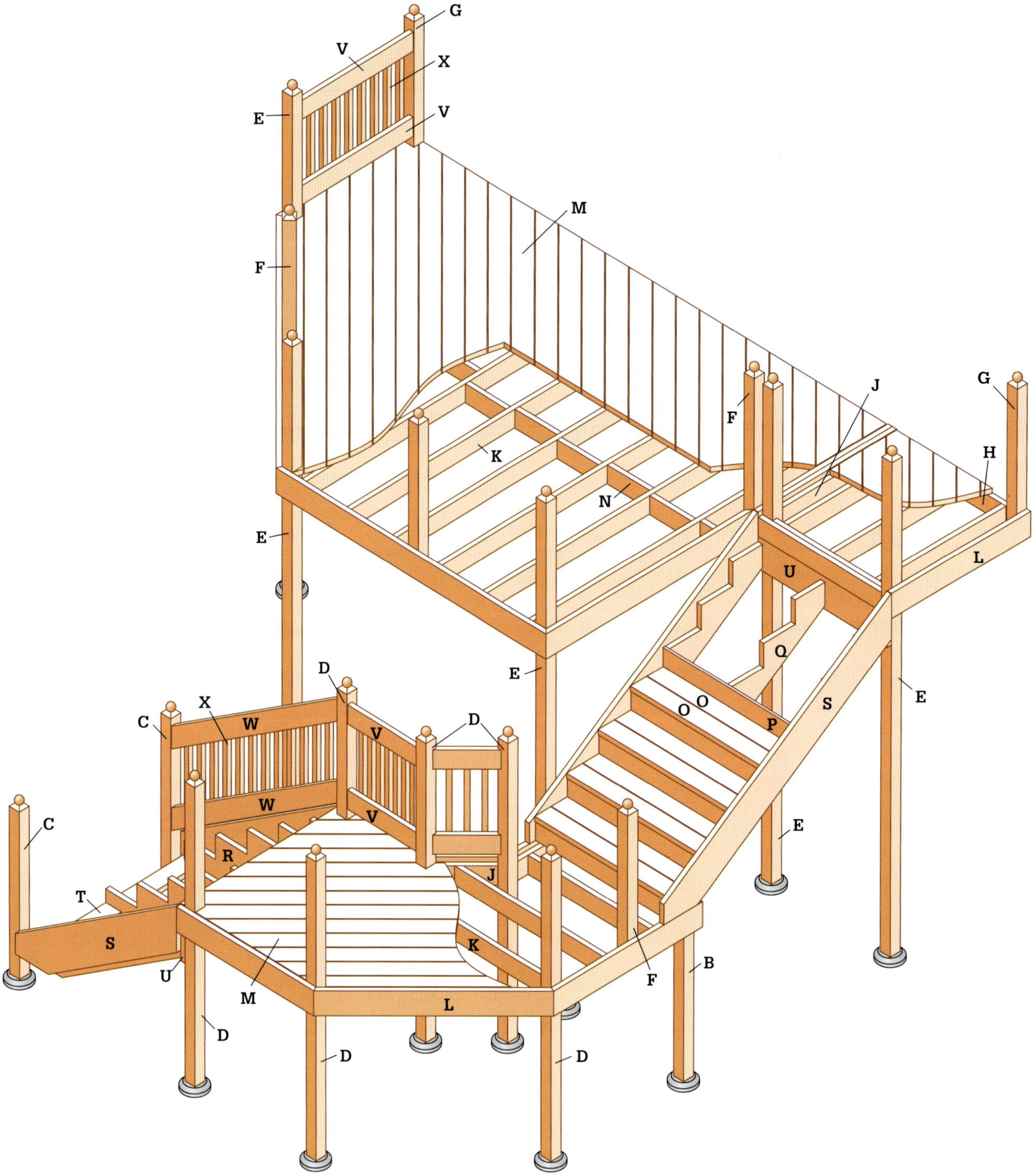

Plans de terrasse reproduits avec l'autorisation de handymanplans.com

Plan de charpente de la terrasse inférieure

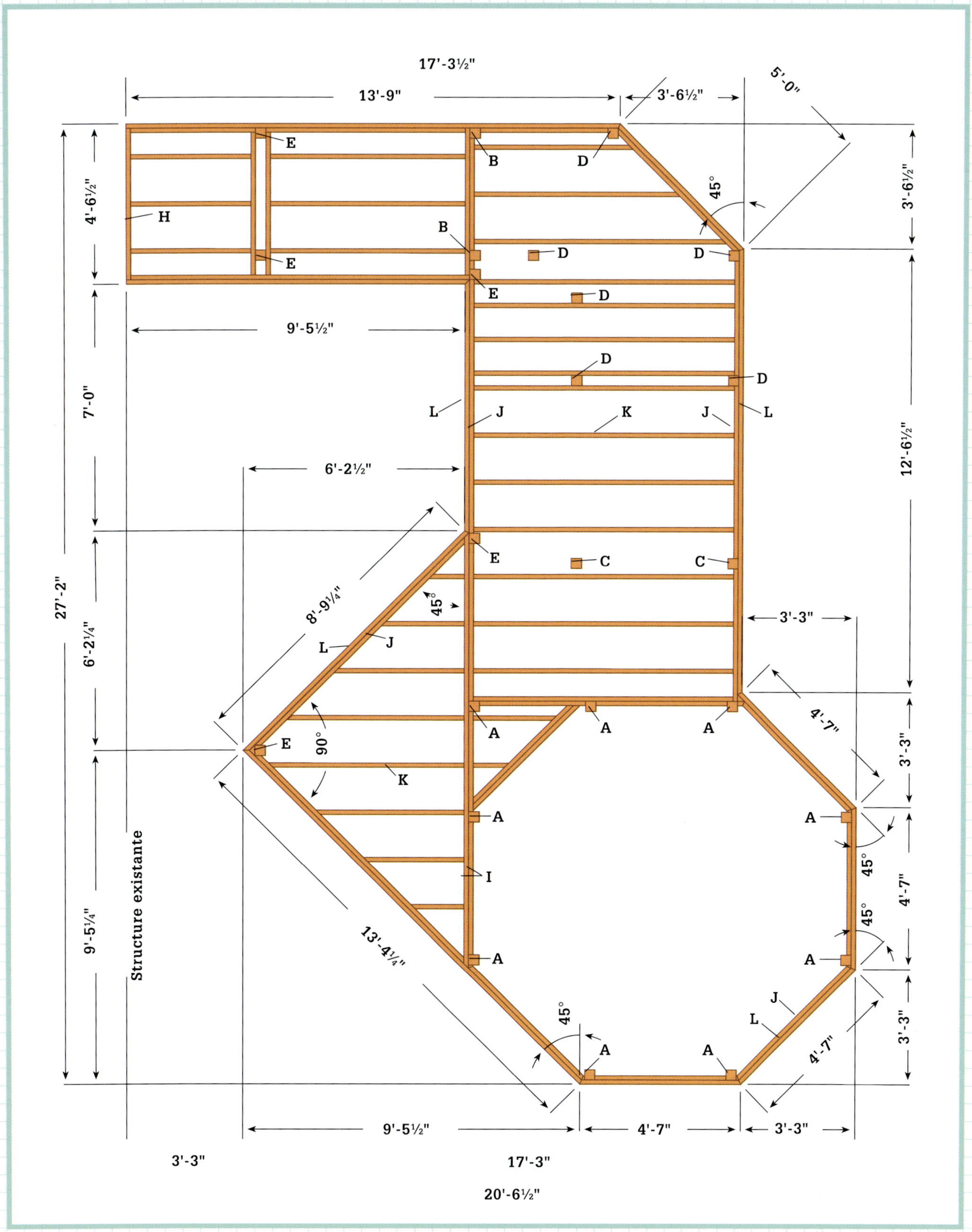

" = pouce
' = pied

Plan de charpente de la terrasse supérieure

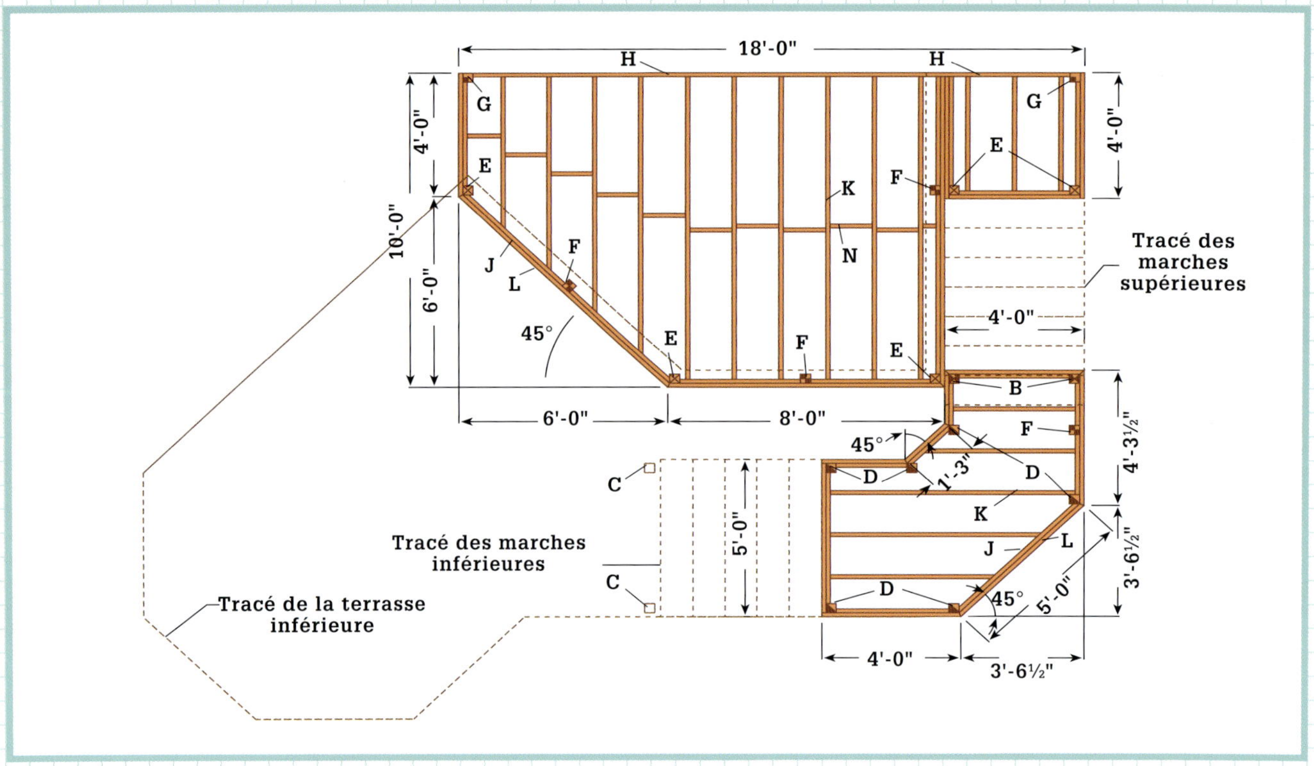

Élévation en façade

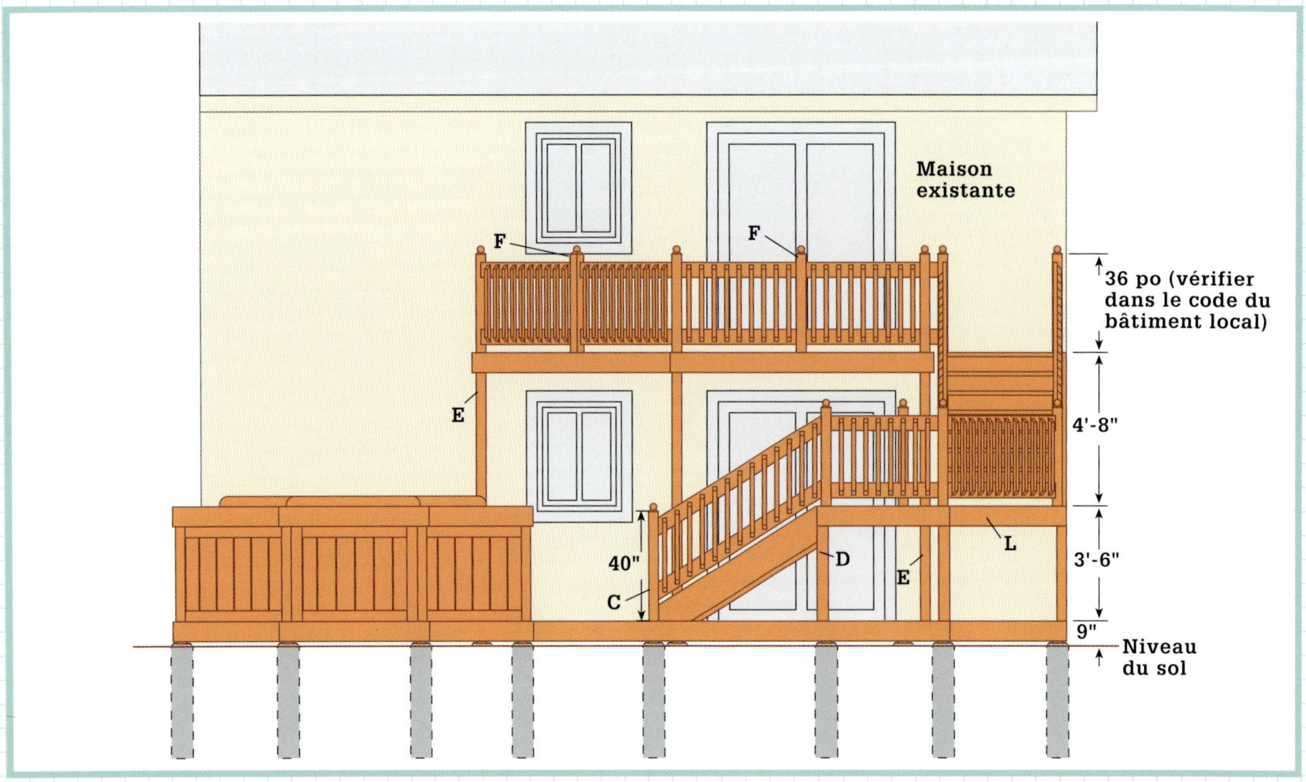

" = pouce
' = pied

Emplacement des poteaux

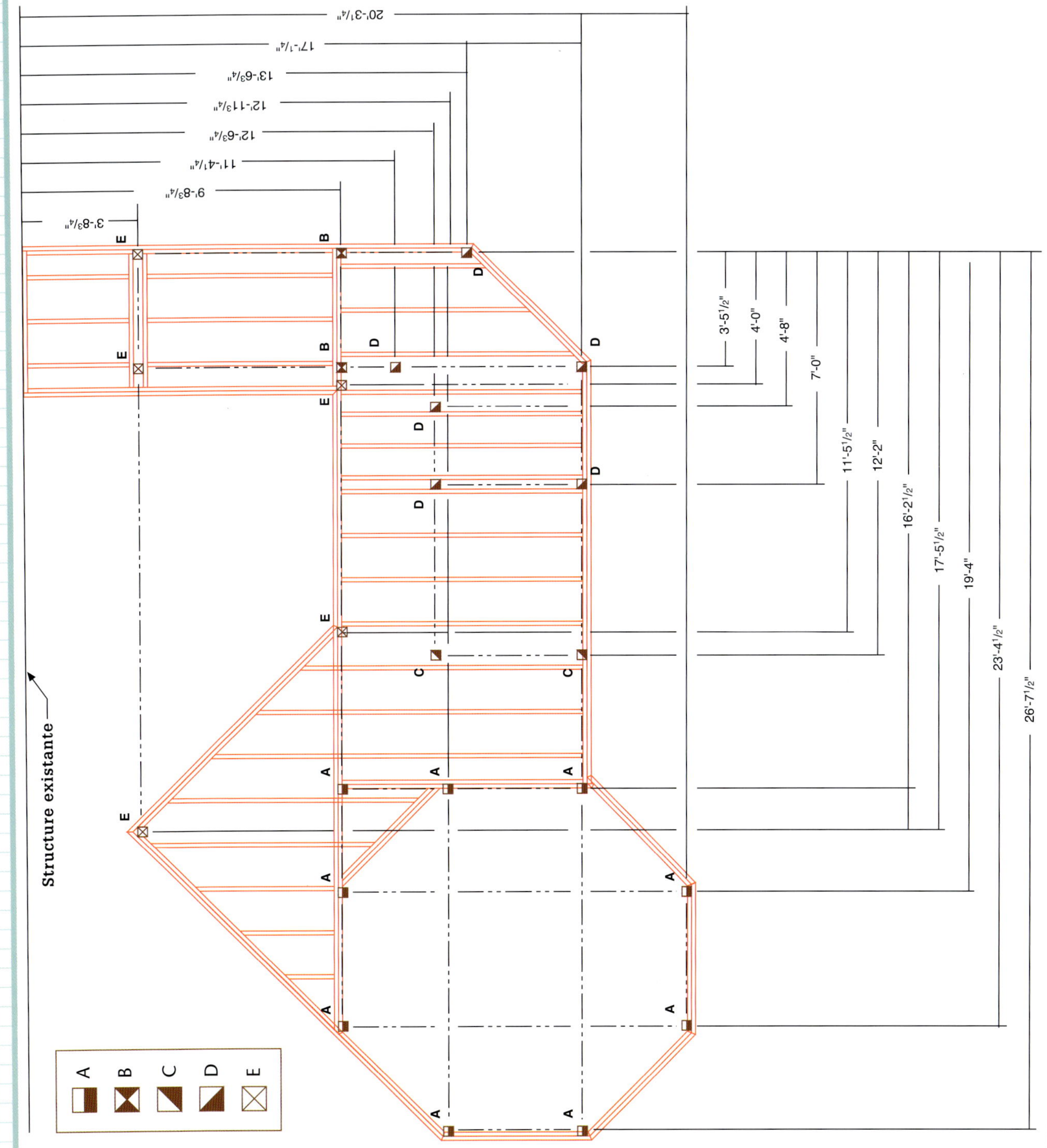

" = pouce

' = pied

Détail de l'escalier inférieur

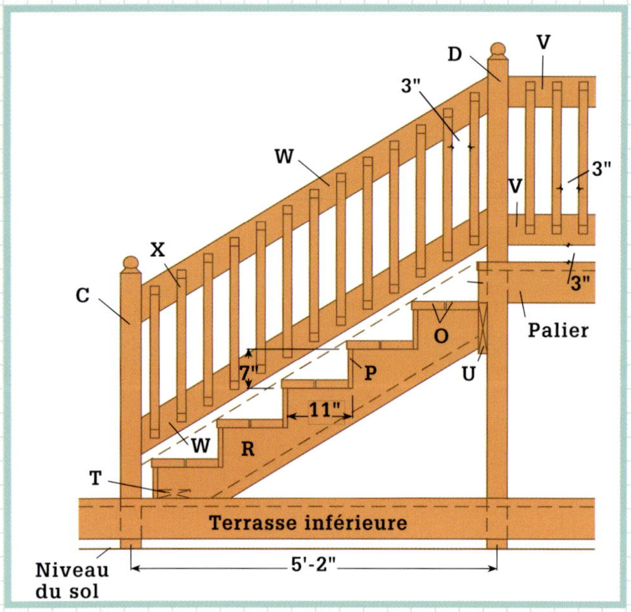

Détail de l'escalier supérieur

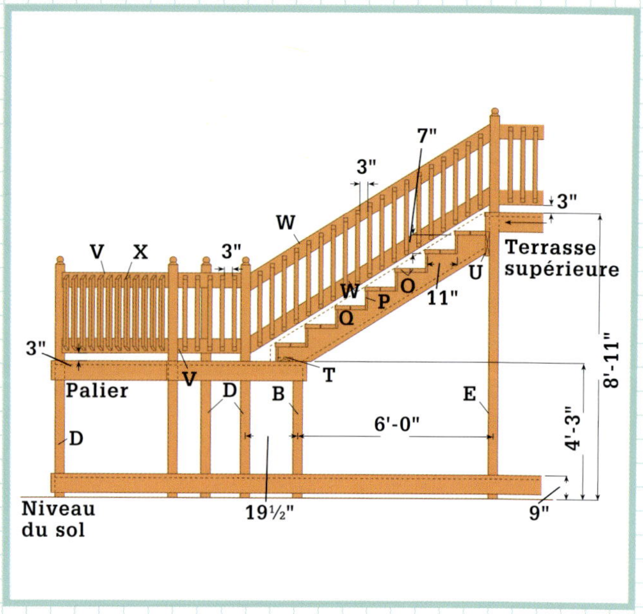

" = pouce
' = pied

Construction d'une terrasse multiniveau

FIXEZ LES LAMBOURDES

Dessinez sur le parement le profil des deux escaliers, en indiquant les endroits où les lambourdes et les solives de rive seront fixées (voir les plans de charpente des terrasses inférieure et supérieure, aux p. 299-300). Placez le bord supérieur de chaque lambourde de façon que la surface du platelage se situe à 1 po sous le niveau du plancher de la maison. Cet écart de niveau empêchera la pluie ou la neige fondue de s'infiltrer dans la maison.

Avec une scie circulaire, découpez le parement de la maison le long du tracé. Pour éviter d'entamer le revêtement situé sous le parement, réglez la lame à une profondeur de coupe égale à l'épaisseur du parement. Finissez les coins de la découpe à l'aide d'un marteau et d'un ciseau, en orientant le côté biseauté vers l'intérieur, afin que la découpe soit droite.

Posez un nouveau feutre de construction par-dessus le feutre existant, mis à nu par l'enlèvement du parement. Coupez un solin galvanisé de la longueur de chaque découpe à l'aide d'une cisaille d'aviation, et glissez-le sous le parement.

Mesurez et coupez les lambourdes à la longueur voulue, dans des pièces de bois traité sous pression de 2 x 6. Centrez les lambourdes dans les découpes, sous les solins, en laissant aux extrémités l'espace requis pour les solives extérieures. Étayez les lambourdes en place et fixez-les temporairement à la maison à l'aide de vis pour bois traité de 3 po.

Percez des avant-trous de ¼ po dans les lambourdes et le revêtement, jusque dans la solive porteuse de la maison, à des intervalles de 16 po. Chambrez chaque avant-trou à une profondeur de ½ po, à l'aide d'un foret à trois pointes de 1 po. Fixez les lambourdes au mur avec des tire-fonds de ⅜ x 4 po munis de rondelles, à l'aide d'une clé à douille à cliquet ou d'un tournevis à percussion.

Appliquez un épais cordon de scellant à la silicone entre le parement et le solin. Calfeutrez également les têtes des tire-fonds et tout interstice entre le mur et les lambourdes.

COULEZ LES SEMELLES

En vous basant sur le plan d'emplacement des poteaux de la p. 301, tendez des cordes de maçon entre des chaises. Vérifiez les angles droits à l'aide de la méthode du triangle 3-4-5. Faites des ajustements jusqu'à ce que les angles soient droits. Prenez les mesures le long des cordes pour trouver le centre des semelles. Marquez l'emplacement avec du ruban.

Utilisez un fil à plomb à l'emplacement du ruban et enfoncez un pieu dans le sol pour marquer le point central des semelles. Retirez les cordes de maçon et creusez les trous destinés aux semelles à l'aide d'une tarière manuelle ou motorisée. Assurez-vous que la taille et la profondeur des trous sont conformes aux exigences du code du bâtiment local ; il est parfois exigé que la base de la semelle soit évasée.

Placez de 2 po à 3 po de gravier meuble dans chaque trou, aux fins d'égouttement. Coupez les coffrages tubulaires à la bonne longueur, de façon qu'ils dépassent du sol de 2 po, à l'aide d'une scie alternative ou d'une égoïne. Insérez les coffrages dans les trous et remblayez avec de la terre. Marquez l'emplacement d'un socle de béton dans la zone hexagonale du spa (voir Plan de charpente de la terrasse inférieure, à la p. 299). Excavez et fabriquez le coffrage pour le socle.

Remplissez graduellement les coffrages avec du béton, que vous damerez à chaque étape à l'aide d'une longue tige, pour en chasser les poches d'air. Égalisez la surface avec une pièce de bois droite de 2 x 4. Retendez les cordes de maçon et utilisez un fil à plomb pour établir le point central de la semelle. Insérez un boulon en J dans chaque semelle, en laissant dépasser de la surface de ¾ po à 1 po de filet. Nettoyez le filet des boulons avant que le béton ne durcisse.

Versez le béton dans le coffrage du socle du spa et damez-le pour chasser les poches d'air. Égalisez le béton pour qu'il soit au même niveau que le coffrage (aucune autre technique de finition n'est nécessaire pour le socle) et laissez le béton durcir.

INSTALLEZ LES POTEAUX

Déposez à plat sur les semelles une longue pièce de bois droite de 2 x 4. Appuyez l'un des bords de la pièce de bois contre les boulons en J, puis tracez sur les semelles une ligne de repère.

Placez un étrier métallique sur chaque semelle, centrez-les sur les boulons et alignez-les sur la ligne de repère. Vissez un écrou sur chaque boulon en J et fixez chacun des étriers.

Coupez les poteaux A à E à leur longueur approximative, en laissant plusieurs pouces de plus pour les derniers ajustements (voir Élévation, p. 300, et Détail de l'escalier supérieur, p. 302). Placez les poteaux dans les étriers et immobilisez-les avec un clou.

En vous servant d'un niveau, mettez les poteaux d'aplomb, et maintenez les poteaux B à E en place à l'aide de pieux et d'étais. Une fois les poteaux d'aplomb, finissez de les clouer aux étriers.

INSTALLEZ LA POUTRE, LES SOLIVES DE RIVE ET LES PLANCHES DE REVÊTEMENT DES TERRASSES INFÉRIEURE ET SUPÉRIEURE

À l'aide d'une corde, d'un niveau à bulle ou d'un niveau au laser, marquez le bord supérieur des solives de rive de la terrasse inférieure, et centrez l'emplacement des poutres sur les poteaux A et à l'extrémité des semelles des poteaux appropriés B à E (voir le Plan de charpente de la terrasse inférieure, à la p. 299). Faites une marque au niveau du bord supérieur de la lambourde inférieure.

Marquez sur les poteaux E l'emplacement des solives de rive de la terrasse supérieure, en vous servant du bord supérieur de la lambourde supérieure comme point de repère.

Mesurez, coupez et installez les solives de rive de la terrasse supérieure, faites de pièces de bois traité sous pression de 2 x 6. Posez une solive à la fois pour vous assurer que les mesures sont exactes. Faites une coupe à onglet aux extrémités des pièces jointes aux poteaux à un angle de 45°. Fixez les solives de rive en les clouant en biais aux poteaux, à l'aide de vis pour bois traité de 3 ½ po.

Mesurez, coupez et installez des planches de revêtement en bois traité sous pression de 2 x 8. Installez-les complètement l'une après l'autre, comme pour les solives de rive. Coupez des angles de 22,5° aux extrémités des pièces qui se rejoignent dans les angles de 45°. Fixez les planches de revêtement en les alignant avec la surface des poteaux, à l'aide de boulons de ⅜ x 6 po, de rondelles et d'écrous. Fixez les pièces qui ne sont pas alignées avec la surface des poteaux aux angles à 45° avec des tire-fonds de ⅜ x 4 po et des rondelles. Assurez-vous de décaler l'emplacement des boulons ou des vis sur les poteaux où deux pièces se rejoignent. Fixez les planches de revêtement aux solives de rive à l'aide de deux vis galvanisées de 3 po, enfoncées à des intervalles de 24 po.

Construisez la poutre centrale à l'aide de deux pièces de bois traité de 2 x 8. Mesurez, coupez et fixez la poutre aux poteaux avec des boulons de ⅜ x 8 po, des rondelles et des écrous. Coupez des angles de 45° aux extrémités des pièces qui seront non perpendiculaires à la solive de rive.

Coupez à 45° les extrémités des solives de rive qui font un angle de 45° avec les poteaux. Coupez à 22,5° les extrémités des planches de revêtement qui forment un angle de 45°.

Coupez à 45° les extrémités des solives de rive et des planches de revêtement qui sont fixées à la poutre centrale de la terrasse inférieure à un angle de 45°.

Mesurez, coupez et installez les solives de rive et les planches de revêtement de la terrasse inférieure, comme vous l'avez fait pour la terrasse supérieure. Cependant, coupez à 45° les extrémités des pièces qui seront fixées sur la poutre centrale de façon non perpendiculaire. Coupez le sommet des poteaux A pour qu'ils soient alignés avec le bord supérieur des solives de rive et de la poutre centrale, à l'aide d'une scie alternative.

INSTALLEZ LES SOLIVES DE RIVE ET LES PLANCHES DE REVÊTEMENT DU PALIER

Mesurez 42 po à partir du sommet des solives de rive de la terrasse inférieure fixées aux poteaux B et D, et marquez les poteaux (voir Détail de l'escalier supérieur, p. 302).

Mesurez, coupez et fixez les solives de rive du palier, en alignant leurs bords supérieurs avec les marques à 42 po et les planches de revêtement, comme vous l'avez fait pour les terrasses inférieure et supérieure. Coupez le sommet des poteaux B pour qu'ils s'alignent avec les bords supérieurs des solives de rive.

INSTALLEZ LES SOLIVES

Mesurez et marquez le contour de l'emplacement des solives, qui seront espacées de 16 po, de centre à centre, sur la lambourde et les solives de rive de la terrasse supérieure (voir le Plan de charpente de la terrasse supérieure, p. 300). L'écartement des solives, mesuré le long de la solive de rive coupée à 45°, sera de 22 ⅝ po, de centre à centre. Mesurez et marquez le contour de l'emplacement des solives du palier.

Mesurez et marquez le contour de l'emplacement des solives, espacées de 16 po, de centre à centre, sur la lambourde, les solives de rive et la poutre centrale de la terrasse inférieure (voir le Plan de charpente de la terrasse inférieure, p. 299). L'écartement des solives sera de 22 ⅝ po, de centre à centre, mesuré sur la solive de rive coupée à 45°.

Fixez les étriers aux lambourdes, aux solives de rive et à la poutre centrale à l'aide de clous pour étriers de 10d, en vous servant d'une planche de rebut de 2 x 6 comme cale pour maintenir l'écartement exact de chaque étrier. Utilisez des étriers à 45° dans la bonne direction, à la jonction des solives et des solives de rive biseautées.

Mesurez, marquez et coupez des pièces de bois traité sous pression de 2 x 6 pour les solives. Assurez-vous de couper les extrémités des solives à un angle de 45° qui s'ajustera à celui des étriers.

Insérez les solives dans les étriers, le côté bombé vers le haut, et fixez-les aux deux extrémités à l'aide de clous pour étriers de 10d. Assurez-vous d'enfoncer un clou dans chaque trou des étriers. Ajoutez un entretoisement pour les solives de la terrasse supérieure, au besoin.

INSTALLEZ LES GARDE-CORPS

Coupez les garde-corps F et G à leur longueur approximative, en laissant plusieurs pouces de plus pour les ajustements finals.

Serrez chaque poteau en place sur la face intérieure des solives de rive. Percez des avant-trous qui recevront deux boulons de ⅜ x 6 po, dans la solive de rive et le poteau. Chambrez les trous dans la solive de rive jusqu'à une profondeur de ½ po, à l'aide d'un foret à trois pointes de 1 po. Fixez les poteaux aux solives de rive avec des boulons, des rondelles et des écrous.

INSTALLEZ LE PLATELAGE

Positionnez une planche le long de la solive de rive extérieure à 45° de la terrasse supérieure, de façon qu'elle surplombe les solives de rive aux deux extrémités. Marquez l'emplacement des poteaux des garde-corps.

Pratiquez des encoches pour les poteaux des garde-corps, à l'aide d'une scie sauteuse. Positionnez la planche : le bout devrait être aligné avec la face de la solive de rive coupée à 45°. Faites les ajustements nécessaires. Fixez la planche en enfonçant deux vis pour bois traité dans chaque solive.

Coupez et fixez le reste des planches, en faisant dépasser leurs extrémités des solives de rive. Laissez un écart de ⅛ po entre les planches pour l'égouttement de l'eau. Pratiquez des encoches qui recevront les poteaux des garde-corps.

Cinglez le cordeau sur les extrémités des planches en surplomb qui sont alignées avec la face extérieure des solives de rive. Réglez la profondeur de la scie circulaire à ⅛ po de plus que l'épaisseur du platelage et coupez le long de la ligne. Terminez la coupe dans les coins ou les murs à l'aide d'une scie sauteuse, un marteau et un ciseau bien affûté. Enlevez les cales et les pieux qui soutiennent les poteaux. Posez les planches sur le palier et sur la terrasse inférieure selon les mêmes méthodes.

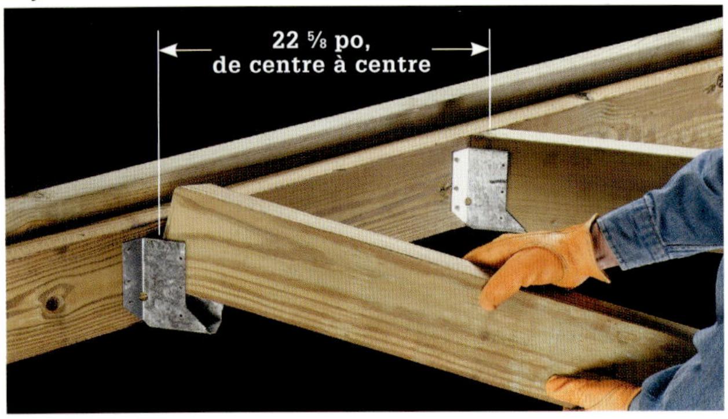

Utilisez des étriers à 45° à la jonction des solives et des solives de rive biseautées. Espacez les solives de 22 ⅝ po, de centre à centre.

Fixez les poteaux des garde-corps aux solives de rive de la terrasse supérieure à l'aide de boulons, de rondelles et d'écrous.

CONSTRUCTION DES ESCALIERS

Coupez les limons de l'escalier supérieur à la longueur voulue et utilisez une équerre de charpente pour marquer la montée et la course de chaque marche (voir Détail de l'escalier supérieur, p. 302. Si vous devez modifier les plans en fonction de la hauteur de votre terrasse, consultez les p. 128-137.) Pratiquez des encoches et des angles aux extrémités des limons à l'aide d'une scie circulaire, puis terminez les coupes dans les angles avec une scie sauteuse.

Mesurez et coupez un fond de clouage de marche et fixez-le aux poteaux E, à l'emplacement de la marche, avec des vis pour bois traité. Son bord supérieur devrait abouter le bord inférieur de la solive de rive.

Positionnez le limon du milieu de façon que son extrémité inférieure arrive contre le milieu du palier et que l'extrémité supérieure se trouve contre le fond de clouage. Marquez le point de jonction entre le bord avant du limon et le palier. Mesurez et coupez un garde-pieds de 2 x 6, qui viendra s'ajuster entre les limons extérieurs. Alignez le bord avant du garde-pieds avec la marque, de façon que la planche soit parallèle au bord le plus proche du palier. Fixez-le avec des vis pour bois traité. Pratiquez une encoche pour le garde-pieds de 2 x 6, dans le limon du milieu.

Positionnez chaque limon extérieur contre une extrémité du garde-pieds et le fond de clouage. Enfoncez une vis dans chaque limon, jusque dans le garde-pieds. Alignez chaque limon avec le fond de clouage, à l'aide d'une équerre de charpente, et marquez sa position. Fixez les extrémités supérieures des limons au fond de clouage à l'aide de cornières d'assemblage. Positionnez le limon central à distance égale des limons extérieurs. Fixez-le au fond de clouage à l'aide d'un étrier asymétrique, et au garde-pieds, avec des vis pour bois traité enfoncées en biais.

Mesurez et coupez les contremarches dans des pièces de bois traité de 1 x 8. Fixez les contremarches aux limons à l'aide de deux vis pour bois traité par limon. Percez des avant-trous qui recevront les vis aux extrémités des planches.

Mesurez et coupez deux girons de 2 x 6 pour chaque marche. Leurs extrémités devraient être alignées sur la face extérieure des limons. Fixez les girons avec deux vis pour bois traité par giron sur chaque limon, en laissant un écartement de ¼ po entre les girons. L'arrière du giron devrait être appuyé sur la contremarche de chaque marche.

Mesurez, coupez et installez les marches inférieures de la même façon.

INSTALLEZ LE GARDE-CORPS

Pour l'installation du garde-corps, veuillez consulter le Détail de l'escalier supérieur, à la p. 302. Pour obtenir des renseignements supplémentaires sur les techniques d'installation des garde-corps, consultez les p. 140-155.

ENCLOISONNEZ LE SPA ET LA ZONE DE RANGEMENT

Installez le spa sur le socle et raccordez-le aux services publics en suivant les instructions du fabricant. Faites appel à un professionnel si vous n'avez pas beaucoup d'expérience dans l'installation de systèmes au gaz, électriques ou la plomberie.

Une fois que le spa est installé, suivez la méthode illustrée à la page 231 pour l'encloisonner. Vous pouvez utiliser les mêmes techniques de base pour créer des espaces de rangement encloisonnés sous le palier de l'escalier.

Pratiquez des encoches dans les planches du platelage, au point de jonction avec les poteaux. Positionnez la planche : l'extrémité devrait être alignée sur les solives de rive.

Fixez le limon central au garde-pieds à l'aide de vis pour bois traité enfoncées en biais.

Coupez et installez les garde-corps dans les encoches pratiquées sur la face interne des poteaux des garde-corps.

Terrasse à courbes douces

Cette charmante terrasse présente de faibles courbes à grand rayon. Facilement adaptable à d'autres dimensions, ce plan permet de créer un terrasse attrayante et fonctionnelle, sans y investir beaucoup de temps ni d'argent.

Si le code du bâtiment local exige la construction d'une plateforme cimentée sous la zone des grandes marches, songez à faire appel à un professionnel, à moins que vous ne soyez très habile dans le coulage de béton sur de grandes surfaces. Il ne devrait pas être nécessaire d'installer une rampe, étant donné la hauteur et le modèle des marches figurant dans ce plan, mais vérifiez auprès de l'inspecteur en bâtiment de votre région. Une simple rampe de métal pourrait être installée sans nuire à l'attrait visuel de cette terrasse.

Un concept simple, mais élégant.

Vue en coupe

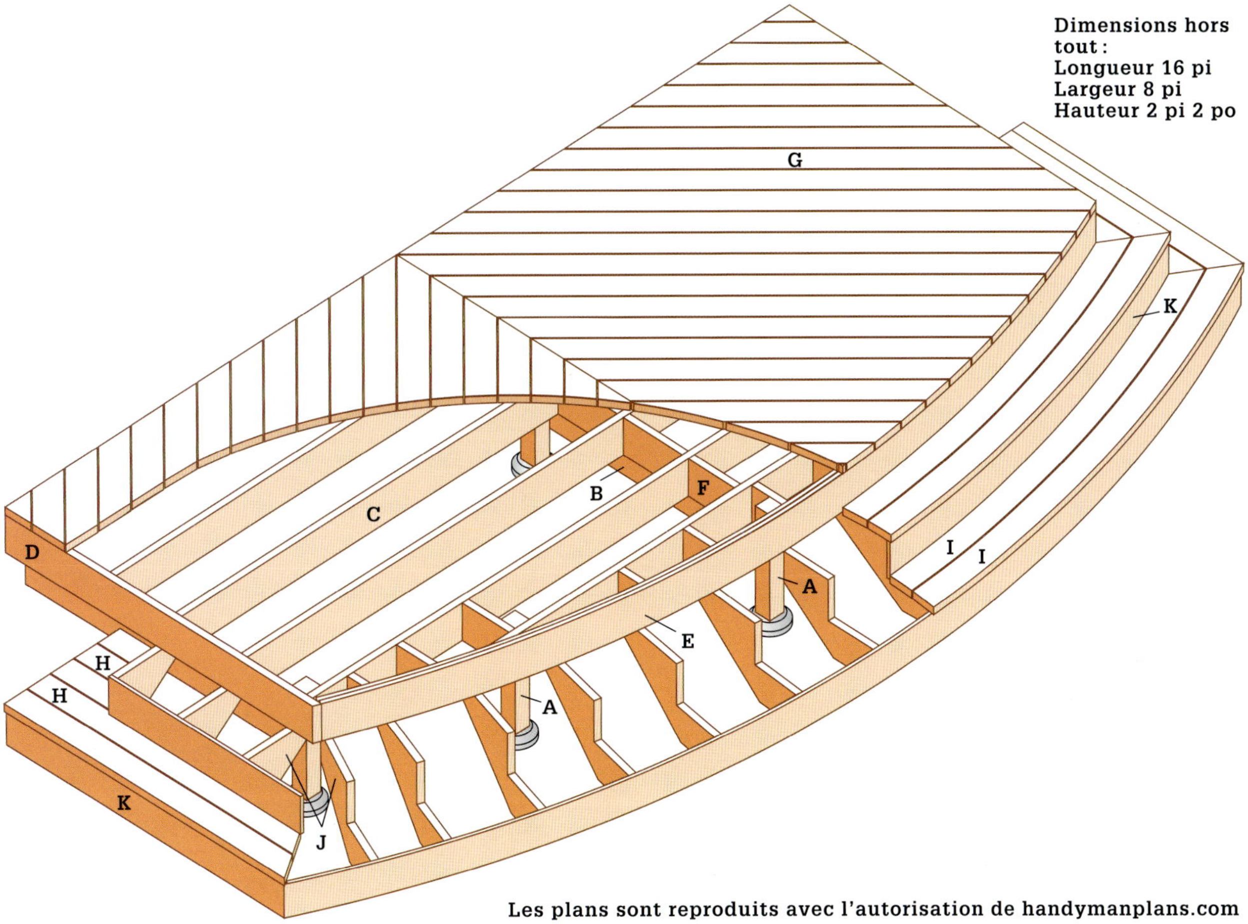

Les plans sont reproduits avec l'autorisation de handymanplans.com

Fournitures

Coffrages de 10 po de diamètre (9)
Pièces de quincaillerie de 3 po pour fondation superficielle (6)
Étriers doubles à solive de 2 x 8 (4)
Étriers à solive de 2 x 8 (72)
Vis pour composite de 2 ½ po
Clous pour étriers à solive
Clous à caisses galvanisés de 16d
Clous à boiserie galvanisés de 12d
Boulons de ⅜ x 4 po, rondelles et écrous (12)
Tire-fonds de ⅜ x 4 po (22)
Ancrages de plomb pour béton (22)
Solin pour lambourde (20 pi)
Scellant à la silicone pour l'extérieur (3 tubes)
Béton, selon les besoins

Liste dimensionnelle

Qté	Dimensions	Fournitures	Éléments
3	6 × 6 po × 8 pi	Bois traité	Poteaux (A)
6	2 × 8 po × 8 pi	Bois traité	Poutre (B), solives de rive (D)
3	2 × 8 po × 8 pi	Bois traité	Poutre (B), cales (F)
1	2 × 8 po × 12 pi	Bois traité	Solives (C)
6	2 × 8 po × 16 pi	Bois traité	Solives (C), solive de rive (D)
7	1 × 8 po × 10 pi	Bois traité	Solive de rive incurvée (E), contremarches (K)
2	1 × 8 po × 12 pi	Bois traité	Contremarches (K)
32	¼ × 6 po × 8 pi	Bois traité	Platelage (G)
4	5/4 × 6 po × 10 pi	Bois traité	Platelage (G)
8	5/4 × 6 po × 12 pi	Bois traité	Platelage (G)
3	2 × 6 po × 10 pi	Bois traité	Girons (H)
9	2 × 12 po × 8 pi	Bois traité	Limons (J)
8	2 × 12 po × 10 pi	Bois traité	Girons incurvés (I)

Plan de charpente

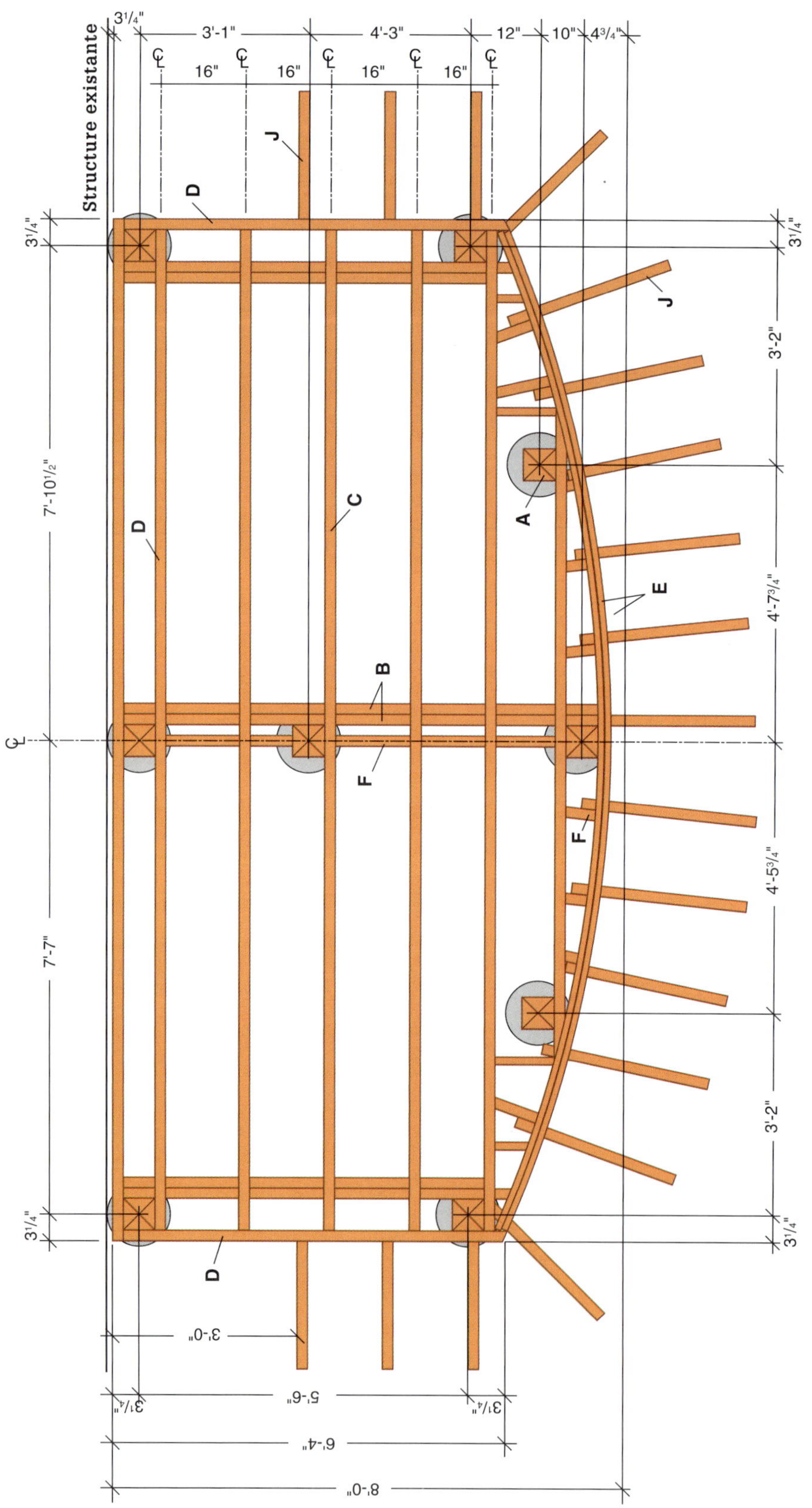

" = pouce
' = pied

Construction d'une terrasse à courbes douces

COULEZ LES SEMELLES

Ce plan de terrasse ne prévoit pas de lambourde. Si vous modifiez ces plans pour y inclure une lambourde, consultez les méthodes d'installation des lambourdes aux p. 34-45.

Marquez l'emplacement de la terrasse sur le mur de la maison (voir le plan de charpente à la p. 308), puis tendez des cordes de maçon sur l'emplacement, en vous servant de chaises. Immobilisez les chaises en les fixant temporairement au mur à l'aide de vis pour bois traité. Vérifiez si les cordes sont d'équerre en utilisant la méthode du triangle 3-4-5. Faites les ajustements nécessaires jusqu'à ce que vous obteniez des angles droits. Mesurez le long des cordes pour repérer les points centraux des semelles et marquez chacun avec du ruban. **NOTE :** laissez-vous du jeu pour creuser les semelles à proximité de la maison ; le point central des poteaux peut se situer jusqu'à 16 po à partir de l'extrémité de la poutre.

Utilisez un fil à plomb aux emplacements du ruban et enfoncez des pieux dans le sol pour marquer le point central des semelles.

Retirez les cordes de maçon et creusez des trous destinés aux semelles, à l'aide d'une tarière manuelle ou motorisée. Assurez-vous que la taille et la profondeur des trous sont conformes aux directives du code du bâtiment local, qui peut exiger que la base des semelles soit évasée.

Déposez une couche de 2 po à 3 po de gravier meuble dans chaque trou, aux fins d'égouttement.

Coupez les coffrages tubulaires aux longueurs voulues, de façon qu'ils dépassent du sol de 2 po, à l'aide d'une scie alternative ou d'une égoïne. Insérez les coffrages dans les trous et remblayez-les avec de la terre.

Remplissez les coffrages de béton graduellement, en damant le béton à chaque étape avec une longue tige pour éliminer les poches d'air. Nivelez le sommet à l'aide d'une pièce de bois droite de 2 x 4.

Retendez les cordes de maçon et utilisez un fil à plomb pour déterminer le point central des semelles. Insérez un boulon en J dans chaque semelle, en laissant dépasser de ¾ po à 1 po de filetage. Nettoyez le filetage des boulons avant que le béton ne durcisse. **NOTE :** vous pouvez aussi installer des tiges filetées avec de l'époxy une fois que le béton est durci (voir la p. 193).

INSTALLEZ LES POTEAUX

Commencez par déposer à plat sur les semelles une longue pièce de bois droite de 2 x 4. Appuyez l'un des bords de la pièce de bois contre les boulons et tracez sur les semelles une ligne de repère. Faites-le dans les deux directions pour chaque paire de semelles, au besoin.

Placez un étrier métallique sur chaque semelle, centrez-le sur le boulon en J, et alignez-le sur la ligne de repère. Vissez un écrou sur chaque boulon en J et fixez les étriers en place.

Coupez des poteaux de 30 po de longueur dans des pièces de bois de 4 x 4. Placez chaque poteau dans un étrier et tenez-le en place avec un clou. En vous servant d'un niveau, mettez les poteaux d'aplomb et retenez-les à l'aide de pieux et d'étais. Finissez de clouer les poteaux sur les étriers.

À partir du poteau central le long du mur, mesurez de la porte vers le bas, en prévoyant 7 ¼ po pour les solives, 1 ¼ po pour le platelage et 1 po entre la surface de la terrasse et le plancher intérieur, puis marquez le poteau à cet endroit.

À l'aide d'une corde ou d'un niveau à bulle ou au laser, transposez cette marque sur les autres poteaux. Chaque marque sera de niveau avec le bord supérieur des poutres.

INSTALLEZ LES POUTRES

Mesurez et coupez deux pièces de bois traité de 2 x 8 à la longueur voulue pour chacune des trois poutres (voir le Plan de charpente, p. 308). Placez-les l'une contre l'autre, de façon que leur côté bombé soit aligné, et fixez-les ensemble à l'aide de deux clous galvanisés ou de vis pour bois traité, enfoncés à tous les 12 po.

Positionnez le bord bombé (sommet) de chaque poutre contre les marques sur les poteaux appropriés et retenez-les en place. Percez deux trous de ⅜ po x 8 po qui recevront les boulons dans la poutre et le poteau, à chaque emplacement. Fixez chaque poutre aux poteaux à l'aide de boulons, de rondelles et d'écrous, en insérant les boulons dans la poutre.

INSTALLEZ LES SOLIVES DE RIVE

Mesurez et coupez les deux solives extérieures. Prévoyez un espace de 1 x 2 po entre l'extrémité de chaque solive et le mur, et un prolongement de 2 po au-delà du poteau d'angle extérieur, à l'autre extrémité. Positionnez les bords inférieurs de façon qu'ils s'alignent sur les bords supérieurs des poutres, et fixez-les aux poteaux à l'aide de vis pour bois traité de 3 po.

Mesurez, coupez et fixez la solive de rive du côté du mur, entre les extrémités des solives de rive extérieures. Alignez la face de la solive de rive qui est la plus près du mur sur les extrémités des solives extérieures. Percez des avant-trous dans la s olive de rive extérieure et enfoncez des vis pour bois traité dans les extrémités des solives de rive, du côté du mur.

Coupez et installez la solive intérieure entre les solives extérieures, sur le côté avant des poteaux d'angle extérieurs. Fixez-la aux poteaux avec des vis pour bois traité, et aux poutres, avec des liens de chevron.

INSTALLEZ LA SOLIVE DE RIVE INCURVÉE

Mesurez et coupez une pièce de bois traité sous pression de 1 x 8 en lui laissant quelques pouces de plus que nécessaire, de façon qu'elle s'étende de la solive de rive extérieure au point central du poteau du milieu, à l'avant de la terrasse. Ce sera la première pièce de la solive de rive incurvée. Pratiquez plusieurs entailles de ¼ po de profondeur à l'arrière de cette planche. Consultez la p. 95 pour obtenir plus d'information sur la pratique de ces entailles.

Pratiquez des entailles de ¼ po de profondeur à l'arrière de la première solive de rive incurvée de 1 x 8. Courbez-la et fixez-la aux poteaux, en la maintenant avec des serres.

Installez la deuxième couche de pièces de 1 x 8 entaillées, en enfonçant des vis à tous les 12 po, et à l'emplacement de chaque poteau.

Placez une extrémité de la planche à l'intersection d'une solive de rive extérieure et d'une solive intérieure, à un poteau d'angle extérieur, le côté entaillé contre la solive intérieure, et son bord supérieur étant aligné sur les bords supérieurs des solives. Percez des avant-trous et enfoncez des vis pour bois traité de 3 po dans les extrémités de la planche, jusque dans la solive et le poteau.

Courbez l'autre extrémité de la planche, jusqu'à ce qu'elle rejoigne la face du poteau central, et fixez-la au poteau avec des vis pour bois traité enfoncées à 1 po du point central. Assurez-vous que le bord inférieur de la solive incurvée est de niveau avec le bord supérieur de la poutre. Tracez une ligne de coupe droite au point central du poteau sur la solive incurvée, à l'aide d'une équerre à chevrons. Coupez la planche avec une scie circulaire, la lame étant réglée à ⅛ po de plus que l'épaisseur de la planche.

Mesurez, coupez et entaillez une autre pièce de 1 x 8, d'une longueur un peu supérieure à ce qu'il faut pour compléter la travée. Fixez une extrémité à l'intersection de l'autre solive de rive extérieure et du poteau d'angle. Courbez la planche et maintenez-la en place avec des serres. Tracez une ligne de coupe au point de jonction de la planche et de l'autre solive incurvée, sur le poteau central. Coupez-la avec une scie circulaire, percez des avant-trous et enfoncez des vis pour bois traité afin de la fixer au poteau avant de retirer les serres.

Mesurez, coupez et entaillez deux autres pièces de 1 x 8. Serrez-les contre la première couche, en décalant les joints de façon qu'ils n'arrivent pas sur le poteau central, et alignez les extrémités pour qu'elles dépassent des solives de rive. Percez des avant-trous et enfoncez des vis pour bois traité à tous les 12 po et à l'emplacement des poteaux, puis coupez les extrémités des solives de rive de façon à les aligner sur la face extérieure de la solive de rive incurvée, à l'aide d'une scie alternative.

INSTALLEZ LES SOLIVES

Mesurez, coupez et installez le reste des solives intérieures, en laissant un écartement de 16 po, de centre à centre, en commençant du côté du mur de la terrasse.

Choisissez, pour la solive intérieure la plus rapprochée de la solive de rive incurvée, une pièce de 2 x 8 qui aura 12 po de plus long que nécessaire. Positionnez-la de façon que son extrémité chevauche la solive de rive incurvée, sa face intérieure étant alignée sur les poteaux adjacents. Marquez le contour de la face intérieure de la solive de rive incurvée à chaque extrémité de la solive intérieure. Coupez la solive intérieure sur ces marques avec une scie alternative, puis installez-la en enfonçant des vis pour bois traité jusque dans la solive de rive incurvée.

Coupez et installez une cale de 2 x 8 aux points centraux des solives afin de soutenir le platelage diagonal. Installez également des cales entre la solive de rive incurvée et les solives adjacentes, au besoin, pour aider à soutenir le profil incurvé. Coupez le sommet des poteaux de façon à les aligner avec les bords supérieurs des solives. Retirez tous les étais et les pieux qui soutiennent les poteaux.

CONSTRUISEZ L'ESCALIER

Si l'élévation et le niveau du sol à l'emplacement de votre terrasse ne permettent pas la construction de ces marches, utilisez la méthode suivante.

Coupez les limons de la longueur voulue dans des pièces de bois traité de 2 x 12 et utilisez une équerre de charpente pour marquer la montée et la course de chaque marche. Pratiquez des entailles et coupez les angles à l'extrémité des limons à l'aide d'une scie circulaire, puis utilisez une scie sauteuse pour terminer les coins.

Fixez les limons aux extrémités des solives. Fixez les limons de la marche incurvée à la cale située entre les solives intérieures et la solive de rive incurvée. Posez d'autres cales au besoin. Coupez des panneaux de contreplaqué de ¼ po d'épaisseur en pièces de 2 x 8 pi de longueur, et tracez-y le contour de la solive de rive incurvée. Découpez ce contour, à l'aide d'une scie sauteuse, et utilisez les gabarits de contreplaqué pour marquer la courbe intérieure du giron intérieur de la marche supérieure sur des pièces de bois de 2 x 12, de 10 pi de longueur. Coupez une pièce de 2 po de largeur dans du bois de 2 x 6 et utilisez-la comme cale d'espacement pour marquer la courbe extérieure du giron intérieur. Placez une extrémité de la cale d'espacement le long de la ligne de la courbe intérieure, tout en tenant un crayon à l'autre extrémité.

Coupez les pièces du giron intérieur incurvé à l'aide d'une scie sauteuse. Utilisez le bord incurvé extérieur du giron intérieur pour marquer la courbe intérieure du giron extérieur de la plus haute marche. Utilisez la cale d'espacement pour marquer le bord extérieur, puis coupez les girons avec une scie sauteuse.

Utilisez le bord incurvé extérieur du giron extérieur de la plus haute marche pour marquer le bord incurvé extérieur du giron intérieur de la marche la plus basse. Répétez le processus utilisé pour le marquage et coupez les girons de la marche la plus haute, puis de la marche la plus basse.

Installez les girons incurvés, en perçant des avant-trous et en enfonçant des vis pour bois traité. Assurez-vous que les joints entre les girons sont soutenus par des limons.

Mesurez et coupez des girons dans des pièces de bois de 2 x 6 et fixez-les aux limons latéraux.

INSTALLEZ LE PLATELAGE

Coupez un angle de 45° à l'extrémité d'une planche de la terrasse et positionnez la pointe longue à ¼ po du mur, centrée sur la cale du milieu. L'autre extrémité devrait surplomber les solives de rive dans le coin opposé. Fixez la planche en enfonçant deux vis pour bois traité dans chaque solive.

Coupez et fixez le reste des planches de ce côté-ci de la terrasse.

Coupez et fixez les planches de l'autre côté de la terrasse, là encore en laissant les extrémités surplomber les solives de rive lorsque c'est possible. Coupez les extrémités des planches.

Cinglez le cordeau sur la planche en surplomb. Réglez la profondeur de la lame de la scie circulaire à ⅛ po de plus que l'épaisseur de la planche et coupez le long des lignes. Terminez la coupe près du mur à l'aide d'une scie sauteuse, d'un marteau et d'un ciseau.

Utilisez les gabarits de contreplaqué découpés pour l'installation des marches afin de marquer la courbe aux extrémités des planches du platelage qui surplombent la solive de rive incurvée, et pratiquez une coupe à l'aide d'une scie sauteuse.

Coupez une section de 2 po de largeur dans une pièce de bois de 2 x 6, et utilisez une cale d'espacement pour marquer la courbe extérieure du giron intérieur.

Marquez le contour de la face intérieure de la solive de rive incurvée sur chaque extrémité de la pièce de bois de 2 x 8 de la solive de rive intérieure de la courbe. Coupez la solive sur les marques, puis fixez-la sur les poteaux avec des boulons, et à la solive de rive incurvée, avec des vis pour bois traité.

Utilisez une scie sauteuse pour couper les planches du platelage qui surplombent la solive de rive incurvée.

Glossaire de la construction de terrasses

Appui – dernier élément horizontal supérieur d'un garde-corps ou d'une rampe.

Balustre – élément vertical d'un garde-corps ou d'une rampe.

Cale – courte pièce de bois coupée dans le même bois que les solives et fixée entre les solives pour les renforcer.

Chaise – structure temporaire faite de pieux, à laquelle on attache des cordes pour positionner les éléments de la terrasse.

Contremarche – planche verticale fermant une marche, entre les girons.

Course – profondeur d'une marche.

Découpe – partie d'une terrasse qui a été découpée pour recevoir des éléments paysagers comme un arbre ou pour donner accès à un dispositif quelconque.

Élévation – distance verticale séparant le sol de la surface de la terrasse.

Étrier à poteau – attache métallique servant à fixer un poteau à une semelle et à l'éloigner du sol pour le garder au sec. On peut appliquer un enduit protecteur sur l'extrémité du poteau pour protéger le bois contre la pourriture.

Étrier à solive – attache métallique servant à fixer à angle droit une solive sur une lambourde ou sur une solive porteuse, en alignant les bords supérieurs des deux éléments de charpente.

Giron – surface horizontale d'une marche, souvent composée de pièces de bois de 2 x 6.

Lambourde – planche de mêmes dimensions que les solives, qui rattache la terrasse à la maison et soutient une extrémité des solives.

Limite de portée – distance maximale que peut couvrir sans danger une planche entre deux appuis.

Limon – planche oblique qui soutient les marches. Le limon peut être plein, les marches étant fixées à des tasseaux eux-mêmes retenus sur la face intérieure du limon, ou découpé, les marches reposant sur les arêtes de la découpe.

Marche ouverte – marche ne comportant pas de contremarche.

Modèle à poteaux d'angle – méthode de construction qui prévoit l'intégration de poteaux sur les bords extérieurs de la terrasse, de façon que les solives ne surplombent pas la poutre.

Montée – hauteur d'une marche.

Planche de parement – planche d'un beau bois, habituellement du séquoia ou du cèdre, utilisée pour couvrir les solives de rive et les solives extérieures.

Platelage – surface horizontale de la terrasse composée de planches.

Porte-à faux – méthode de construction courante (utilisée pour certaines des terrasses proposées dans le présent ouvrage) selon laquelle les solives se prolongent au-delà de la poutre. Le code du bâtiment en prescrit la longueur maximale.

Portée – distance horizontale couverte par un escalier.

Poteau – élément de charpente vertical qui soutient une terrasse, un escalier, un garde-corps ou une rampe.

Poutre – appui horizontal principal de la terrasse, habituellement composé de deux pièces de bois de 2 x 8, ou de 2 x 10, fixées aux poteaux de la terrasse.

Poutre sandwich – poutre composée de deux planches fixées de chaque côté d'un poteau à l'aide de boulons.

Semelle – pilier de béton s'enfonçant dans le sol sous la ligne de gel, qui supporte le poids de la terrasse et des structure intégrées et des aménagements.

Solive – pièce de bois de dimensions courantes, placée sur le côté, qui soutient le platelage. Les solives des terrasses non autonomes sont fixées entre la lambourde et la solive de rive.

Solive de rive – planche fixée à l'extrémité des solives, habituellement du côté opposé à la lambourde. Une terrasse autonome comporte deux solives de rive.

Solives extérieures – solives situées à chaque extrémité d'une série de solives parallèles.

Tasseau d'escalier – support des planches de giron, fixé sur le limon.

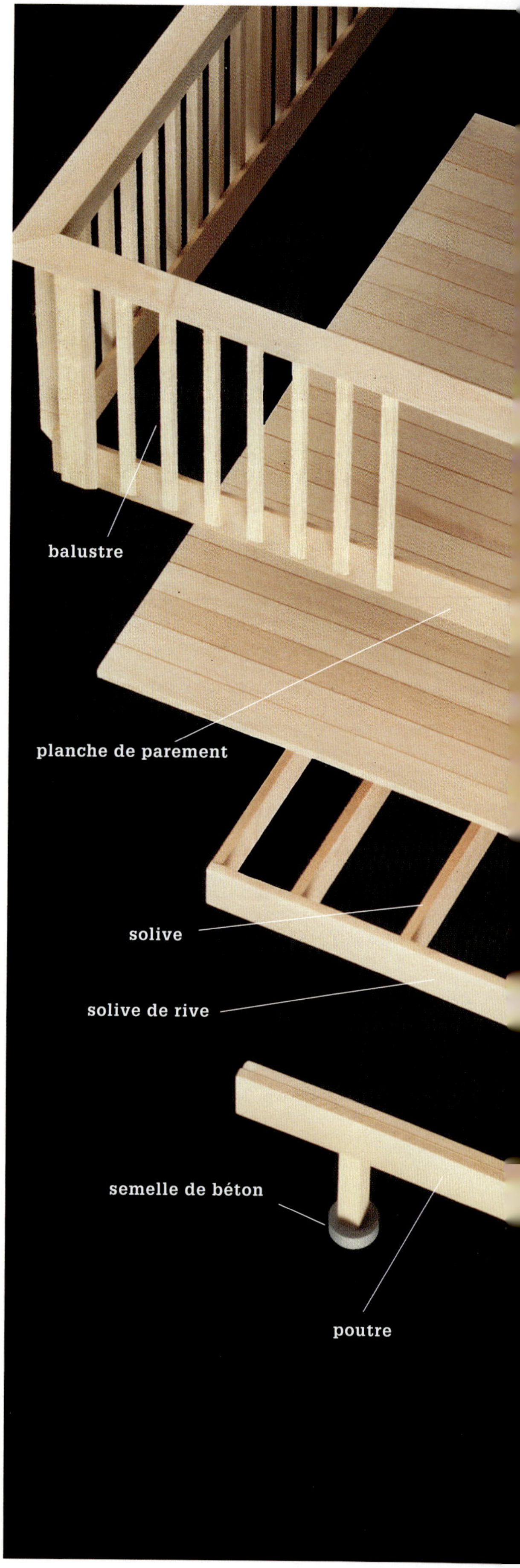

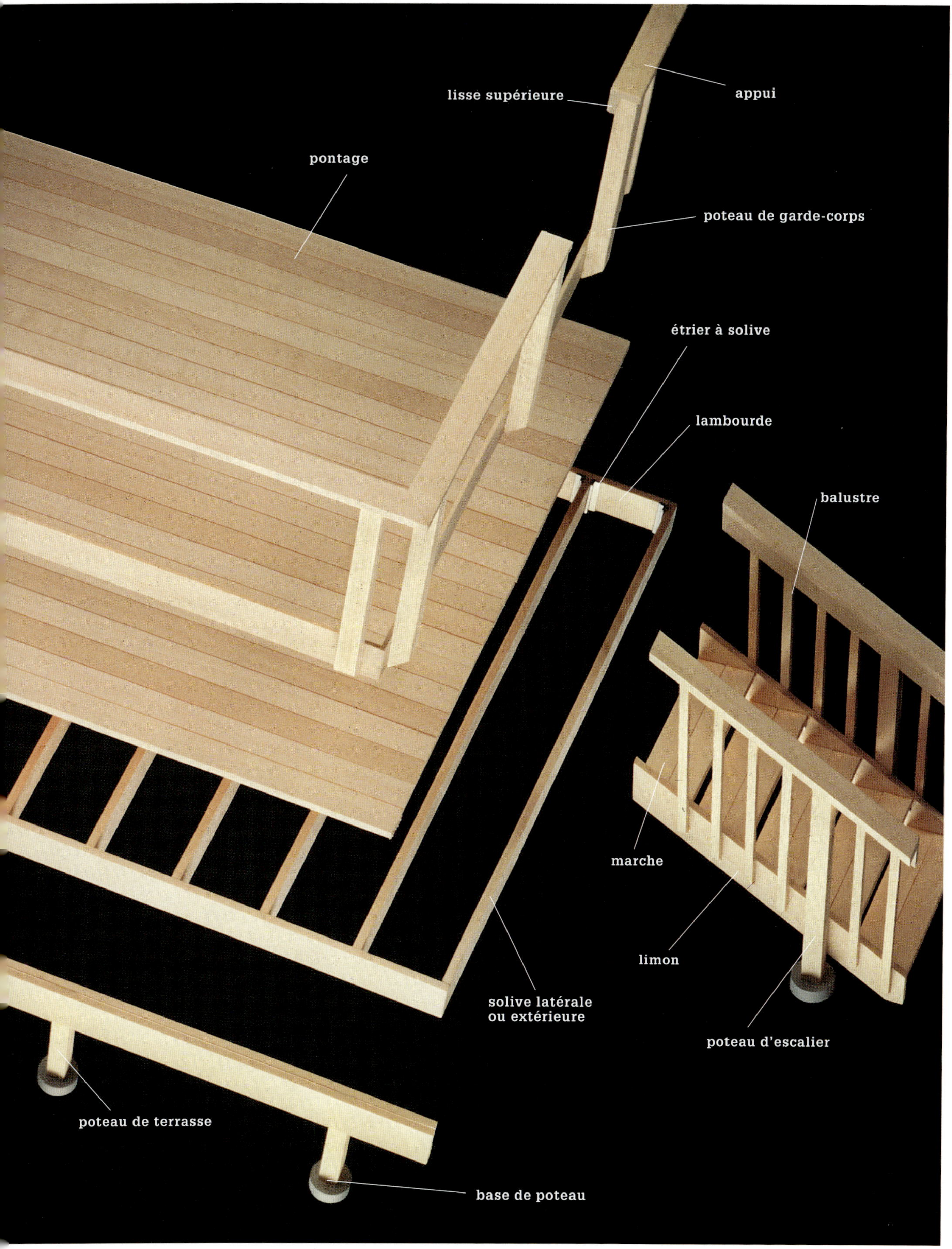
appui
lisse supérieure
pontage
poteau de garde-corps
étrier à solive
lambourde
balustre
marche
limon
solive latérale
ou extérieure
poteau d'escalier
poteau de terrasse
base de poteau

Tableaux de conversion

Conversion au système métrique

Pour convertir :	En :	Multiplier par :
Pouces	Millimètres	25,4
Pouces	Centimètres	2,54
Pieds	Mètres	0,305
Verges	Mètres	0,914
Pouces carrés	Centimètres carrés	6,45
Pieds carrés	Mètres carrés	0,093
Verges carrés	Mètres carrés	0,836
Onces	Millilitres	30,0
Chopines (U.S.)	Litres	0,473 (Imp. 0,568)
Pintes (U.S.)	Litres	0,946 (Imp. 1,136)
Gallons (U.S.)	Litres	3,785 (Imp. 4,546)
Onces	Grammes	28,4
Livres	Kilogrammes	0,454

Pour convertir :	En :	Multiplier par :
Millimètres	Pouces	0,039
Centimètres	Pouces	0,394
Mètres	Pieds	3,28
Mètres	Verges	1,09
Centimètres carrés	Pouces carrés	0,155
Mètres carrés	Pieds carrés	10,8
Mètres carrés	Verges carrés	1,2
Millilitres	Onces	,033
Litres	Chopines (U.S.)	2,114 (Imp. 1.76)
Litres	Pintes (U.S.)	1,057 (Imp. 0.88)
Litres	Gallons (U.S.)	0,264 (Imp. 0.22)
Grammes	Onces	0,035
Kilogrammes	Livres	2,2

Conversion des températures

Convertissez les degrés Fahrenheit (F) en degrés Celsius (C) en utilisant cette formule simple : soustrayez 32 de la température en degrés Fahrenheit. Puis, multipliez ce nombre par 5/9. Par exemple, 77° - 32 = 45 x 5/9 = 25 °C.

Pour convertir des degrés Celsius en degrés Fahrenheit, multipliez les degrés Celsius par 9/5. Puis, ajoutez 32. Par exemple, 25 °C x 9/5 = 45. 45 + 32 = 77 °F.

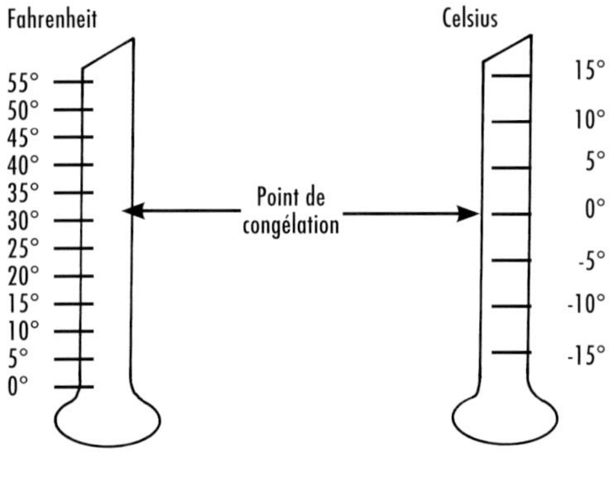

Panneaux de contreplaqué en unités métriques

Les panneaux de contreplaqué en mesures métriques sont habituellement offerts en deux tailles : 1200 mm x 2400 mm, et 1220 mm x 2400 mm, ce qui équivaut à peu près à un panneau de 4 x 8 pi. On trouve des panneaux de revêtement « standard » et de revêtement « de choix » dans les épaisseurs normalisées, tandis que ceux en contreplaqué poncé sont vendus en épaisseurs spéciales.

Standard		Poncé	
7.5 mm	($\frac{5}{16}$ po)	6 mm	($\frac{4}{17}$ po)
9.5 mm	($\frac{3}{8}$ po)	8 mm	($\frac{5}{16}$ po)
12.5 mm	($\frac{1}{2}$ po)	11 mm	($\frac{7}{16}$ po)
15.5 mm	($\frac{5}{8}$ po)	14 mm	($\frac{9}{16}$ po)
18.5 mm	($\frac{3}{4}$ po)	17 mm	($\frac{2}{3}$ po)
20.5 mm	($\frac{13}{16}$ po)	19 mm	($\frac{3}{4}$ po)
22.5 mm	($\frac{7}{8}$ po)	21 mm	($\frac{13}{16}$ po)
25.5 mm	(1 po)	24 mm	($\frac{15}{16}$ po)

Dimensions du bois d'œuvre

Nominales - É.-U.	Réelles - É.-U. (en po)	Métriques
1 × 2	$\frac{3}{4}$ po × $1\frac{1}{2}$ po	19 × 38 mm
1 × 3	$\frac{3}{4}$ po × $2\frac{1}{2}$ po	19 × 64 mm
1 × 4	$\frac{3}{4}$ po × $3\frac{1}{2}$ po	19 × 89 mm
1 × 5	$\frac{3}{4}$ po × $4\frac{1}{2}$ po	19 × 114 mm
1 × 6	$\frac{3}{4}$ po × $5\frac{1}{2}$ po	19 × 140 mm
1 × 7	$\frac{3}{4}$ po × $6\frac{1}{4}$ po	19 × 159 mm
1 × 8	$\frac{3}{4}$ po × $7\frac{1}{4}$ po	19 × 184 mm
1 × 10	$\frac{3}{4}$ po × $9\frac{1}{4}$ po	19 × 235 mm
1 × 12	$\frac{3}{4}$ po × $11\frac{1}{4}$ po	19 × 286 mm
$1\frac{1}{4}$ × 4	1 po × $3\frac{1}{2}$ po	25 × 89 mm
$1\frac{1}{4}$ × 6	1 po × $5\frac{1}{2}$ po	25 × 140 mm
$1\frac{1}{4}$ × 8	1 po × $7\frac{1}{4}$ po	25 × 184 mm
$1\frac{1}{4}$ × 10	1 po × $9\frac{1}{4}$ po	25 × 235 mm
$1\frac{1}{4}$ × 12	1 po × $11\frac{1}{4}$ po	25 × 286 mm
$1\frac{1}{2}$ × 4	$1\frac{1}{4}$ po × $3\frac{1}{2}$ po	32 × 89 mm
$1\frac{1}{2}$ × 6	$1\frac{1}{4}$ po × $5\frac{1}{2}$ po	32 × 140 mm
$1\frac{1}{2}$ × 8	$1\frac{1}{4}$ po × $7\frac{1}{4}$ po	32 × 184 mm
$1\frac{1}{2}$ × 10	$1\frac{1}{4}$ po × $9\frac{1}{4}$ po	32 × 235 mm
$1\frac{1}{2}$ × 12	$1\frac{1}{4}$ po × $11\frac{1}{4}$ po	32 × 286 mm
2 × 4	$1\frac{1}{2}$ po × $3\frac{1}{2}$ po	38 × 89 mm
2 × 6	$1\frac{1}{2}$ po × $5\frac{1}{2}$ po	38 × 140 mm
2 × 8	$1\frac{1}{2}$ po × $7\frac{1}{4}$ po	38 × 184 mm
2 × 10	$1\frac{1}{2}$ po × $9\frac{1}{4}$ po	38 × 235 mm
2 × 12	$1\frac{1}{2}$ po × $11\frac{1}{4}$ po	38 × 286 mm
3 × 6	$2\frac{1}{2}$ po × $5\frac{1}{2}$ po	64 × 140 mm
4 × 4	$3\frac{1}{2}$ po × $3\frac{1}{2}$ po	89 × 89 mm
4 × 6	$3\frac{1}{2}$ po × $5\frac{1}{2}$ po	89 × 140 mm

Équivalents de mesures liquides

1 chopine	= 16 onces liquides	= 2 tasses
1 pinte	= 32 onces liquides	= 2 chopines
1 Gallon	= 128 onces liquides	= 4 pintes

Ressources

Absolute Concrete
360 297 5055
www.absoluteconcreteworks.com

BEHR
800 854 0133, ext 2
www.behr.com

Capital
562 903 1167
www.capital-cooking.com

Distinctive Design
423 505 7457
www.distinctivedesigns4you.com

Deckorators
www.deckorators.com

Feeney Architectural Products
Garde-corps en verre, p. 164-165
Garde-corps à câbles en acier, p. 166-167
800 888 2418
www.feenyarchitectural.com

GeoDeck
877 804 0137
www.geodeck.com

HandyDeck
866 206 8316
www.handydeck.com

LB Plastics
704 663 1543
www.lbplastics.com

Napoleon
705 726 4278
www.napoleongrills.com

Trex
Garde-corps en composite, p. 162-163
800 289 8739
www.trex.com

TimberTech
800 307 7780
www.timbertech.com

Viking
662 455 1200
www.vikingrange.com

Wolf / Subzero
800 222 7820
www.subzero.com

Wolmanized® Wood
770 804 6600
www.archchemicals.com

Références photographiques

Absolute Concrete
p. 211 (en haut, à g.), 212 (en bas, à g.)

BEHR
p. 9 (en haut, à dr.)

Capital
p. 208 (en haut), 212 (en bas, à dr.)

Clive Nichols
Photo © p. 9 (en haut, à g.)/designer Mark Laurence, 10 (en haut, à g./designer Charlotte Rowe ; en haut, à dr./designer S. Woodhams ; en bas/éclairage par Garden & Security Lighting), 11 (en bas à g./designer Stephen Woodhams), 12 (en haut/ designer Sarah Layton), 215 (en bas, à g./designer Clare Matthews), 226/designer Boardman Gelly & Co.

Consentino
p. 212 (en haut, à g.)

Deckorators
p. 2, 8 (en bas, à g.), 11 (en haut), 161 (en haut, à g., rangée du centre, à dr., deux photos du bas), 215 (en haut, à dr.)

Distinctive Design
p. 7, 8 (en haut), 12 (en bas, à g.), 13 (en bas, à g.), 17 (en haut, à g. et rangée du centre, à dr.), 161 (en haut, à dr., et rangée du centre, à g.), 227 (en bas, à dr.)

FotoSearch
p. 9 (en bas) Gary Moss ; 215 (en haut, à dr.)

GeoDeck
p. 13 (en haut, à dr.), 207 (en haut, à dr.)

HandyDeck
p. 207 (en haut, à dr.)

Istock Photo
p. 4 photo © William Britten/istock.com ; 17 (rangée du centre, à g.) ; 214 Stephanie Phillips/www.istock.com ; Yali Shi/www.istock.com

Jupiter Images
p. 8 (en bas, à dr.)

LB Plastics
p. 13 (en bas, à dr.)

Marvel
p. 209 (en haut, à dr.)

Napoleon
p. 208 (en bas)

Robert Agli
p. 209 (en bas, à g.), 212 (en haut, à dr.), 215 (en haut, à g.)

Timber Tech
p. 215 (en bas, à dr.)

Trex
p. 3 (à g.), 12 (en bas, à dr.), 13 (en haut, à g.), 17 (en bas), 216 (en haut, à g.), 217 (toutes)

Viking
p. 206, 207 (en bas, à dr.), 211 (en bas)

Wolf/Subzero
p. 209 (en haut, à g.)

Wolmanized ® Wood
p. 3 (à dr.), 11 (en bas, à dr.), 216 (en bas, à dr.), 227 (en haut et en bas, à g.)

Index

Q

R

S

Achevé d'imprimer en Chine